旷世骗局

日本右翼势力翻案评析

黄振位　著

SPM 南方传媒　广东人民出版社

·广州·

图书在版编目（CIP）数据

旷世骗局：日本右翼势力翻案评析 / 黄振位著. —广州：广东人民出版社，2022.6

ISBN 978-7-218-15119-9

Ⅰ.①旷… Ⅱ.①黄… Ⅲ.①政治—研究—日本 Ⅳ.① D731.3

中国版本图书馆 CIP 数据核字（2021）第 115376 号

KUANGSHI PIANJU：RIBEN YOUYI SHILI FAN'AN PINGXI

旷世骗局：日本右翼势力翻案评析

黄振位 著

出 版 人：肖风华

策　　划：李　敏
责任编辑：李　敏　温玲玲
装帧设计：刘焕文
责任技编：吴彦斌　周星奎

出版发行：广东人民出版社
地　　址：广州市越秀区大沙头四马路 10 号（邮政编码：510102）
电　　话：（020）85716809（总编室）
传　　真：（020）85716872
网　　址：http://www.gdpph.com
印　　刷：广州市豪威彩色印务有限公司
开　　本：787 毫米 ×1092 毫米　1/16
印　　张：22　　　字　数：320 千
版　　次：2022 年 6 月第 1 版
印　　次：2022 年 6 月第 1 次印刷
定　　价：68.00 元

如发现印装质量问题，影响阅读，请与出版社（020-85716849）联系调换。
售书热线：020-87716172

微信扫码
一起揭开这场旷世骗局背后的真相！
珍贵史实　精选音频
读书笔记　书友交流

导　言

一个怪影，在东瀛游荡；一个幽灵，在东亚徘徊……

这个怪影，就是日本军国主义的怪影。这个幽灵，就是日本右翼势力为日本对外侵略翻案、妄图复活日本军国主义的幽灵。这个幽灵也被日本学者称为"当代日本的历史修正主义幽灵"。

日本军国主义的怪影，在19世纪中叶就开始骚动，随后变成了一个怪胎降世，继而把魔爪伸向中国、朝鲜等地。20世纪上半叶，更是残暴地践踏了中国东北、华北、华东、华中、华南等地和东南亚各国以及太平洋地区，完全暴露了日本侵占中国和称霸世界的野心。日本投降半个多世纪以来，日本军国主义的阴魂未散，仍然给受害国家造成伤害和对世界爱好和平的人们进行无端袭扰，这不能不引起国际社会的关注和善良人们的警惕。

本来，在历史上，中日两国是一衣带水的友好邻邦。但自从1868年日本明治维新以后，特别是到了19世纪末，日本进入资本主义社会，就开始走上对外侵略扩张的道路。从1868年明治维新到1945年8月日本宣布投降的77年间，日本帝国主义对中国和亚洲国家的侵略，经历了四个阶段：一是准备侵略阶段（1868年明治维新至1894年甲午战争前，共26年）。这个阶段，日本加紧做好侵略中国和亚洲国家的各项准备。二是开始侵略阶段（1894年甲午战争至1914年第一次世界大战前，共20年）。这个阶段，日本尽管还不是世界上最强的资本主义国家，但它却企图扩大自己的势力范围，与西方列强共同参与瓜分中国，夺取中国领土台湾，侵占朝鲜。三是扩大侵略阶段（1914年第一次世界大战爆发至1931年"九一八事变"前，共17年）。这个阶段，日本的侵略野心膨胀，武装侵占山东，派兵侵入中国东北，攫取了中国大量权益。四是全面侵略阶段（1931年"九一八事变"至1945年8月日本投降，共14年）。这个阶段，前半段即"九一八事变"到"七七事变"，是日本发动局部侵华战争；后半段即"七七事变"后，日本发动全面侵华战争，妄图独霸中国，把中国变为其殖民地。并且，日本还侵占了菲律宾、马来西亚、印度尼西亚、越南、泰国、缅甸等国家。从日本对外侵略的过程中可以看出，日本是从尾随西方列强瓜分中国起始，逐步走上独霸中国的罪恶邪道，最后走向彻底失败的道路。

在第二次世界大战（简称"二战"）中，日本军国主义和德国法西斯主义在世界的东方、西方开辟了两个战场。日本是东方的战争策源地，德国是西方的战争策源地。这两个国家都是第二次世界大战的战败国。"二战"后，德国政府和德国人民树立了正确的历史观，抱有一种负罪感，对希特勒纳粹在战争中所犯下的罪行，公开向被害国及其人民表示严肃认真的谢罪和道歉，给予赔偿，并且一直把法西斯纳粹余孽作为永远的追捕对象。德国政府和德国人民这种勇于面对历史、敢于承认错误、决心痛改前非、认真吸取历史教训的精神，得到了受害国人民的谅解，赢得了国际社会的尊重，提升了自身的国际地位。

与此相反，日本发动的全面对华侵略战争和对亚洲其他国家的侵略扩张，使中国人民的伤亡总数达3500万人以上，直接经济损失超过1000亿美元，间接经济损失5000多亿美元，给中华民族带来了前所未有的血腥灾难。并且，这场战争也使日本的普通老百姓深受其害。尽管如此，日本的某些政客和右翼势力以及极端民族主义者，却顽固地拒绝承认对外侵略的罪行，拒绝向被害国人民赔罪和道歉，拒绝对被害国给予应有的赔偿，不敢面对这段丑恶的历史，还公然歪曲历史，顽固地坚持错误的历史观，以促使日本偏离正确的轨道。

尤其严重的是，日本某些政客和右翼势力不仅不承认侵略的罪行，而且处心积虑地为其侵略罪行进行全面翻案。其主要表现有：宣扬"皇国史观"，坚持错误的历史观；成立右翼团体，为侵略战争翻案；祭拜靖国神社，为战争罪犯招魂；隐瞒和否认"性奴"（"慰安妇"）真相，不向受害妇女道歉和赔偿；篡改教科书，否认对华战争的侵略性质和罪行；制造日本"受害论"，肆意掩盖侵略真相；否定东京大审判，极力美化战争罪犯；一味坚持错误，拒绝向被侵略国家谢罪和道歉；如此等等。日本右翼势力的这些翻案活动，愈演愈烈，气焰嚣张，手段卑劣，让历史上那些奸诈无赖之徒都自愧弗如！

日本军国主义对中华民族和中国人民、亚洲人民乃至世界爱好和平人民所犯下的滔天罪行，罄竹难书。但是，日本的右翼势力却通过各种场合、利用各种方式、采取各种手段为日本军国主义的历史罪恶进行开脱，其百般诡辩、混淆是非、颠倒黑白、罔顾事实之行为，极尽抵赖之意，丝毫没有忏悔之心。他们对内打击和诋毁主持正义的进步势力，蒙蔽广大民众；对外愚弄国际社会，欺骗社会舆论，编造人类社会的弥天大谎，制造当今世界的最大骗局。

然而，诡辩改变不了历史，谎言掩盖不了事实。尽管日本右翼的翻案活动达到了丧心病狂的程度，但他们的倒行逆施却遭到了中国、韩国、朝鲜、新加坡等国家和广大民众的坚决反对，遭到国际社会秉持正义的人们的谴责，也遭到日本国内有血性、有良知的有识之士、反战人士、普通民众和进步新闻媒体等民主势力的抵制和斥责。

"二战"以来，日本右翼的翻案活动，大致可分为五个阶段：

第一阶段，从1945年8月至1954年12月。这一阶段，日本经历了东久迩宫内阁、币原内阁、第一届吉田内阁、片山内阁、芦田内阁、吉田内阁（续四次组阁）等。其间，吉田茂五次组阁，前后任期长达七年多时间。这一阶段的初期，由于日本被美军占领，受制于以道格拉斯·麦克阿瑟为最高司令官的驻日盟军总司令部（亦称盟军最高司令官总司令部、联合国军总司令部，简称"盟总"），所以日本右翼的翻案活动还有所收敛。后来，随着国际形势的变化，美国政府从维护自身利益出发，先后把大批在押的、尚未起诉的大小日本战犯全部释放，甚至把一批已经判决的日本战犯也释放了。在美国和盟军最高司令官麦克阿瑟的庇护和纵容下，日本当局特别是吉田茂内阁，大力推行一系列反民主路线，保存和维护旧天皇制政治，开始重新建立武装（自卫队）和大批右翼组织，开始复活军国主义。

第二阶段，从1955年1月至1972年7月。这一阶段，日本经历了鸠山内阁、石桥内阁、岸内阁、池田内阁、佐藤内阁等。这一阶段，岸内阁的总理大臣（也称首相）岸信介，在日本战败前曾任东条内阁的商务相、伪满洲国总务厅次长（相当伪满副总理），是日本战败后于1945年9月11日被捕的39名战犯之一，被定为甲级战犯，但是1948年12月却被美国政府通过麦克阿瑟释放。岸信介任首相后，采取敌视中国的政策，主张修改和平宪法，鼓吹日本应有核武器，大力发展军备，加强对教科书内容的审查和修改。继而经过池田内阁后，由岸信介的胞弟佐藤荣作组阁。佐藤继承岸信介的衣钵，坚持反华政策，攻击中国"威胁世界和平"，阻止中国恢复在联合国的合法地位，破坏中日民间贸易往来，决定自动延长《日美安保条约》等。佐藤的行径，激起中国人民和日本有识之士、民主力量的坚决反对，最终倒台。

第三阶段，从1972年7月至1982年11月。这一阶段，日本经历了田中角荣内阁、三木内阁、福田纠夫内阁、大平内阁、铃木善幸内阁等。这一阶段，田中角荣首相于1972年9月25日率领政府代表团访问中国，与中国政府举行首脑会谈，在双方签订的中日两国联合声明中，"日本政府承认中华人民共和国是中国的唯一合法政府"。在中日两国政府的共同努力下，实现了中日邦交正常化，揭开了中日关系史上新的一页。但是，1974年12月三木武夫任首相后，却迎合右翼势力向右转。次年8月，他以个人身份参拜靖国神社。1978年8月，福田纠夫以内阁总理大臣的身份参拜靖国神社。之后，铃木善幸于1980年、1981年、1982年连续多次参拜靖国神社。随着日本右倾化进一步发展，1982年6月，日本文部省在审查高中使用的日本史、世界史等教科书时，要求修改日本对外（对华）侵略的性质和罪行。这一逆行，遭到了中国政府和人民以及亚洲有关国家的严厉抨击。

　　第四阶段，从1982年11月至1996年1月。这一阶段，经历了中曾根内阁、竹下内阁、宇野内阁、海部内阁、宫泽内阁、细川内阁、羽田内阁、村山内阁等。这一阶段，中曾根康弘上任不久，曾以首相身份在国会上承认日本对中国的战争是侵略战争，并决定建立"中日友好21世纪委员会"。但是，他提出了"战后政治总决算"的口号，要使日本成为"政治大国"，使日本的政治走向出现重大转折。他从1983年至1985年连续多次参拜靖国神社。在他任内的1986年，文部省审定的高中教科书做了歪曲史实的修改。中曾根康弘在国内鼓吹修改宪法，扩充军备，对外一味讨好美国，是一位"风派"人物，被日本评论家说是"为了夺取权力，无所不用其极的人"①。竹下登内阁期间，文部省审定的历史教科书又对南京大屠杀等内容做了删改。竹下登甚至称日本对外（对华）侵略战争不是侵略战争，之后又改口称"有如侵略般的事实"。随后，日本右翼政客更是口出狂言，竞相否认对外侵略的罪行，否认实行"性奴"（即"慰安妇"）制度的罪恶行径。直至1995年6月，以村山富市为首相的日本执政联盟才在众议院通过了《以历史为教训重申和平决心的决议》（即"不战决议"）；8月15日，村山首相发表谈话，对日本在"二战"中犯下的罪行表示谢罪和道歉。这是日本国会第一次通过决议表示反省和日本首相第一次公开表示道歉。尽管这是一个措辞不够明确的妥协的决议，但是，村山富市首相在日本对外侵略问题的认识上是值得肯定的。并且，他一再为日本强征"慰安妇"问题向"慰安妇"受害者表示道歉。

　　第五阶段，从1996年1月至今。这一阶段经历了桥本内阁、小渊内阁、森内阁、小泉内阁、第一届安倍内阁、福田内阁、麻生内阁、鸠山内阁、菅直人内阁、野田内阁、安倍内阁（续三次组阁）、菅义伟内阁等。这一阶段，是日本右翼翻案活动急剧膨胀阶段。在这几任首相中，桥本龙太郎、小

---

　　①　〔日〕伊藤昌哉著，谢森展译：《日本政治家评论：田中角荣主宰下的日本政坛》，（台北）创意力文化事业有限公司1991年版，第16页。

泉纯一郎、安倍晋三都先后参拜靖国神社。尤其严重的是，小泉纯一郎从2001年上台至2006年下台的六年间，每年都参拜靖国神社。野田佳彦更声称"靖国神社供奉的甲级战犯不是战争罪人"。更为突出的是安倍晋三，他不仅参拜靖国神社，还推动强行通过了"新安保法"①，想方设法修改"日本和平宪法"，主张行使集体自卫权，大力扩充军备，力图把自卫队打造为"国防军"，而且为日本的侵略历史百般狡辩，诡称"侵略定义未定论"，妄图否认侵略历史，否认靖国神社供奉战犯的本质，顽固坚持"皇国史观"，等等。更有右翼政客公然否认南京大屠杀，声称"慰安妇必要论"，甚至扬言"学纳粹"，居心险恶，荒谬绝伦，不一而足。正是安倍晋三右翼势力的倒行逆施，充当了不光彩的麻烦制造者，才造成了亚洲地区的不稳定因素。

2020年8月28日，安倍晋三宣布因健康原因辞职。9月16日上午，安倍晋三内阁在临时内阁会议上宣布安倍内阁全体辞职。当天下午，自民党总裁菅义伟在日本国会首相指名选举中当选日本第99任首相，当晚正式成立菅义伟内阁。菅义伟于9月14日当选自民党总裁后，表示延续安倍路线，"必须继承且推进安倍首相一直以来努力经营的事业"。他就任首相后宣称："我们将开展以发挥作用的日美同盟为基础的政策"；"为保护国家利益，在战略性推进自由开放的印度洋—太平洋构想的同时，希望与包括中俄在内的近邻国家建立稳定关系"。在菅义伟内阁中，安倍晋三的胞弟岸信夫首次入阁就担任了防卫大臣要职。菅义伟内阁走向何方？人们拭目以待。

鉴于日本右翼势力所持历史观之反动，翻案气焰之嚣张，右翼言论之荒诞，活动行为之诡诈，施用手段之卑鄙，这就迫使怀有正义感的人们不得不去探求历史的真相，以还原历史本来的面目。笔者正是出于对社会的道义良知，抱着探真求实的态度，针对日本右翼的翻案言行，用事实揭穿日本右翼

---

① "新安保法"的正式名称是"和平安全法制相关两法案"，包括《国际和平支援法》《自卫队法》《周边事态法》《美军行动关联措施法》《船舶检查活动法》等11个具体法案。

的谎言，用铁证回答日本右翼的诡辩，以扬天地之正气，抒人间之良心，并告慰为拯救中华民族、捍卫祖国而英勇抗击日本侵略者的无数先烈先辈和爱国志士，告慰被日本侵略者惨无人道地杀害的中国数以千万计的冤魂，告慰亚洲国家以及世界有关国家和地区为保家卫国、反抗日本侵略而献身的和平捍卫者和被日本侵略者野蛮残杀的受害者，告慰日本国内主持正义、反对侵略而横遭日本法西斯残害的反战人士和被日本法西斯战争强加到头上甚至强迫其自戕的平民百姓，告慰被日本侵略者的兽行摧残的千百万无辜女性，告慰一切反抗日本侵略扩张、维护世界和平的人们！

这里应当指出，日本的对外侵略战争，主要是由军国主义头子发动的，即是由天皇和"天皇的官僚"发动的，应由他们承担主要的战争责任。对于广大民众，虽然他们也是受害者，但他们也确有"没能阻止侵略战争"的责任。正如"二战"后不久日本法学家戒能通孝所说："无论军方有何种程度的强力，如果没有国民的消极支持，如此狂乱的暴行是不可能持续下去的。东京审判中被告们从各种各样的方面受到谴责，换句话说，正是我们身上存在的流氓性精神和投机性精神受到了某种形式的谴责。如果对此不正面接受，真正的国家重建仍将是很遥远的目标。"①戒能通孝的这一论断是很有见地的，至今都值得日本国民的深思和警醒。这里揭露和抨击日本右翼的翻案活动，主要是针对少数右翼分子，因为他们丧尽天良，篡改历史。而普通的日本民众与这些右翼分子是有根本区别的，哪怕是某些民众受日本右翼势力的影响、迷惑，甚至误入歧途，也但愿他们迷途知返、走向正道。总之，我们抨击日本右翼翻案活动，并非激起历史仇恨，而是为了牢记历史教训，不能让历史悲剧重演，以期世界永久和平。

本书所选取的材料主要是：第一，历史文献、档案资料；第二，当事人的忆述（口述）资料；第三，当年或事后有关报刊资料；第四，有关实物

---

① 转引自〔日〕吉田裕著，刘建平译：《日本人的战争观：历史与现实的纠葛》，新华出版社2000年版，第61页。

（文物）、照片资料；第五，适当吸收前人的研究成果；第六，有关网络资料，等等。

由于日本右翼的言行涉及政治、经济、军事、文化等历史和现实的诸多问题，因此，这里恕不能一一触及，只能择要论略。为了便于对有关问题的阐明和实证，这里侧重于引用有关资料作为佐证，略加点评和考叙。并且，在阐述某些相互关联的问题时，由于选取的角度不同，或许会有一些必要的重复。对于有关问题，只限于做个案的评述，至于每个问题的历史沿革包括日本对外（华）侵略的历史过程，恕难全面顾及了。

诚然，"二战"以来，虽有一批从不同侧面、不同角度揭发和抨击日本右翼势力翻案的论著问世，但从总体上系统评析日本右翼全面翻案的论著仍不多见。这就给世界爱好和平的人们提出一个"清醒认识日本右翼势力全面翻案真相"的任务。由于日本右翼翻案活动由来已久，涉及面广，诡诈异常，并且翻案手段不断变换，有时似是而非，迷惑世人，这就进一步增加了其识破的难度。因此，要想彻底揭开日本右翼的真面目，仅凭一己之力是难以成功的，而必须唤起当事国的有识之士和广大民众的参与，促使国际社会的广泛关注和鞭挞，才能把日本右翼翻案的本质暴露于光天化日之下，以保护东亚和世界的和平与安宁。

目录

CONTENTS

055

第三章

皇国史观：日本右翼的精神支柱

095

第四章

靖国神社：军国主义的保护神

245

第七章

"和平主义"：偷换的战争概念

微信扫码

一起揭开这场旷世骗局背后的真相！

珍贵史实　　精选音频
读书笔记　　书友交流

第一章

骗局缘起：军国主义未散的幽魂

第一节

军国主义政治体制的遗毒

一、天皇制的继续保留

日本是第二次世界大战（简称"二战"）的主要肇事国，是罪魁祸首之一。它先后发动了对中国和亚洲国家的侵略战争，偷袭美国夏威夷群岛的珍珠港，发动太平洋战争，妄图称霸世界。但是，在中国、苏联、美国、英国和亚洲各国军民的共同打击下，1945年8月15日，日本天皇裕仁向全国广播《终战诏书》，宣布投降。9月2日，在日本东京湾的美国"密苏里"号巡洋舰上，日本东久迩宫内阁的外相重光葵代表天皇和日本政府，日军参谋总长梅津美治郎代表日本大本营，向同盟国签署了含有8条内容的《日本投降书》，表示"日本帝国大本营与所有之日本国军队以及日本国支配下任何地带之一切军队，对同盟国无条件投降"[①]。

日本战败后，曾被以同盟国名义而实际由美国单独占领。直至1951年9月，日本才获得政治上的独立。"二战"后，日本曾被占领6年之久，为什么很快就出现了一股复活军国主义和为右翼势力翻案的逆流并且不断延续呢？究其原因，主要是军国主义政治体制的遗毒未清、美国的庇护和扶植、军国主义经济基础的保留和日本岛国意识作祟。

军国主义社会基础未能彻底摧毁是一个重要原因。其中，天皇制的继续保留是一个重要的标志。第一位日本天皇虽然被奉为"太阳女神的后

---

① 世界知识出版社编：《国际条约集（1945—1947）》，世界知识出版社1959年版，第112页。

裔"①，但被神化的天皇在1868年明治维新前，是属于封建领主阶层，是封建领主的一员，"天皇只是作为这种剥削的一个躲在最后面的保证人而被领主们加以利用"②，甚至一度沦为封建领主的附庸和傀儡。据传那时皇宫经常失火，皇室被烧，所以京都就流传着一首讽刺诗："凤凰生末世，落魄亦堪悲；雉鸡遭野火，被逐无巢归。"由此可见当时天皇落魄的情景，远不是后来那么风光。明治维新后，天皇制真正建立起来，天皇开始居于最高统治地位，成为国家权力的化身。"天皇成了直接统治日本全国的唯一最高的绝对的统治者。国土、人民都属于天皇，天皇之外没有国家。所谓政府就是天皇用来统治其土地和人民的工具，而不是国家或国民的机关。"军队"当然也是天皇的皇军"。③天皇制建立后，由封建主义君主立宪制逐步向军国主义君主立宪制转变，对内实行封建性的军事专制统治，对外强硬推行军国主义。

20世纪30年代日本发动的对外（华）侵略战争，实际上就是天皇和军部法西斯政府策划和发动的。所谓军部，包括大本营、参谋本部、军令部、教育总监部以及内阁中的陆军省和海军省等，是20世纪30年代初形成的军事法西斯体制的核心，是天皇制内部相对独立的军事专制机构，曾被日本著名的和平人士宇都宫德马称为"天皇的官僚"。由于天皇是日本的最高统治者，许多对外侵略的重大决策都是在"御前会议"决定的，所以在第二次世界大战期间的讽刺画中，总是把日本天皇裕仁和德国法西斯头子希特勒、意大利法西斯头子墨索里尼并列在一起，称其为人类的三大敌人。1945年7月26日，中、美、英三国在德国柏林郊外的波茨坦议决促令日本投降的《波茨坦公告》（亦称《波茨坦宣言》）中声明："欺骗及错误领导日本人民，使其妄

---

① 参见〔日〕安万侣著，周作人译：《古事记》，上海人民出版社2015年版。

② 〔日〕井上清著，辽宁大学哲学研究所译：《天皇制》，商务印书馆1975年版，第19页。

③ 参见〔日〕井上清著：《天皇制》，第37页。

欲征服世界者之威权及势力，必须永久剔除。"①这里所称的"领导""威权"实指天皇。所以，日本投降后天皇曾被称为"天字第一号战犯"。但是，1945年8月10日的《日本乞降照会》中，日本政府在表示接受《波茨坦公告》条款的同时，却提出"不包含任何要求有损天皇陛下为至高统治者的皇权"，并要求天皇的"皇权""能获保证"。②这就是说日本政府乞求投降并不是无条件的，而是有条件的，这个条件就是保留天皇制。

关于天皇制的去留问题，日本投降初期是有过激烈争论的。日本国内外的民主进步势力强烈要求废除天皇制。日本共产党和日本民主势力公开举起打倒天皇制的旗帜。日本共产党书记野坂参三指出："日本封建专制独裁政治机构（或天皇制）是以天皇为首、为中心而组成的，在制度上，天皇握有绝大的政治独裁权。"③所以，必须废除。在日本之外，苏联、中国、澳大利亚、新西兰等国和美国大多数人也强烈要求废除天皇制，主张起诉天皇裕仁，把他列为战犯，追究其战争责任。美国参议员罗塞尔认为"天皇为战争元凶"，曾向参议院提议逮捕天皇，对其加以审判。④但是，"二战"后日本的第一届内阁——东久迩宫内阁（1945.8.17—1945.10.5），却以维护专制主义天皇制的国体为己任，仍把天皇裕仁奉为最高统治者，并想方设法促使美国占领当局承认天皇的一切权力。美国占领当局最高统帅麦克阿瑟也确实对天皇"宽大为怀"，使"天皇对美国的宽恕，曾再三感慨额首"⑤。在美国占领当局的干预下，于1946年11月3日公布、1947年5月3日施行的《日本国宪法》（亦称新宪法、"和平宪法"）中，"第一章 天皇"的第一条就

---

① 世界知识出版社编：《日本问题文件汇编》（第一集），世界知识出版社1955年版，第6页。

② 参见世界知识出版社编：《日本问题文件汇编》（第一集），第9页。

③ 孟宪章著：《战后美帝扶日罪行全史》，（北京）十月出版社1951年版，第64页。

④ 参见储玉坤著：《战后世界新形势》，（上海）永祥印书局1945年版，第76页。

⑤ 参见〔美〕道格拉斯·麦克阿瑟著，文国书局编译部译：《麦克阿瑟回忆录》，（台南）文国书局1985年版，第169页。

规定："天皇是日本国的象征，是日本国民整体的象征，其地位以主权所在的全体日本国民的意志为依据。"第二条规定："皇位世袭。"由此，"二战"后的日本天皇制的保留就有了法律依据。

正因为美国占领当局接受了日本保留天皇制的乞求，并以日本最高法律（宪法）形式规定保留天皇制，这给日本右翼势力的翻案埋下了祸根。美国麻省理工学院的历史学教授约翰·W.道尔在《拥抱战败：第二次世界大战后的日本》一书中，就批评了美国在"二战"后的对日政策，认为这是造成战后日本一再拒绝为侵略暴行承认错误、不断歪曲及篡改侵略史实，致使军国主义思想从未消失的主要原因。美国纽约州立大学教授赫伯特·比克斯在《真相：裕仁天皇与侵略战争》一书中也持相同观点，认为裕仁天皇是日本帝国的元首和"武装部队的最高统帅"，是主战的天皇，有证据显示裕仁天皇的战争责任是不容辩驳的。道尔和比克斯认为，日本军国主义不死，美国难辞其咎。2000年道尔在接受《关于亚洲的教育》期刊（冬季号）专访时指出，美国在"二战"后刻意为裕仁保驾，让他完全不必负战争责任，而裕仁又装出一副懦弱无助的伪善面目，乃是对日本民主政治与国民心理健康的一大打击，同时也剥夺了日本人民本着良心公开辩论战争责任的机会。

由于天皇制的保留，使天皇摆脱了作为战犯而被起诉，不负战争责任，给了日本的官僚和右翼势力充分利用的机会。正如日本著名的反战记者本泽二郎所说：日本的"官僚通过拖延答复《波茨坦公告》和战后仍然维持'天皇制'，使自己（日本的官僚）毫无损伤地生存了下来。他们通过回避追究天皇的战争责任，也把自己的责任全部隐瞒下来"[①]。日本战败50年（即1995年）时，日本著名的和平活动家宇都宫德马就指出：日本的官僚很坏，"利用君主制"，"既然天皇不负战争责任，天皇的臣下当然也可以不负战争责任了，因此，就不想正视历史。战后长达50年之久，文部省不对孩子们

---

① 〔日〕本泽二郎著，雷慧英等译：《天皇的官僚：日本右派真相》，中国社会科学出版社1999年版，第25页。

教授历史的理由就在于此"①。可见，天皇制的保留，确实掩护了天皇的一大批"臣子"，使军国主义的社会基础未能从根本上被摧毁，给日本右翼势力创造了翻案的机会。

二、日本右翼政客的随即当政

如果说，天皇制的保留是日本军国主义政治体制遗毒的重要表现，那么，日本右翼政客当政，更使苟延残喘的军国主义政治体制出现了生机。这也是日本右翼势力翻案的一个直接原因。

日本战败后，虽然盟国对日本实施管制，但这种管制是采用间接管制的方式。所谓间接管制，就是盟军最高司令官不直接管制（统治）日本。直接管制（统治）日本的仍是日本政府，但日本政府需听命于盟军最高司令官。所以，当时盟军最高司令官麦克阿瑟被称为日本的"太上皇"。这里特别值得注意的是，日本和德国虽然都是第二次世界大战的战败国，但战后初期对这两个国家的管制是不同的："日本政府已为联合国所承认。因为承认日本政府，才有使日本政府施行实际统制行政之举，而由联合国最高司令部加以监视、命令及指导。"然而，"联合国对于德国，并不承认它有一个德国政府"，"不过在德国有着行政官厅，也有着各部。但这些只是纯粹的行政机关，并非是施行国务的内阁之一部"。这也就是说，"德国虽有行政的首长，但无协议国务、决定国策的内阁，这即是说并没有一个政府"，"德国原有政府、德国最高司令部、省政府、地方政府所有的一切最高权力，均由英、美、法、苏掌握之"。②这就是说，德国是由英、美、法、苏四国分区管制。

由于联合国（即盟国，实际上由美国主导）对日本实行间接管制（当然

---

① 〔日〕本泽二郎著：《天皇的官僚：日本右派真相》，第25页。

② 参见中华学艺社编译：《日本研究资料》（第2册），（上海）大成出版公司1947年版，第6页。

有些方面也实行直接管制），因而许多事项都是通过日本政府具体施行，这就给日本军国主义者和右翼势力提供了自由活动的空间和有利条件。

（一）军国主义余党登台执政

由于美国的纵容，"二战"后的几位日本内阁首相和许多大臣都是由右翼政客担任。诸如战后日本第一届内阁首相东久迩宫稔彦就是皇族成员兼陆军大臣、大将，是裕仁天皇的叔叔，这届内阁被称为"皇族内阁"。就是这届内阁派代表签订了《日本投降书》，所以也被称为"投降内阁"。这届内阁的国务大臣近卫文麿（前首相）就是一名大战犯，却掌握了东久迩宫内阁的实权。第三届内阁首相吉田茂是前内务大臣牧野伸显的女婿，曾任奉天（今沈阳）总领事，参加过1927年6月田中义一首相在东京召集的"东方会议"，参与策划对中国的侵略。要特别指出的是，甲级战犯岸信介（前国务大臣），在1945年9月11日与东条英机（前首相）同一批被捕，入狱3年3个月，就于1948年12月被美国占领当局释放了。岸信介被释放不久就开始参加政治活动，于1957年担任日本首相，连续组阁，至1960年7月才下台。岸信介执政期间，又力图重温"大东亚共荣圈"的旧梦，向东南亚渗透，采取仇华反共的政策，极力阻挠中、日民间贸易往来，积极配合美国"遏制中国"。岸信介下台后，经过池田内阁，1964年11月岸信介的胞弟佐藤荣作担任首相，并执政长达7年8个月。佐藤同样采取仇华反共政策。此外，还有许多右翼政客在内阁和政府部门包括地方政府中担任重要职务。

这些右翼政客，有的原本就是军国主义者或军国主义翻案的肇事者和推动者。在他们的策动、纵容下，社会上产生了上行下效的效果，孳生出一批狂热的右翼翻案政客和活动分子。

（二）社会右翼势力的蠢动

日本战败后，曾有一批战争参与者，经过血与火的洗礼，感悟到日本对外战争的非正义性和非人道性，反躬自问，深刻反省，痛改前非，走上人民民主的道路，成为捍卫民主正义的战士。他们和原来的反战人士一起，形成了一股民主势力，对右翼势力起着一定的牵制作用。

但是，在美国占领当局的庇护和日本当政政客的纵容下，那批原来充当对外侵略的打手、战后仍迷恋军国主义的死硬分子，并不甘心失败，极力为侵略战争辩护，甚至公然篡改、伪造历史，死心塌地抱着"花岗岩头脑"去见他们的"天神"，成为右翼翻案的一股策动力。还有许许多多日军的遗孤和后代（包括战犯的后代），甚至包括有牵连的亲属，有的并不愿意接受自己是"侵略者"或"战争罪犯"的遗属、后代、亲属的称号，故此也有意或无意地躲躲闪闪，回避客观事实，不敢正视历史，这也是右翼翻案的一股推动力。还有一些受"皇国史观""军国主义思想""大和民族优越论"的影响极深、病入膏肓的顽固分子，也有意歪曲事实，"自告奋勇"为军国主义对外侵略扩张辩护，充当军国主义的当代"保护神"。就是这几股势力拼凑成背离社会发展潮流的右翼翻案大合唱。

（三）日本社会教育的错位

日本投降后，盟军总司令部对日本的战后教育提出了一系列方针政策，包括：第一，关于教育内容——禁止把明治天皇手谕作为教学的基础，禁止军国主义和极端的国家主义思想教育，废除一切军事教育和训练，"奖励合乎基本的人权思想的概念之教授及实践"；第二，关于教职队伍——全面调查教职人员和主管人员，罢免一切职业军人、军国主义者、极端国家主义者以及积极反对占领政策者，对曾经因反军、反战而被解聘的教员和主管人员应优先给予复职，凡因人权、国籍、信教、政见、社会地位不同而对学生、教员和主管人员采取不平等待遇者应立即予以禁止和纠正；第三，关于教科书——"凡以助长军国主义的、极端国家主义的概念为目的而编著的地方，必须剔除"，迅速准备编写新的教科书和教员用参考书及教材，以培养"有教育的、和平的且重责任的公民"；[①]等等。这些方针政策，在对日本管制初期曾发挥过积极的制约作用。

_____

① 参见中华学艺社编译：《日本研究资料》（第5册），第11—12页。

但是，在美国占领当局和日本政府及文部省的具体贯彻执行中，却严重背离了这些方针政策。诸如：天皇仍是日本国民盲目崇拜的偶像，明治天皇的手谕仍为各学校精神教育的题材；学校的教科书仍有大量歪曲事实的内容和鼓励黩武的记载，甚至还有战争宣传，充满反民主的内容；有的学校还强制学生上军事课，教唱"日本是亚洲的统治者"的歌曲。当时日本《朝日新闻》曾登载：在儿童读物《儿童的圣经》的序言中，可以找出这类语句："亲爱的儿童们，日出的国家有二千六百年光荣历史，所深以为憾者，我们曾战胜了一切，但在太平洋战争中失败了。"①由此可见，日本的战后教育，并不是深刻反省对外侵略的罪行，而是宣传本国所谓的"光荣历史"，为战败鸣冤叫屈，这就成了右翼翻案的精神因素。

正因为日本的军国主义社会基础没有从根本上予以彻底摧毁，军国主义的阴魂未散，后患无穷，才给右翼翻案留下了一个稳固的根基。

---

① 孟宪章著：《战后美帝扶日罪行全史》，第87—88页。

——■ 第二节

美国的庇护和扶植

一、战后初期对日本的管制

日本的右翼翻案，主要是由唯心主义思想意识和军国主义的劣根性所决定，固然由其军国主义的遗毒和政治、经济、社会、文化等历史和现实原因所造成，但从某种意义上说，美国的庇护和扶植起着极其重要的作用。这是日本右翼势力翻案的重要诱因。如果不是美国的庇护，特别是从二十世纪四十年代中后期至五六十年代乃至二十一世纪美国对日本的庇护、纵容、扶持，日本右翼势力的翻案活动是不至于那么放肆和猖獗的。当然，美国的庇护和扶植，虽然助长了日本右翼势力翻案的嚣张气焰，但也并不是完全为了日本，而是出于美国的一己之私——美国借助日本作为推力，互相利用，以维护其自身对世界的所谓"领导权"（霸权）和环球利益。

在第二次世界大战中，美国和日本是敌对国。但为何战后美国这个战胜国竟然对战败国日本加以庇护和扶植呢？这要通过透视战后美国对日本的管理和当时国际形势的变化，才能略知其意图。

日本投降初期，同盟国（亦称"联合国"，简称"盟国"）对日本的管制机构主要有三个：第一个是远东委员会（Far Eastern Commission，FEC），为最高决策机关，其权限有三方面："（一）树立使日本履行投降条件时所必要的政策及原则；（二）对于盟国总司令的指令的颁发，以及总司令所采取的措施的再检讨；（三）审议经参加国同意交付的案件及其他问题。"[1]

---

[1] 中华学艺社编译：《日本研究资料》（第1册），第15页。

参加国有中国、苏联、美国、英国、法国、荷兰、加拿大、澳大利亚、新西兰、印度、菲律宾共11国（1949年缅甸和巴基斯坦加入）。中、苏、美、英四国有否决权。1946年2月26日在华盛顿前日本驻美大使馆召开第一次会议，宣告正式成立该机构。由美国代表麦高依少将任议长（后由美国陆军部长希特林继任），中、苏、英三国代表任副议长。总部设在华盛顿马萨邱赛街前日本驻美大使馆内。第二是对日理事会（Allied Council for Japan，ACJ），亦称"对日委员会"或"管制日本委员会"，为顾问咨询机构，其权限"专为实施盟国的日本管理政策，应总司令的咨询且对总司令有劝告或建议之权"①。由中、苏、美、英四国代表组成，驻日本东京。理事会主席本来是由盟国总司令担任，但实际上最初是由总司令部经济科学部部长麦克华脱少将代理，后由麦克阿瑟的政治顾问艾其逊担任。这两个机构都是于1945年12月27日在莫斯科举行的苏、美、英三国外长会议（亦经中国同意）决定设立的。第三是盟军最高司令官总司令部（General Headquarters of the Supreme Commander for the Allied Powers，GHQ）为执行机关。由美国太平洋陆军总司令麦克阿瑟担任总司令。虽然盟军总司令部于1945年10月2日才正式在东京日比谷的第一相互生命大楼设立，但自盟军（美军）于1945年8月28日进驻日本本土之日起，麦克阿瑟已经开始发号施令了。

关于盟国对日本管制的政策，在《波茨坦公告》中已有明确的规定，包括：完全解除日本军队，允许复员返乡；消除军国主义思想和势力；依法"严厉制裁"战争罪犯；确保基本人权，确立言论、思想、宗教自由；维持最低限度的日本经济，以及允许维持"可以偿付实物赔偿之工业"；盟国占领至上述各项完成及依人民的自由意志成立一个和平的负责的政府为止，等等。盟军进驻日本后，远东委员会和盟军总司令部还做出了一系列决议，发出有关指令。诸如远东委员会做出的《远东委员会对投降后日本之基本政策的决议》（1947年6月19日）、《关于摧毁日本军需工业的决议》（1947年8

---

① 中华学艺社编译：《日本研究资料》（第1册），第16页。

月14日）、《关于禁止日本军事活动与处置日本军事装备的决议》（1948年2月12日）等，都对严禁日本军国主义复活、严格取缔一切军国主义制度、消除军国主义侵略精神影响、"完全解除武装和军备"等做了明确规定，要求日本政府务必遵循。

二、美国对日本的庇护

本来，盟国对日本的管制是由上述三个机构负责的，但实际上管制大权被美国所把持。从三个机构的主官都是美国人担任就可以看出这一点。1945年9月19日，美国国务院宣称："决定对日的政策，并非占领军当局，而为美国政府。"22日，美国政府关于对日政策的声明中称："日本将来对世界威胁的可能性，不问其为政治的、军事的，乃至经济的，须完全予以祛除；保障日本国民之合理的商业的、经济的生活，以期民主主义的原则发达。盟国对于日本国民，决不扶持他们所不愿意的政府。"[①]可见，美国政府对日本管制起着决定性作用。但是，对日管制具体执行权是在盟军总司令麦克阿瑟手上。正如他自己所宣称的："我握着比过去任何历史上殖民地更强大的权力，我的权力是至高无上的，日本承诺《波茨坦公告》，同盟国所赋予的，自日本投降日起，为实施投降条款可采取必要之措施。亦任命我为同盟国陆海空最高司令官，此种权力之幅度，不容日本方面有任何疑义。"[②]

平心而论，美国占领日本之初，根据《波茨坦公告》和远东委员会的有关决议，曾做了一些管制日本的工作。诸如：解除日本武装，包括日本国内的390万军队和驻外日军约370万人[③]，全部解除遣散，驻外者分批遣返日本；解散废止日本最高战争指导会议、大本营、参谋本部、军令部、陆

---

① 中华学艺社编译：《日本研究资料》（第1册），第13页。

② 〔美〕道格拉斯·麦克阿瑟著：《麦克阿瑟回忆录》，第174页。

③ 当时的日本国内外军人数量，据《日本研究资料》合计约760万人，据《麦克阿瑟回忆录》称有698万多人。

军部、海军部、军事学校等军事机构，废除"兵役法"，解散"在乡军人会""国民义勇队"等民间军事性质的机构；接收和拆除军需工业，充作对被害国赔偿（仅约占30%）；逮捕了一批战犯；解散军国主义法西斯团体和整肃法西斯分子；发布解散财阀令和农民解放令；禁止军国主义教育；等等。这些对日本军国主义的复活曾起过一定的抑制作用。

可是，在很短的时间内，随着国际形势的变化，美国对日本的政策就发生了由管制日本向扶植日本的转变。

（一）在政治上基本保留日本的体制

早在1945年10月，麦克阿瑟就指令刚上任的首相币原喜重郎设立一个宪法委员会，筹备起草新日本宪法。但这个委员会却由一位连麦克阿瑟都称之为"极端反动的松本博士支配"，即由国务大臣松本丞治主持，仅用三个月（1946年1月）就拟定一份宪法草案。这份草案只在明治宪法的基础上做了文字上的改动，如把明治宪法的第三条"天皇神圣不可侵犯"改为"天皇最高不可侵犯"。当时连麦克阿瑟都感到此草案有问题。但1946年11月颁布、1947年施行的新宪法第一条仍写着"天皇是日本国的象征，是日本国民整体的象征"，从法律上确立了天皇的地位和制度。1947年春，麦克阿瑟就批准日本重新升起"旭日旗"（代国旗）。随后，各学校又开始唱《君之代》（代国歌）。麦克阿瑟还自诩：这使日本"举国人民再重获自信与自尊"，甚至连"日本天皇亲临国会致辞时，老泪纵横，感谢我（指麦克阿瑟）重建日本的态度与信心，天皇尊我为天风"[1]。紧接着，麦克阿瑟又极力推动"对日和约"的签订。他宣称："日本以大无畏的精神，向公正和平的目标前进，这是挽回美国在亚洲丧失主动权的最好方法，亦为确立美国在亚洲领导权的唯一途径。能对日缔结和约，此时是最好的时机。"[2]

关于缔结对日本和约，本来也是中国共产党的主张。1949年7月1日，中

[1] 〔美〕道格拉斯·麦克阿瑟著：《麦克阿瑟回忆录》，第194页。
[2] 〔美〕道格拉斯·麦克阿瑟著：《麦克阿瑟回忆录》，第198页。

共中央为纪念抗日战争发布的口号中就明确提出："迅速按照波茨坦协定，缔结对日和约！""实现日本非军国主义化，实现日本民主化！""中日两国人民联合起来，反对美国长期占领日本！"①但是中共主张的对日和约是和美国的对日和约有本质的不同的。中共是反对美国对日本的长期占领，使日本成为"非军国主义化"的真正的民主国家。而美国是"为确立美国在亚洲领导权"和称霸世界，把日本变成反苏反共的前哨基地。1949年10月1日，中华人民共和国成立以后，改变了世界力量的对比，大大增强了世界和平民主力量。1950年6月，朝鲜战争爆发后，美国更加快了对日和约的步伐。1951年9月4日，美国不顾中国、苏联、印度、缅甸等国家的反对，在旧金山召开了有52个国家参加的对日和平会议。包括大陆和台湾在内的中国未被邀请，印度和缅甸拒绝出席会议。9月8日，与会的49个国家共同签订了《旧金山对日和平条约》（即《旧金山对日和约》）。苏联、波兰、捷克斯洛伐克虽然出席会议但拒绝签字，除日本外就只有48个国家签字。当天，美国和日本又缔结了《日本国和美利坚合众国之安全保障条约》（即《日美安全保障条约》）。《旧金山对日和约》的签订，标志着日本在法律上取得了独立，与签约国结束了战争状态。盟军总司令部及司令官分别改称驻日美军司令部和驻日美军司令官；远东委员会和对日理事会被解散；美国占领者和日本被占领者的关系，从法律上改为国与国之间的关系。

《旧金山对日和约》是由美国一手炮制、美日共谋、不具备媾和必要条件的和约，是一个没有提及和追究日本的"战争责任"的条约。1951年9月18日，中华人民共和国外交部部长周恩来发表了《关于美国及其仆从国家签订的旧金山对日和约的声明》，严正指出：美国政府在旧金山会议中强制签订的没有中华人民共和国参加的对日单独和约，不仅不是全面和约，而且完全不是真正和约，这只是一个复活日本军国主义、敌视中苏、威胁亚洲、准备新的侵略战争的条约。还指出：美国和日本签订了美日双边安全条约，为重

---

① 世界知识出版社编：《日本问题文件汇编》（第一集），第39页。

新武装日本并把日本完全变为美国军事基地廓清道路。《旧金山对日和约》和《日美安全保障条约》"业已对中华人民共和国的安全以及其他许多亚洲国家的安全，构成了严重的威胁"[1]。这两个条约的签订，不但表明了美国对日本的怂恿和扶植，而且也为日本军国主义复活和日本右翼势力翻案埋下了祸根。

（二）在军事上重新武装日本

1948年12月14日，日本《朝日新闻》刊登了《邮政每日》报驻纽约特派员的报道，称美国军部和战略家正在研究"重新武装日本和对日本的人的资源利用的问题，以便对抗中共军队的胜利"。这一报道表明三点：一是美国重新武装日本；二是美国利用日本的人力（实际包括日本战犯）资源；三是为了"对抗"中共领导的中国革命。朝鲜战争爆发后，美国便充分利用了日本的军事、人力、经济资源。

美国从管制日本向扶植日本的转变，除了在政治上基本保留日本的体制外，就是在军事上武装日本。主要表现在三个方面：一是重新建立日本的陆、海、空武装部队，作为复活军国主义的支柱和充当美国亚洲战略的先锋队；二是在日本建立军事基地，以作为对抗社会主义国家的跳板和据点；三是重建日本的军事工业，作为美国兵工厂的远东分厂，承担美国在亚洲的军备供应基地。（关于这个问题，本书下一章另有论述）

针对美国大肆扶植日本的种种行径，1950年12月4日，中国政府外交部部长周恩来在《关于美国及其仆从国家签订的旧金山对日和约的声明》中据理加以抨击，指出："美国占领军借用日本警察的名义来重建日本的陆军；借用海上保安厅的名义来重建日本的海军，并保留与修建日本军港，训练日本航空人员，以建立日本空军，并保留与修建日本空军基地。"[2]美国正是企图利用其对日本的军事控制和扶植，使日本的军事力量尽快恢复，以驱使

---

① 世界知识出版社编：《日本问题文件汇编》（第一集），第87—88页。

② 世界知识出版社编：《日本问题文件汇编》（第一集），第60页。

日本作为美国在亚洲扩张的工具。

（三）在经济上援助日本

美国不仅在政治上庇护日本，在军事上培植日本，而且在经济上也大力扶持日本。由于日本在战时为了维持对外侵略战争，已使国内经济被掏空，加上战败的结果，突然断绝了从外国掠夺资源的途径，使战后初期的日本，不仅原有的制度、权力、法律等顿时化为乌有，而且也使经济社会出现了"虚脱"的现象。一时间，战后的"废墟"上黑市遍布，物价飞涨，走私商品大行其道，抢购风潮频繁出现，使大批人陷入了饥馑的旋涡。对此，美国为挽救、扶持日本，给予了大量的经济援助。

日本刚刚投降，即1945年10月间，美国应币原内阁的请求，就向日本援助了450万吨粮食；1946年1月至6月，美国又提供了26万吨小麦和其他粮食。此外，还提供基础设施和其他商品、药品等方面的援助。据日本著名记者、作家、政治评论家户川猪佐武引用1945年9月9日《朝日新闻》的报道称，从横滨港的瑞穗栈桥至厚木机场四五十千米的汽油输送管道，美国驻军仅用两天就铺设完毕。户川说："不止是这种土木建筑机械、铺设输油管道等，而且还有盘尼西林、滴滴涕等药物也由美军带进了日本，使日本人初次了解了这些东西的妙用。""美军发放的巧克力、槟榔膏、干奶酪、黄油等食品也使日本人感到稀罕。"户川还说："战后，美军带来的所有物质文明，都使他们（指日本人）只有一味惊异，把战后的日本人与幕末至明治初期刚开始接受西方文明的日本人等同起来也不为过。"户川指出："美国直至1951年9月8日在旧金山签订对日和平条约以前所给予日本的经济援助，也是促使日本美国化的巨大能源，这是不容忽视的历史事实。"①由此可见，美国对日本经济援助所产生的巨大作用。

这里应该指出的是，战前，日本把美国视为"鬼畜"，曾提出"打倒

---

① 〔日〕户川猪佐武著，刘春兰译：《战后日本纪实》，天津人民出版社1984年版，第17页。

英美鬼畜"的口号；战后，美国却对日本给予政治、军事、经济等方面的庇护、扶植和援助。而在"二战"中曾与美国为同盟国的中国，在1949年后，却遭到美国连同日本等国的政治、军事打压和经济封锁。其两者的态度何等鲜明！这简直是对历史的一大讽刺！

◤▬▬ 第三节
军国主义经济基础的保留

一、盟国对日本经济管制的方针

日本战败后，盟国对日本的管制具体到经济领域可归纳为三条基本方针：一是"许可自主的经济活动"；二是"经济上之非军事化"；三是"经济上之民主化"。[①]这三条方针中的第一、二条，早在1945年7月26日的《波茨坦公告》中就有规定："日本将被许维持其经济所必需及可以偿付实物赔偿之工业，但可以使其重新武装作战之工业不在其内。为此目的，可准其获得原料，以别于统制原料。日本最后参加国际贸易关系当被准许。"[②]遵照《波茨坦公告》的意旨，1947年6月19日，远东委员会做出的《远东委员会对投降后日本之基本政策的决议》，明确规定："第一，完全摧毁日本之军事机构，因此机构为其数十年来实行侵略之主要手段；第二，设置政治经济诸条件，使日本之军国主义不能复活；第三，使日本人彻底了解其战争意志、征服计划，以及达成此种计划之方法，已使彼等濒于毁灭。"这个决议的第四部分即"第四部 经济"，专门对日本的经济做出规定，包括：经济武装之解除；民主势力之促进；恢复和平的经济活动；赔偿与归还；财政、货币与银行之政策；国际贸易与金融关系；日本之国外资产；外国企业在日本国内之机会均等；皇室财产等九项内容。明确指出："日本军事力量之现

---

① 参见中华学艺社编译：《日本研究资料》（第3册），第1页。
② 世界知识出版社编：《国际条约集（1945—1947）》，第78页。

存经济基础，必须摧毁，并不准其复活。因此，包括下列因素之计划应立即实施：立即停止并禁止专为任何军事力量或军事建置上配备、维持或使用之一切物资生产；禁止生产或修理海军舰艇与各式飞机以及其他战争工具之特殊设施；设立监督与管理制度以防止军备之隐匿与伪装；消灭一切可使日本重整军备之工业或其生产部门；禁止对战力发展有直接贡献之特殊研究与教学。"①

上述的有关规定，包括"三禁止—消灭—监督"，归结到一点，就是摧毁日本军国主义的经济基础（"日本军事力量之现存经济基础"），不准其复活。盟国之所以做出这些规定，主要是因为战前日本的经济是与军国主义密切联系在一起的，是与日本对外侵略扩张密切联系在一起的，是与日本国内外的军事活动密切联系在一起的，是为日本法西斯对外侵略服务的，是日本军国主义的靠山。如果日本军国主义的经济基础不加以摧毁，而军国主义就势必复活，将会给世界和平造成更大的威胁，产生更大的祸害。但是，盟国的对日方针，并不是想把日本一棍子打死，更不是针对日本广大的普通民众。因此，早在1945年9月22日盟国对日本发出的指令中，除了禁止日本生产武器、弹药、军机、兵舰和一切战争用品外，允许日本当局"以自己的责任来管理必要的公共事业、财政、金融，主要物资的生产、配给等经济活动"②。这反映出盟国对战败后的日本，已经尽到了人道主义的宽容和体恤。

二、军国主义经济基础的基本保留

日本战败之初，盟国和远东委员会制定对日本管制的方针政策，除了上述以外，还有一系列具体的政策和措施。诸如军需工业的管制、农村的土地改革、解散扶持军国主义的财阀、对被害国进行赔偿，等等。但是，在美国

---

① 世界知识出版社编：《日本问题文件汇编》（第一集），第12—19页。

② 中华学艺社编译：《日本研究资料》（第2册），第21页。

占领当局的纵容下，日本政府在具体执行中，并非完全如此。特别是随着中国国内解放战争的顺利发展和朝鲜战争的爆发，美国占领当局也从对日本的管制走向对日本的扶植，日本政府也从被管制走向我行我素，甚至为所欲为了。所以，原来盟国和远东委员会所制定的一系列对日管制政策，许多都成为一纸空文。

1945年9月2日，盟国对日本政府下达的第一号指令称，"对于现有的军事设施，一律照原样保存着"[1]。9月22日，盟国对日本发出的第三号指令又称，禁止制造一切飞机、舰艇、军事设备，对于与生产这些军事设备有关的工作机械、钢铁企业，制造化学制品的企业、工场等，均需加以保存。[2]保存这些军事设施和有关企业、设备，目的原来是将其作为对被害国赔偿之用，或将其摧毁。但是，后来这些企业、军事设施、工场等，经过改头换面，并未彻底摧毁，也并不是全部作为赔偿。

随后，盟国又指令日本解散财阀和进行农村土地改革。但美国占领当局仍纵容日本政府阳奉阴违，蒙混过关。农村土改姑且不论，仅以解散财阀为例。日本的财阀是日本军国主义对外侵略的支持者和原动力。日本军国主义的侵略性，与日本财阀有着"血缘关系"。当年为盟国起草解散日本财阀文件的执笔者克雷曼（美国人）说过："日本财阀是国际上没有的金字塔形的独占组织，毫无关联的各种工商部门都被掌握在财阀家族之手，一直支持着日本的战争政策。"[3]最具代表的三井、三菱、安田、住友四大财阀，在"二战"前就控制了日本全部股份公司投资的60%。[4]在"二战"中，仅三菱公司就为日本军方生产飞机1.8万余架，建造"天城"号、"隼鹰"号、"大鹰"号、"云鹰"号、"冲鹰"号等五艘航空母舰和其他舰船，生产各式坦

---

① 中华学艺社编译：《日本研究资料》（第2册），第21页。
② 参见中华学艺社编译：《日本研究资料》（第2册），第21页。
③ 孟宪章著：《战后美帝扶日罪行全史》，第116页。
④ 参见孟宪章著：《战后美帝扶日罪行全史》，第116页。

克4600多辆和大量火炮、炸弹等武器装备。[①]这些财阀充当了军国主义对外侵略的帮凶，扮演着不光彩的角色。

但是，在战后清算、解散财阀过程中，盟军总司令"麦克阿瑟虽根据财阀解散令，先后将许多持股公司列入解散范围之内，并把他们的股票交给所谓'清算委员会'去保管。但清算委员会的九个委员中，有七个就是财阀，或财阀的走狗，而且日本政府就是由与各财阀有直接关系的人们所组成，他们势必要袒护这些大托拉斯"[②]。后来，这些财阀通过"偷天换日法""化整为零法""改头换面法"等手段，都基本保留下来了。就以上述的三菱公司为例，所谓"解散"，就是把三菱公司肢解为西日本重工业株式会社、中日本重工业株式会社、东日本重工业株式会社三家公司。朝鲜战争爆发后，这些公司开始转而为美军服务，1954年这三家公司又联络在一起，后又合并为三菱公司。在美国的纵容下，1948年初，片山内阁干脆决定"日本四大财阀银行，三井、三菱、住友、安田，不在经济分散法范围之内"。至1950年10月，麦克阿瑟将原来决定清算限制的1203家公司，减少了60%以上，"清算、解散"已经是名存实亡了。所以，当时美国芝加哥《太阳报》载文说："日本财阀在经济财政上的势力依然完整无恙。"甚至连盟军总司令部的官员都说："日本财阀章鱼，仅触角受伤，日本国民经济的80%，仍操在大阪金融巨头手中。"[③]

旧的财阀还未从根本上触动，很快又形成了新的财阀。战后初期，日本的财政经济经历了三个阶段：（1）1945年8月至年底，为通货膨胀放任阶段；（2）1946年初至8月，为通货膨胀抑止阶段；（3）1946年8月以后，为整顿恢复阶段。这三个阶段特别是前两个阶段中，日本确实出现了社会混乱、通货膨胀、物价飞涨、黑市泛滥、犯罪四起的现象。因此，麦克阿瑟曾

[①]　参见新华社解放军分社主办：《世界军事》，2014年第13期，第28页。

[②]　孟宪章著：《战后美帝扶日罪行全史》，第118页。

[③]　孟宪章著：《战后美帝扶日罪行全史》，第120页。

说："由于这次战争，日本已降为四等国。"①但是，由于许多旧财阀在战败前夕就大量隐藏物资，将物资抛售给私人公司，战后又销毁账簿，将物资分散转移，加上第一届吉田内阁"推行通货膨胀政策，放纵黑市资本，曾制造所谓新圆阶级"，使财政经济不但较快恢复，而且又形成了一批新的财阀。这些新、旧财阀，就成了右翼势力翻案的经济基础。

与此同时，在日本对被害国赔偿方面，美国确定主要采取物质赔偿。从日本投降至1946年8月的一年间，盟军总司令部曾接收了飞机、造船、机械、钢铁、发电等工场（工厂）共约1500家，②拟将相当一部分作为对被害国的赔偿，但实际上被害国尤其是中国并没有得到应有的赔偿，最后不了了之。日本的赔偿没有兑现，反而使日本的进出口贸易方面得到快速发展。1945年11月24日，日本政府就得到盟军总司令部的批准，可以进口粮食、棉花、煤油、盐等物品。为了适应进出口贸易的发展，同年12月14日，经"盟总"批准成立了日本贸易厅，厅长由原三井公司的物产社长向井忠晴担任。1946年，日本就出口了生丝13万捆、人造丝混纺7500万吨、药品500万吨、无线电3万台、自行车10万辆、纺织机700台、电灯泡500万个、电风扇1万台、人造珍珠100万颗、茶1500万吨，陶器1万吨，总值约7.4亿元（时值）。③从上述情况则可看出，日本原有的军国主义经济并未伤筋动骨。战后，特别是以朝鲜战争为契机，日本经济很快走上了重振之路，到1951年，工矿业产值已经超过了战前水平。到1953年，人均消费水平也已高于战前水平。到1960年，国民总收入已达到118217亿日元，比1950年的33815亿日元增加了近三倍。钢铁产量仅次于美国、苏联、联邦德国而居世界第四位，机械产量也仅次于美、苏、联邦德国而居世界第四位。商船的下水量至1960年连续五年跃

---

① 〔日〕户川猪佐武著：《战后日本纪实》，第18页。
② 参见中华学艺社编译：《日本研究资料》（第2册），第25页。
③ 参见中华学艺社编译：《日本研究资料》（第4册），第23页。

居世界首位。[①]正是日本的军国主义经济基础没有完全被摧毁和战后经济的快速发展，给日本右翼势力注入了"强心剂"，增添了翻案的"底气"。所以，军国主义经济基础的保留是日本右翼势力翻案的重要经济基础，没有这个基础，日本右翼势力就完全失去了翻案的本钱和根基。

---

① 参见〔日〕坂本太郎著，汪向荣等译：《日本史概说》，商务印书馆1992年版，第529页。

第四节

日本岛国意识的作祟

一、岛国日本

日本是一个岛国，长期以来形成了独特的岛国意识。这种意识，在某种程度上也成为日本右翼势力翻案的一个基因。

日本，中国古代称之为"扶桑"。中国古籍《南史·东夷传》称："扶桑在大汉国东二万余。"古籍《释氏六帖》云："日本国亦名倭国，东海中。"在20世纪30年代末期，美国《芝加哥日报》著名记者约翰耕塞赴日深入考察后，撰写了一本《日本内幕》的书，书中称："'日本'这个名词，正像许多日本文物一样，也来自中国。中文'日本'两字的意义是指'太阳的本源'；日本人又加上一个语尾，称日本为'日本国'。"①

日本是亚洲东部的一个岛国，西濒东海、黄海、朝鲜海峡、日本海，与中国、朝鲜、俄罗斯隔海相望，东临浩瀚的太平洋。全境由本州、北海道、九州、四国四个大岛和几千个小岛组成，面积为372200平方千米，其陆地面积约为中国的1/27、美国的1/25，排名世界第61位。日本的海岸线长达34850千米，远超中国。所以，如果算上专属经济水域（包括领海在内），日本则拥有447平方千米的范围，其国家支配管辖领域面积就扩大了约12倍。按此计算，日本的国土排名就从世界第61位变为第6位。②当然，在古代乃至日

---

① 〔美〕约翰耕塞著，民尉译：《日本内幕》，上海译社发行1945年版，第29页。

② 参见《日本究竟有多大》，《文摘报》2010年11月23日。原载于《羊城晚报》2010年11月15日。

本投降前，世界各国还没有"专属经济水域"的概念或"专属经济水域"的划定。以上仅按现时计算和排序而已。日本的人口，据2015年日本国势调查的结果为12711万人（日本总务省统计，至2017年10月1日，日本人口总数为126706000人），按联合国2015年的统计排名，在全球排第10位。2015年日本人口总数比2010年减少了94.7万人。这是自1920年日本开始国势调查以来，首次出现人口总数下降，减少率为0.7%。由此引起"日本消亡"的危机感和恐慌。[①]

日本虽然是一个岛国，但是很久以前中、日两国就有着文化交流。当然，中日关系史的源流不是本书研究的范围，但据考古专家研究，中国史前文化对日本列岛的影响可以追溯至7000年前。[②]前面提到的《芝加哥日报》记者约翰耕塞称："在纪元后第六世纪，中国人开始和日本发生关系"，"中国人改变了日本的生活。他们将文明带给日本。最重要的，他们带来了一种文字，一种字母，至今日本人还在使用。他们带来了一种宗教——佛教——至今日本人还非常信仰；现在大部分日本人信仰佛教，虽然他们同时也信神道教"。[③]约翰耕塞对日本的总体看法做了这样的概括："日本是什么呢？答案可从几方面来说：第一，日本是个拥有4072座火山岛，不断受地震扰攘的群岛……第二，日本是个含有七千二百万稠密人口的国家……第三，日本是一个在朝鲜、满洲、蒙古和中国拥有广大的大陆领土的帝国；这些领土又日夜渴望着扩大。第四，日本是一个当代雄伟的政治力量，这力量是由帝国负有神圣使命的观念产生的。"[④]这四点中的第三、第四点很值得注意：（1）他在这里指的"满洲"应当是指1931年日本帝国主义侵占中国的东北三省所炮制的所谓"满洲国"，不应与中国并列，因为东北三省即所谓"满洲国"就是中国的领土。（2）他指出日本"日夜渴望着扩大"殖民

① 据日本《产经新闻》2016年2月27日报道，见《参考消息》2016年2月28日。
② 参见《人民日报·海外版》，2003年10月13日。
③ 参见〔美〕约翰耕塞著：《日本内幕》，第30页。
④ 〔美〕约翰耕塞著：《日本内幕》，第29页。

地。（3）他指日本的"神圣使命"实际上就是对外侵略扩张的使命。约翰耕塞对日本所做的结论是比较客观的。从明治维新以来，日本发展的历史，确实是匪夷所思的对外侵略史。

二、日本的岛国意识

在全世界的100多个国家中，岛国占了一定的比例，但像日本这样的岛国所具有的岛国意识，实属罕见，前所未有。所谓日本的岛国意识，就是日本人自称的"岛国根性"，"泛指视野狭窄，缺乏彻底性，缺乏逻辑分析的思考方法"。日本国民正是受其支配。①具体主要体现在四个方面：一为神秘性，二为内聚性，三为扩张性，四为双重性。扩张性（侵略性）是日本岛国意识的核心。如果说，扩张性（侵略性）是日本近代社会的原生质，那么，右翼翻案就是扩张性的衍生物。

（一）神秘性

神秘性是日本社会的一个特点。以天皇为例，天皇就具有神秘性。日本战败以前，天皇是被当作"神"来看待的，国人都向他顶礼膜拜。皇宫、皇室也都是神秘的。美国记者约翰耕塞"二战"时在日本考察，曾提出这样的问题："天皇自身是否确为一位'神'？当然他是神圣的，但他是否为一位'神'？"他说："权威的答案，是人各不同。据有些正统派的日本人看来，他本身毫无疑问是'实在的神'。有些人仅说他在日本人心中是'日本天下最高的存在，犹如上帝在多神论看来为宇宙中最高的存在一样'。"尽管天皇是神圣的、神秘的，但约翰耕塞终于得出一个重要结论："原来天皇的神圣乃是日本统治阶级手中的一种有力的政治武器。"②这就是说，"天皇的官僚"在利用天皇这个"政治武器"。这种现象至今仍是如此！正如日

---

① 参见〔日〕长谷川庆太郎著，鲍刚、张虹等译：《别了，亚洲》，国际文化出版公司1989年版，第144页。

② 〔美〕约翰耕塞著：《日本内幕》，第9—10页。

本著名记者本泽二郎所说："经过'二战'，本来日本应该成为一个民主国家，而实际上，日本还抱着战前的价值观。""表面上披上了民主主义的外衣，但精神架构仍然是被君主制的意识洗礼的高级官僚在行使着日本的主权。这就是产生摩擦的根源。摩擦不仅存在于政府与国民之间，也存在于日本与外国的关系之间。"①这一论断，真是一语中的！

当然，除了天皇的"神秘性"外，还有统治集团和社会的"神秘性"。约翰耕塞说，日本有一个神秘的"奇怪的名称——'他们'"。"他们"究竟是谁呢？"这是日本最难解答的一个问题。和这个问题比较起来，则其他难题如日本究竟法西斯化到何种程度就简单得多了。"那么，被日本社会视为神的"他们"究竟是什么呢？"当代日本之所谓'他们'的主要分子是日本的'陆军'。"②陆军的奇特的神秘性体现在哪里呢？约翰耕塞说："日本的陆军有好几个要点与他国陆军不同。第一，它与天皇有特殊的关系；第二，它是封建传统和现代技术稀奇的混合物；第三，它占有他国军队所没有的政治地位；第四，它有特别强烈的社会冲动和野心。此外还有一个宗教的元素。"③日本思想家冈田武彦（1908—2004）在论及"日本文化的根本"时以武道为例，说："武道，若用西方合理主义来解释，其本质就是磨炼技的极致，而若从日本崇物论观点来看，其本质就是无心之心、无我之心。故而在日本的场合，武道的立足点，就是神秘主义。"并且，日本的神秘主义不同于西方的神秘主义，也不同于禅学的神秘主义。④从日本对外扩张的实践看，"武道"的神秘主义，隐藏着一股煞气。由上文引述之事例，则可看出日本岛国意识"神秘性"之一二。

---

① 〔日〕本泽二郎著：《天皇的官僚：日本右派真相》，第2页。

② 〔美〕约翰耕塞著：《日本内幕》，第22—23页。

③ 〔美〕约翰耕塞著：《日本内幕》，第55页。

④ 参见〔日〕冈田武彦著，钱明译：《简素：日本文化的根本》，社会科学文献出版社2016年版，第354页。

（二）内聚性

内聚性是日本社会的又一大特色。内聚性具体体现为内聚力。从自然科学而言，内聚力是指同种物质内部相邻各部分之间的吸引力。具体到日本社会而言，日本是一个内聚力很强的国家。也就是说，日本是一个国家凝聚力和民族凝聚力很强的国家。之所以如此，这里引用英国两位学者Meirion Harries和Susie Harries合著的《日本皇军兴亡记》中一段话来略作说明："日本得地利之赐，其本土为一群岛屿，乃有共同的凝聚力，其人民有共同语言与种族融合。两千年的历史发展中，从未被外人征服，更没有大量人口移入，因此有十分单纯的文化，对西方侵略者的敌意，加强了内部团结。"①这里是从整个日本历史发展而言，而从近代日本明治维新以来观之，1868年3月，以明治天皇的名义颁布的作为维新政府开国宣言的《五条誓文》中也宣称："上下一心，大展经纶。""官武一体，以至庶民，各遂其志，务人心不倦。"附后的敕语中还要求国民"同心协力"。②这更促进了日本的内聚性和民族凝聚力。

诚然，一个国家、一个民族有自己的内聚性和凝聚力，是一种正常现象，是一个国家、一个民族发展的动力，这是无可非议的。但是，这种内聚性，不应该发展为鄙夷性和排他性，更不能发展为"民族优越论"。日本明治维新后，就弥漫着"大和民族优越论"和"脱亚入欧论"。"二战"前，日本的军国主义政客更打着"爱国"的旗号，蒙骗普通平民百姓去充当对外侵略的刽子手和炮灰。战后，日本的"大和民族优越论"的遗毒并未彻底消除。20世纪80年代，日本首相中曾根康弘就在一次集会上说："由于有人口众多的黑人、波多黎各人和墨西哥人，因此美国的平均知识水平比日本

---

① 〔英〕Meirion Harries、Susie Harries合著，叶延燊译：《日本皇军兴亡记》，（台北）金禾出版社1994年版，第19页。

② 参见〔日〕坂本太郎著：《日本史概说》，第379页。

低。"这一"人种论"当即遭到了美国有色人种的痛斥。[①]据一位长驻日本的新加坡《联合早报》日本问题专栏作家的深入考察，称："日本一向歧视东南亚。在日本人脑海中，西洋排第一，其次是日本自己，东南亚则排在最后。最令人气愤的是，我们虽然跟日本人同样是黄皮肤人种，但日本人却歧视亚洲人。"[②]这位专栏作家还说："日本人随着国力增强，手头上的金银财宝越来越多，他们会更加得意扬扬，趾高气扬。现在，一些日本人认为跟亚洲人为伍是可耻的，另一些日本人则对于战争责任（指日本对外侵略战争）毫不反省，反而本末颠倒，诬蔑亚洲人的批评是干涉日本内政，实在是岂有此理、胡说八道！而这些日本败类也使到日本民族的整体形象遭到蹂躏！"[③]更有甚者，时至21世纪，这种鄙夷性、"民族优越论"的阴魂还未散。2016年2月17日，日本执政党自民党法务小组组长、国会参议员丸山和也在参议院宪法审查委员会签辩中发言，称："日本变成美国第51个州，宪法上来说有什么问题吗？"如果日本并入美国，"集体自卫权、安保条约就完全不是问题了"。他的意思就是说，日本并入美国没有法律上的问题，日本人就有机会成为美国总统。他接着说："现在，美国的总统是黑人吧，是黑人血统。说白了，就是奴隶（血统）呀。……在美国建国初期，黑人是奴隶，人们绝不会想到黑人会成为美国总统。"[④]暗示黑人（奴隶）是不能当美国总统的。这种"血统论"，真是语出惊人！因此，遭到日本社会的抨击。2月18日，他被迫辞去了参议院宪法审查会干事和委员的职务。由此可见，日本的内聚性确实会演变为鄙夷性和排他性，这是值得国际社会高度警觉的！

① 参见〔马来西亚〕陆培春著：《骄傲的日本人》，（香港）明窗出版社1990年版，第155页。
② 〔马来西亚〕陆培春著：《骄傲的日本人》，第154页。
③ 〔马来西亚〕陆培春著：《骄傲的日本人》，第261—262页。
④ 《羊城晚报》（新华社特稿）2016年2月19日，参见《参考消息》2016年2月20日、21日。

（三）扩张性

扩张性（侵略性）是日本近代以来岛国意识的最大特点。如果说，"大和民族优越论"是日本民族扩张主义的核心，那么，扩张性就是日本岛国意识的突出表现。日本有一位新"脱亚"论者说过："日本人具有一种和在大陆生活经历密切相关的乡愁，同时也具有一种由于被强行限制在岛国生活的难以忍耐的压抑感。"①

也许是这种"岛国生活的难以忍耐的压抑感"在作祟吧，日本自1868年明治维新以后，就开始走上了对外侵略扩张的道路。明治政府先把各地的兵工厂加以统一整顿，发展官营的军事工业。1882开始拟订"军备大扩张计划"。1894年6月，日本悍然出兵朝鲜，随后攻占朝鲜王宫，霸占朝鲜。7月25日，日本挑起了侵略中国的甲午战争，次年强迫清政府签订了不平等条约——《马关条约》，割让台湾岛及其附属各岛屿、澎湖列岛。1900年，日本参加八国联军攻占北京，疯狂烧杀抢劫。1904年在中国领土爆发的日俄战争，给中国造成深重的灾难。1914年8月第一次世界大战爆发时，日本对德国宣战，却以中国为"战区"，并乘机强迫袁世凯政府签订以灭亡中国为目标的"二十一条"不平等条约。1927年6月，日本田中义一内阁召开"东方会议"，阴谋割裂中国的东北和内蒙古。1928年，日本出兵山东，制造"济南惨案"。1931年，日军在沈阳制造"九一八事变"，随后成立伪满洲国傀儡政权。1937年7月7日，日本制造"卢沟桥事变"，挑起了全面侵华战争。1941年12月，日本偷袭美国夏威夷群岛珍珠港，发动了太平洋战争。继而日本进攻泰国、马来亚、新加坡、菲律宾、越南、缅甸、印度尼西亚、帝汶岛、澳大利亚、印度、新几内亚岛、锡兰等东南亚和南太平洋周围国家和地区。1942年9月，日本东条内阁决定成立"大东亚省"，11月"大东亚省"开始运作，向大东亚地区推行侵略扩张政策。②仅以上罗列，则可看出日本的

---

① 〔日〕长谷川庆太郎著：《别了，亚洲》，第26页。
② 参见〔日〕法眼晋作著，天津编译中心译：《二战期间日本外交内幕》，中国文史出版社1993年版，第105页。

侵略扩张性。

美国记者约翰耕塞在"二战"期间就说过，日本不仅有扩张性，而且有虚伪性。他说："日本人有卑鄙虚伪的习惯，这种习惯是幼稚和自欺的混合物。日本人称战争为'事变'，说他们对华开战是因为他们要与'中国人民做朋友'。这种事例无论在哪一张日本报纸上都可以找到。"他还揭露当时日本首相平沼骐一郎的诡辩："看他（指平沼）胡说：'在包围我国的一切大问题之中，日本的和平政策昭彰明甚。中日战争、日俄战争以及最近在满洲（日本以"满洲"指称中国东三省）的冲突，都是我国欲维持远东和平（放屁！）与稳定的好例。'"[1]对于日本人包括日本首相平沼骐一郎把日本对别国的侵略说成是"和别国做朋友""维持和平"等谬论，约翰耕塞用两个字做出点评："放屁！"这两个字虽然不那么文雅，但却能准确地点出日本政客言论的"含金量"！

（四）双重性

双重性是日本民族性格的一大特色。1946年，美国人类学家鲁思·本尼迪克特出版了一部关于日本的名著《菊与刀》（1949年译成日文，1991年译成中文出版）。她用"菊"和"刀"来准确而形象地比喻日本人的双重性（两面性）。她说："刀与菊，两者都是一幅绘画的组成部分。日本人生性极其好斗而又非常温和；黩武而又爱美；倨傲自尊而又彬彬有礼；顽固不化而又柔弱善变；驯服而又不愿受人摆布；忠贞而又易于叛变；勇敢而又懦弱；保守而又十分欢迎新的生活方式。他们十分介意别人对自己的行为的观感，但当别人对其劣迹毫无所知时，又会被罪恶所征服。"[2]本尼迪克特概括日本这种矛盾的双重特征，自明治维新以来得到充分印证。日本一面培养

---

① 〔美〕约翰耕塞著：《日本内幕》，第42页。

② 〔美〕鲁思·本尼迪克特著，吕万和等译：《菊与刀》（增订版），商务印书馆2016年版，第2页。本书是作者于1944年6月接受美国战时情报局的任务撰写的调查报告，后将这份报告改写而成的。此书在美国、日本出版，旋即成为畅销书。

美感柔顺，一面又对外发动侵略战争；明明是野蛮地践踏霸占别国的国土，却又说是为了"维持和平""和别国做朋友"。这不能不使人联想到日本当今的双重性现实。

历史尽管不能重复，但历史也确实有相似之处。当年，日本首相平沼骐一郎对外侵略说成是"维持和平"，而今，日本首相安倍晋三把修改"和平宪法"、强行解禁集体自卫权、强推安保法案、加强军备、强化海外用兵，说成是推行"积极的和平主义"，真是何其相似！

2014年4月4日，日本《朝日新闻》发表了该报记者对曾有过17年驻日经历的前加拿大驻日大使约瑟夫·卡伦的采访。约瑟夫·卡伦说：日本"过分执着于民族主义，并不利于日本的长期利益"，"虽然岛国这个词本身并没有真正落后于时代，但却拖了时代的后腿。对日本来说，无视中韩已经是不可能的。绝对不能照搬福泽谕吉时代'脱亚入欧'的政策"。①约瑟夫·卡伦对日本"应抛弃岛国心态"的规劝，或许会得到日本有识之士和相当一部分国民的认可，但对右翼政客是否产生积极效应呢？这只能让事实来回答了！

---

① 据《参考消息》2014年4月9日。

第二章

"维护国体"：军国主义的复活

第一节

"一亿总忏悔"与重新镇压

一、"维护国体"与"一亿总忏悔"

日本战败伊始，日本军国主义残余分子就开始了复活军国主义的活动。战后日本第一任首相东久迩宫稔彦提出"维护国体"和"一亿总忏悔"论，就是一个重要表现。这也是日本右翼势力为对外侵略战争和军国主义翻案的发端。

关于军国主义的历史，不是本书主要探研的范畴，这里仅做简要的追溯。所谓军国主义，是指把整个国家都置于军事控制之下的黩武思想、政策和制度，对内实行军事独裁统治，压迫民主，对外进行侵略扩张，谋求霸权。据称，十八世纪的普鲁士曾流行军国主义，其最高形态是帝国主义历史阶段的法西斯主义。也叫以说，军国主义和法西斯主义是孪生兄弟，其本质是完全一样的。法西斯主义的鼻祖是意大利法西斯党党魁墨索里尼。他在第一次世界大战后组织法西斯党，发动政变，夺取政权，建立法西斯独裁统治，于1940年追随德国希特勒参加第二次世界大战，是"二战"的主要罪魁祸首之一。至于日本军国主义发端于何时，这里无从考究。但据美国著名记者约翰耕塞于"二战"期间在日本考察后称："日本之为军国主义的国家，至少已有一千年的历史；在少数其他国家，军队至少在理论上是国家的仆从；在日本，军队实际上是国家本身，过去是如此，现在还是如此。……自1931年侵入东三省以后，日本军部就支配了日本的政策。"① 这里所说的日

① 〔美〕约翰耕塞著：《日本内幕》，第56页。

本军国主义是否"已有一千年的历史"暂且不提，但日本军国主义确有相当长的历史，至发动对华侵略战争和发动太平洋战争时达到了顶峰。随着日本在"二战"中的失败，日本军国主义成了世界爱好和平人民讨伐的对象，被钉在历史的耻辱柱上。

然而，日本战败后，军国主义的阴魂未散，日本的右翼势力随即举幡招魂，阴谋加紧复活军国主义的活动。1945年8月17日，战后日本第一个"皇族内阁"成立。8月28日，内阁首相东久迩宫稔彦在接见日本记者团时称："维护国体是超越道理和感情的，是我们坚定的信仰。"①这里值得注意的是，虽然日本天皇裕仁在8月15日发表诏书宣布投降，但日本政府和大本营于9月2日才正式签署《日本投降书》。而在签署《日本投降书》的前夕，东久迩宫稔彦就表示"坚定的信仰"，要"维护国体"。在当时，战前日本的国体实际上还未摧毁，那么，所谓"维护国体"是什么"国体"呢？很显然，那就是维护日本天皇制的国体，维护军国主义的国体，维护侵略扩张的国体！可见，推行军国主义的人还在、心不死，其军国主义思想影响何等之深！

紧接着，东久迩宫稔彦向记者们谈到日本战败的原因，发表了著名的"一亿总忏悔"，称："事情到如今之地步当然也是由于政府政策的失败，但国民道义的败坏也是原因之一。在此我认为，军、官、民即国民全体必须彻底地反省和忏悔。我相信，全国上下的总忏悔乃我国重建的第一步，我国国内团结的第一步。"②随后，他还发表了一系列类似的论调。这种论调，是蓄意诡辩和偷换概念的论调：第一，他闭口不提谁是侵略战争的肇事者；第二，他有意隐瞒日本天皇的战争责任；第三，他极力回避日本政府和军部官僚应负的战争责任；第四，他把战争责任推诿给日本全体国民；第五，他

---

① 日本《朝日新闻》1945年8月30日，转引自〔日〕吉田裕著：《日本人的战争观：历史与现实的纠葛》，第28页。

② 日本《朝日新闻》1945年8月30日，转引自〔日〕吉田裕著：《日本人的战争观：历史与现实的纠葛》，第29页。

把战争责任偷换为战败的原因；第六，他不是要求侵略战争的发动者和犯罪者反省和忏悔，而是要求全体国民反省和忏悔（即"一亿总忏悔"）。这种所谓全体国民反省和忏悔，实际上是既无反省又无忏悔，事后实践证明正是如此！

"一亿总忏悔"一经提出，就遭到日本国民的抵制。曾有民众说："我们为了战争的胜利一再过分地忍受着，知道了国力的真相才明白领导者的欺骗政策。""一直在欺骗国民的领导者该万死！""过去的领导当局应该在国民总忏悔之前负担自己的责任。"[①]更有人指出：东久迩宫稔彦是"把战败的原因完全归结为物的状况，以总忏悔论中断'责任'问题的追究"[②]。当然，有许多日本国民也认识到未能阻止对外侵略战争的责任。例如，1953年9月28日，日本拥护和平委员会主席大山郁夫教授在被中国政府周恩来总理接见时，就说："过去日本军国主义分子长期侵略中国，日本人民未能及时加以制止，使中国人民蒙受巨大损失，我代表日本人民向中国人民表示歉意。"[③]但是，这种普通国民承担的责任和民间的道歉，并不能代表和取代日本政府当局和战争肇事者的责任。

在东久迩宫稔彦"维护国体"的影响和美国占领当局的纵容下，战后初期重新建立和恢复的日本某些政党，诸如日本进步党、日本自由党等，也以"维护国体"、守护天皇制为己任。特别是吉田茂第二次组阁后（吉田茂于1946年5月第一次组阁，1948年10月至1954年12月又四次组阁），他不仅继承了东久迩宫稔彦的衣钵，而且还对"维护国体"做了更大发展。正如1953年10月30日《人民日报》刊发的社论《论中日关系》中所指出："最近，吉田茂公开主张重新武装日本，复活日本军国主义，并派他的亲信池田勇人赴美，以便加速执行美国重新武装日本的计划，又派日本外务相冈崎胜男去东南亚各国游说，企图麻痹东南亚各国人民，使他们不注意美国复活日本军国

---

① 〔日〕吉田裕著：《日本人的战争观：历史与现实的纠葛》，第30页。
② 〔日〕吉田裕著：《日本人的战争观：历史与现实的纠葛》，第29页。
③ 世界知识出版社编：《日本问题文件汇编》（第一集），第116页。

主义的阴谋，为重新武装日本廓清道路。"更为严重的是，日本总理府资源调查会于1953年8月22日发表的白皮书上竟然说："十余年后，如再不增加一个和九州差不多大小的岛屿，那么要维持目前的生活水平是不可能的。"请看，这种妄图"增加一个和九州差不多大小的岛屿"的主张，完全是妄图重新对外侵略扩张的论调，是极其荒诞的法西斯理论！在日本政府的怂恿下，一些军国主义分子不但没有吸取日本在第二次世界大战中失败的历史教训，而且还鼓噪什么"要求生存空间"、要"走第一次世界大战后德国的道路"。①"第一次世界大战后德国的道路"是什么道路呢？就是对外侵略的道路，就是发动第二次世界大战的道路！

由此看来，日本的军国主义分子和右翼势力的贼心未死，梦想有朝一日再次侵略中国和亚洲国家乃至称霸世界。时至今日，日本的某些右翼政客还公然提出要学习"二战"前的德国，学习希特勒，这不能不引起人们的警惕！

二、日本政府对民主力量的镇压

日本的右翼政客在进行军国主义宣传的同时，也开始对国内民主力量的镇压。本来，根据《波茨坦公告》和远东委员会的决议，是要铲除日本军国主义势力，维护人民民主政治权利，建立和平民主的社会。然而，战后不久，日本政府和美国占领当局却反其道而行之，对军国主义分子还未完全彻底"整肃"，就把矛头指向民主进步力量，把对军国主义分子的"整肃"转向对民主力量的镇压。

日本政府和美国占领当局首先把矛头指向工人阶级。战后，日本各企业、界别的工人纷纷组织工会，先后成立了日本海员工会、全国工会协议会（简称"劳协"）、日本工会总同盟（简称"总同盟"）、国营铁路总联合会（简称"国铁"）、全国产业别工会，等等。1946年9月10日，拥有10万

---

① 据《人民日报》社论：《论中日关系》，1953年10月30日。

会员的海员工会提出"完全雇佣与改善待遇要求不遂"而举行罢工。9月15日，拥有50万会员的国营铁路总联合会也开始总罢工。10月5日，新闻通信广播工会也举行总罢工。继而，煤炭、钢铁、机器电工、电气、电影、演剧等行业部门也奋起罢工，形成了所谓"十月攻势"。日本政府面对这"十月攻势"，并没有答复和解决工人提出的要求，反而提前实施"劳动关系调整法"，用"法律"手段向工人施压，致使罢工失败。1946年底，日本全国官公厅公务员组成共同斗争委员会，人数100多万人，提出过年费、最低工资制和订立劳动协约，举行罢工。1947年初，全国工会共同斗争委员会领导产业别工会、总同盟、日劳会议、国铁、全国官公厅工会以及其他中立工会等，拟于2月1日举行总罢工（即"二·一总罢工"）。由于这次总罢工将严重威胁吉田茂政府的统治，也会给美国占领当局造成很大的压力，于是日本政府和美国占领当局对总罢工下令禁止，实行镇压，使罢工遭到流产。1950年8月30日，日本法务省下令解散拥有100多万会员的全国工会联络协议会，以"反占领"的罪名禁止该工会领袖的政治活动。

在镇压工人运动的同时，日本政府和美国占领当局又把矛头指向日本共产党。日本共产党是日本对外侵略战争的坚决反对者，是日本和平民主力量的中枢。在"二战"中，该党屡遭军国主义政府的镇压，被迫转入地下，主要领导人被捕入狱，战后才公开活动。但是，战后的日本共产党也好景不长。1949年8月1日，日本警察（包括便衣警察）1000多人，突然搜查日本共产党总部、日共机关报《赤旗报》经理部和印刷公司总务部及印刷所，其罪名是"怀疑《赤旗报》所用纸的来源非法"。对此，日共书记处发表声明称：这次警察采取的大规模行动，"这是公然对我党的镇压"，"经过几次对我党的煽动、挑拨与镇压（与下山、三鹰两案有关）而失败后，吉田政府最后诉诸这一穷凶极恶的方法……但这一暴行，暴露了吉田内阁要把日本驱向法西斯主义与警察国家的真相"。[1]

---

[1] 参见孟宪章著：《战后美帝扶日罪行全史》，第91—92页。

日共声明中提到的"下山"和"三鹰"两案，实际上是指嫁祸给共产党的"下山事件""三鹰事件"和"松川事件"。1949年7月5日，国营铁路会社董事长下山定则突然失踪，次日在一小河中发现其尸体。日本政府检查当局对此借题发挥，诬称是被日本共产党杀害。经调查后，检察官们和报纸媒介才改口称是"自杀"。7月15日，在日本国营铁路第二次大批裁员之际，有一辆电气大车在东京郊外三鹰站忽然开足马力向前冲，撞死6人，伤13人，毁坏了火车站部分建筑和站前一个警亭。警察当局在没有任何证据的情况下，立即宣布是共产党的阴谋，并逮捕国营铁路工会长野站主席、国营铁路三鹰地方分会主席和6名共产党员。这又一次暴露了日本当局的卑鄙行径。8月17日，一辆从日本东北开赴东京的列车，在福岛县金谷川站至松川站之间突然脱轨，致3名乘务员殒命。对此，日本当局未加调查核实，又一口咬定是"日本共产党的破坏性的暴力行为"，并以此为借口，逮捕了"国铁"地方工会负责人、东芝电气松川工会负责人和大批共产党员、进步铁路工人。但经过一年的调查，在没有确凿证据的情况下，于1950年12月6日对20名被告进行判处：5人死刑，5人无期徒刑，10人有期徒刑。第二天，日共临时中央指导部发表了《告全世界人民书》，怒斥日本"内外法西斯妄图扼杀以工人阶级为中心的全人民斗争"，指出日本当局制造的"下山事件""三鹰事件"和"松川事件"是残暴的阴谋事件，"是和纳粹国会纵火事件""同一性质的阴谋手段"。[①]

本来，战后盟国在日本发出"整肃"令是针对法西斯军国主义分子的，但麦克阿瑟却指示吉田茂政府于1950年6月6日针对共产党和民主进步团体发出"整肃"令，宣布日本共产党为"非法"，剥夺了日共中央委员德田球一、野坂秀三、志贺义雄、宫本显治等24人的公职权利，禁止他们从事公共活动，并勒令其中6名议员解除议员资格。这种是非颠倒的荒谬"整肃"，大大助长了日本右翼势力的嚣张气焰。

---

① 参见孟宪章著：《战后美帝扶日罪行全史》，第95页。

日本政府和美国占领当局一边镇压工人阶级和共产党，一边压制社会民主舆论。据1950年12月20日苏联驻日代表基斯连科在盟国对日委员会会议上揭露，在驻日美军总司令麦克阿瑟于1950年6月26日、7月18日发布指令封闭日本共产党机关报《赤旗报》后，日本当局便实行对民主报刊采取大规模的警察镇压手段，已被查禁的出版物达1200种以上，包括：工会报纸《劳动新闻》《劳动战线》等；日本民主主义文化联盟机关报《新文化》；日本青年祖国战线机关报《民主青年新闻》；学生报纸《小学生》；旅日华侨民主促进会机关报《华侨民报》，旅日朝鲜侨民机关报《解放新闻》，以及《民主日本报》《自由报》等报刊。①这一系列非法的反民主的手段，是严重地违反远东委员会关于尊重基本人权和"信仰、集会、结社、言论与出版之自由"的规定的，是日本政府重操军事独裁专制统治的行径。

日本政府和美国占领当局在"整肃"共产党和压制民主舆论之际，也对进步教师、学生等知识分子施加迫害。1948年6月，民主教育团体——日本民主教育协会首先遭到迫害。日本当局威胁说该协会是"共产主义团体"，要求会员脱离该协会，否则下解散令。10月8日，文部省向各大学、学院发出压迫学生自治会的指令，限制学生的社会活动和各种宣传工作，迫使国立东京大学等院校的学生报纸停刊。1949年下半年起，日本当局公开压迫民主进步教员，解聘共产党和进步分子教员。至11月，各县被撤职或被迫退职的教员达400名，还有约2万名教员被打入解聘之列。1949年7月19日，麦克阿瑟的教育顾问意尔斯在新潟大学宣称："共产党不能当教育家。"1950年4月，意尔斯在东北大学等院校巡回演讲，由于大肆宣传反共，被学生哄下台。为了反对意尔斯的声明和反共论调，10月5日，19间大学共4万多名学生举行"一〇·五总罢课"，并在东京大学举行各大学的"奋起大会"。10月17日，日本学生在早稻田大学举行"抗议大会"，抗议解聘有进步思想的教

---

① 参见《苏联驻日代表基斯连科在盟国对日委员会上斥责美日反动派非法镇压日本民主组织的声明》（1950年12月20日），世界知识出版社编：《日本问题文件汇编》（第一集），第215页。

授和讲师，却遭到镇压。日本当局出动1000多名警察，对早稻田大学等5间大学进行搜捕，149名学生被捕，34名学生受伤，被开除的学生中早稻田大学有86名，东京大学有28名。

对于日本政府和美国占领当局一系列镇压民主的行动，盟国对日委员会的苏联委员基斯连科于1950年12月20日在对日委员会会议上严正指出："最近的事实显示，日本政府在美国占领当局的直接命令下，正对民主组织实行新的警察恐怖措施，甚至毫不犹豫地使用公然的暴力手段。同时，美国占领当局和日本政府正复活并鼓励久已声名狼藉的曾鼓动并组织日本侵略的日本反动组织和军国主义分子的活动。"[1]

---

① 世界知识出版社编：《日本问题文件汇编》（第一集），第214页。

▬▬ 第二节

"整肃"分子被开脱与日本战犯的释放

一、从"整肃"到开脱

"整肃"（放逐）日本军国主义分子，是战后盟国对日本所采取的一项重要措施。自1945年9月起，根据《波茨坦公告》的精神，远东委员会和盟军总司令部发出了一系列指令（或备忘录）和做出了有关决议，以尽快从各方面铲除日本军国主义势力。

1945年9月2日，盟军总司令部发出了第一号指令，旨在解除日本武装和军队。紧接着，针对放逐军国主义的指导者，又向日本政府发出了三份"备忘录"指令，即：10月4日发出的"备忘录"指令，旨在废除政治警察、特务警察，废除一切限制人民自由的法规法令，释放过去的政治犯，要求将内务大臣、警察首脑、特别高等警察官吏、处理思想检举事务的官吏等，一律免职；11月22日、30日发出的两份"备忘录"指令，主要是关于审查教育管理人员和教职员资格，驱逐其中的军国主义分子。1946年1月4日，盟军总司令部发出了《公职整肃令》。这一指令的主要内容是：除了军人、警察等有特例处置外，凡政府官吏、公务员、公职人员、实业团体和财界有关人员，曾充当军国主义工具并为其效力者，都要审查和"整肃"（放逐）。1947年6月19日，《远东委员会对投降后日本之基本政策的决议》"第三部"第一条规定："日本大本营与参谋本部之高级官吏、日本政府之其他高级陆海军官、国家主义与军国主义各组织之领袖，以及其他鼓励军国主义与侵略之重要分子，应加以拘禁，听候处分。军国主义与好战的国家主义之活动分子应摈斥于公职及其他任何公私负责地位之外。过激的国家主义、军国主义之社会政治、职业与商业团体与组织，应解散并禁绝之。"①这些规定的主旨在于："即是把战前以及战时，居于日本军阀军国主义或极端国家主义的指导者地位，有着积极活动的人们，一律从现职放逐而去，而以能符合这新环境的新人才充任。"②

上述"整肃"（放逐）令发出后，盟军总司令部和日本政府开始进行"整肃"工作，这对军国主义分子、极端国家主义分子确实起了威慑作用。如1945年10月4日的指令发出后，日本内务大臣、警察总监、警保局长先后辞职，各地方警察局局长、警察厅的处长、特高警察的科长以及其他政治警察官吏，也被停职或免职。计被罢免的内务、司法两省官员和警察人员共约6000人。其间，因曾积极支持军国主义而自动退职和因有职业军人经历而被解职的教职员有11万多人。1946年1月4日指令发出后，被"整肃"的有：除战争嫌疑罪犯3400多人已入狱外，陆军省、海军省官员及幕僚等132000多人；超国家主义、暴力团体等骨干分子3000多人；"大政翼赞会"等法西斯团体骨干分子34000多人；日本对外扩张开发的企业金融机构的主要官员400多人；日本占领地区的行政长官89人；其他军国主义分子和极端国家主义分子等共46000多人。自1945年底至1946年，被列为法西斯军国主义嫌疑分子、剥夺公职权的达212846人。同时，解散了"热血兄弟会""大日本天兵会""黑龙会""大日本一新会"等法西斯军国主义团体267个。③并且，在解散十大财阀的同时，勒令财阀家族和财阀所属主要领导人一律辞职，禁止重新任职。这次"整肃"，对日本社会产生了极大的震动，曾一度灭了军国主义骨干分子的威风，对法西斯军国主义分子给予很大打击，给日本和平民

①　世界知识出版社编：《日本问题文件汇编》（第一集），第15页。

②　世界知识出版社编：《日本问题文件汇编》（第二集），世界知识出版社1958年版，第13页。

③　参见孟宪章著：《战后美帝扶日罪行全史》，第58—59页。参见关南、赫赤、姜孝若著：《战后日本政治》，航空工业出版社1988年版，第25—26页。

主力量很大鼓舞。

但是，这一"整肃"工作，随着国际形势的变化，很快也发生了突变，出现了由"整肃"军国主义分子转为开脱军国主义分子的罪责，造成了"龙头鼠尾"的效果。

这次"整肃"工作，曾成立了一个"整肃委员会"，随后又成立一个"追放解除诉愿委员会"。这两个委员会的主要成员本应由反战人士和民主人士担任，但在委员会的委员当中，竟大多数是法西斯军国主义分子。人们可以想象，这些法西斯军国主义"委员"如何去"整肃"那些法西斯军国主义分子呢？所以，当时就有美国人指出："在日本……叫法西斯分子去肃清法西斯分子——已变成了处理事情的正当方法。"这种形式上"整肃"而实际上开脱的做法，使大批法西斯军国主义分子安然无恙。仅以教育部门为例，当时日本全国有40万教师和管理人员，虽然要求必须一一经过中央或地方的"教职员资格甄审委员会"的甄别和审查，但从1946年6月开始至8月1日，受审查的15992人中，只有23人"不合格"。有资料显示，在被列为法西斯军国主义分子嫌疑的212000多人中，经过"整肃"委员们"审查、考虑、判断"以后，结果只有极少数被认为是"不民主"的。至1949年底，即有30000多人提出申请解除"整肃"。① 这样，在"二战"前或"二战"期间的许多军国主义团体的头目或骨干分子都被解除"整肃"。如：主张日本对外推行"协调外交"的"自由主义者"滨口雄幸首相于1930年11月14日遇刺，身负重伤，其凶手就是日本法西斯右翼团体"爱国社"的成员佐乡屋留雄。这个佐乡屋留雄后来也被开脱。又如曾把大汉奸汪精卫由越南河内接到南京，且任汪伪南京政府顾问的前首相犬养毅之子犬养健，也被解除"整肃"，并大摇大摆地参加社会活动。

1950年10月13日，日本政府在美国占领当局的授意下，宣布解除"整肃"、恢复政治权利的有1万多人。这些人都是"二战"时日本陆军和海

---

① 参见孟宪章著：《战后美帝扶日罪行全史》，第59页。

军的军官、法西斯军国主义组织的领导、垄断公司的领袖和日本秘密警察（"特高"）的官员等。其中有大战犯、前首相东条英机的亲信、法西斯组织"大政翼赞会"的领导人牧野良三，法西斯社团"皇道会"的组织者和领导者平野力三，前日本驻菲律宾占领军顾问村田正造，极力宣传法西斯军国主义思想的著名人物河合良成，等等。1952年4月21日，日本政府宣布废除占领初期的褫夺公权令（"整肃"令），随即，日本政府宣布最后一次撤销开除29万人公职的处分。至此，被开除公职的包括政界、军界、财界等战前的各种人物20多万人，都恢复了公职。这大批法西斯军国主义分子的开脱，使更多军国主义的要员从"退隐"走向公开，从后台走向前台，大大加速了日本右翼势力的恶性膨胀，为日本右翼翻案活动埋下了导火索。

二、日本战犯的逮捕与释放

1945年7月26日，中、美、英三国首脑会议通过的《波茨坦公告》称："吾人无意奴役日本民族或消灭其国家，但对于战争罪犯，包括虐待吾人俘虏者在内，将处以法律之严厉制裁。"[1]1945年8月8日，美、英、法、苏四国在伦敦会议通过了《关于控诉和惩处欧洲轴心国主要战犯的协定》（简称"伦敦协定"）和《欧洲国际军事法庭宪章》。1946年1月19日，东京盟军最高统帅部颁布了设置远东国际军事法庭的通告和《远东国际军事法庭宪章》。这两个国际军事法庭宪章的内容基本相同，关于法庭管辖权和法庭所应审理的罪行也基本一致，只是文字表达有所差异。按照《欧洲国际军事法庭宪章》第六条和《远东国际军事法庭宪章》第二章第五条的规定，两个法庭有权审理三种类型罪犯，也是人们通常所说的三级罪犯，即把战犯分为A、B、C或甲、乙、丙或一、二、三级战犯。中国通常称为甲、乙、丙级战犯。

甲级战犯——为"破坏和平罪，即策划、准备、发动或执行一种经宣战

---

[1] 世界知识出版社编：《国际条约集（1945—1947）》，第78页。

或不宣战之侵略战争，或违反国际法、条约、协定或保证之战争，或参与上述任何罪行之共同计划或阴谋"。

乙级战犯——为"普通战争犯罪，即违反战争法规或战争惯例。此种违反包括谋杀、为奴役或为其他目的而虐待或放逐占领地平民、谋杀或虐待战俘或海上人员、杀害人质、掠夺公私财产、毁灭城镇或乡村或非基于军事上必要之破坏，但不以此为限"。

丙级战犯——为"违反人道罪，即战争发生前或战争进行中对任何和平人口（指集体的、成群的平民）之杀害、灭种、奴役、强迫迁徙，以及其他不人道行为，或基于政治上的或种族上的理由而进行旨在实现或有关于本法庭裁判权内之任何犯罪而做出的迫害行为，不论这种行为是否违反行为地国家的国内法则"。①

根据上述的有关规定，盟国军队自占领日本伊始，就开始逮捕日本的战争嫌疑罪犯。1945年9月11日，盟军总司令部发出第一次指令，逮捕东条英机（前首相）、东乡茂德（前外务大臣）、岸信介（前国务大臣）等38人。9月19日，逮捕荒木贞夫（陆军省大臣）、小矶国昭（前首相）、本庄繁（前枢密顾问）、松井石根（前中国派遣军司令）、松冈洋右（前外务大臣）等11人。12月6日，逮捕近卫文麿（前首相）、木户幸一（前内务大臣）、绪方竹虎（前国务大臣）等9人。1946年2月，逮捕平沼骐一郎（前首相）、鲇川义介（前东北重工业开发会社总裁）、本多熊太郎（前驻汪伪南京政府大使）等59人。至同年底，逮捕甲级、乙级战犯700多人。

但是，在大批战争嫌疑罪犯尚未逮捕的情况下，美国政府出于自身利益的需要，就怂恿日本政府筹划释放战犯问题。并且，被逮捕的战争嫌疑罪犯，还未经过任何法律审判，这实际上是在为战争罪犯撑腰，为法西斯军国主义复活张目。1945年秋，战争罪犯刚被逮捕，还未经审判便以"没有嫌疑"而释放了5人。1946年夏，释放了池田成彬、藤原银次郎、乡古洁、吉

---

① 参见世界知识出版社编：《国际条约集（1945—1947）》，第97页。

田俊之助、小仓正恒等一批战犯。在这一批战犯中，池田成彬曾任三井财团系统的日本银行总裁，他极力主张对中国采取武力侵略和经济侵略政策，"七七事变"后曾以金融实力支持日本侵华战争，1938年5月曾任大藏省大臣（藏相）、通商产业省大臣（商相），为日本侵略军筹集供给军费，主张"以战养战"，滥发伪钞，破坏占领国金融市场，鼓动搜括占领国资财，等等。藤原银次郎为小矶内阁的军需长官。乡古洁为东条内阁顾问。吉田俊之助为小矶内阁顾问。小仓正恒为汪伪南京政府最高经济顾问。1946年7月31日，又释放了法西斯团体"日本同盟社"社长古野伊之助和"大政翼赞会"顾问、日本封建贵族地主的代表人物有马赖宁等。

释放小批战犯仅仅是开始，后续释放大批大战犯接踵而来。1947年8月30日，即日本政府和日本大本营正式签字投降两周年前夕，日本政府和美国占领当局释放了15名主要战犯：①小林跻造——海军大将，曾任日本联合舰队司令长官、"台湾总督"、小矶内阁外务大臣、法西斯团体"大政翼赞会"总裁等，在台湾总督任内以台湾为基地侵略中国和东南亚乃至太平洋地区。②村田省藏——曾任近卫内阁邮递大臣、驻菲律宾傀儡政府大使。③大达茂雄——曾任东条内阁内务大臣、日据时期的伪"昭南"①（新加坡）市长。④酒井忠正——曾任阿部内阁农林大臣。⑤松坂广政——曾任东条内阁法务大臣。⑥冈部长景——曾任东条内阁文部大臣。⑦太田耕造——曾任法西斯团体"大政翼赞会"总务、铃木贯太郎内阁文部大臣。⑧鲇川义介——日本新财阀、前日本"满洲铁路株式会社"总裁。⑨真崎甚三郎——陆军大将，曾任军事参谋官，战前为日本"少壮派"骨干分子。⑩正力松太郎——前日本军部代言人。⑪小林顺一郎——曾任法西斯团体"大政翼赞会"总务。⑫菊池武夫——侵华时任陆军中将、贵族院议长。⑬大仓邦彦——主张日本侵略的"精神科学"，曾任东京帝国大学校长，东洋大学上海同文书院校长。⑭进藤一马——曾任"玄祥社"社长，为日本神权政治领导人。⑮井

---

① 1942年2月15日，日本侵略军占领新加坡后，将新加坡改名为昭南岛。

田磬楠——前贵族院议员、法西斯团体"大政翼赞会"总务、极端民族主义的领袖人物。

在日本的战犯中，除了被逮捕的以外，还有一部分并未被正式逮捕，而是拘禁在各自家中，限其自由，留待惩处。对这类战犯本应起诉、审判定罪的。但是，日本政府却不依法惩治，一律解除拘禁。就在上述15名大战犯释放后的第三天，即9月1日，又解除了绪方竹虎（前国务大臣）、水野练太郎（前内务大臣）、中岛知久平（前钢铁大臣、飞机大王）、久原房之助（前立宪政友会总裁）、下村定（日本最后一个陆军大臣）、樱井兵五郎（日据时期缅甸军政府顾问）、德富猪一郎（前新闻协会会长）、鹿子木贞信（前右翼团体"言论报国会"理事长）等8人，给予人身自由，恢复公民权利。

对于上述战犯的释放，中国最高人民法院院长、国际民主法律工作者协会第五届副主席沈钧儒于1951年9月6日在国际民主法律工作者协会第五届代表大会上就严正指出：被释放的23名战犯，"这些人与军阀勾结，在日本侵略战争中起过巨大作用；他们原都是要以'甲级战犯'被起诉的"，但是，美国和日本政府为了要利用他们，"毫无理由地便把他们都释放了"。①

1947年10月7日，又释放了伍堂卓雄（前钢铁大臣）、河边正三（前陆军大将、空军总司令）、太田正孝（前翼赞政治会常任总务、大日本政治会总务）、四王天延孝（前日本反犹太协会会长、著名法西斯骨干）、横山雄伟（对外关系活动首领）、久原次太郎（法西斯骨干分子）等。

1948年2月16日，美国和日本政府又决定释放19名战犯（同年底全部释放）。其中有：岸信介（东条内阁商务大臣、伪满洲国五首脑之一）、安藤纪三郎（东条内阁内务大臣、前"大政翼赞会"副总裁）、西尾寿造（前日本中国派遣军总司令）、青木一男（前大东亚省大臣、企划院长、汪伪南京

---

① 参见世界知识出版社编：《日本问题文件汇编》（第一集），第78—79页。

政府最高经济顾问）、儿玉誉志夫（前日本驻上海海军特务机关长、华中华南洗劫的罪魁之一）、谷正之（前外务大臣、日本驻汪伪南京政府大使）、天羽英二（前外务省情报部部长、外务次官、臭名昭著的"天羽声明"炮制者）、丰田副武（前军令部总长）、高桥三吉（前联合舰队司令官、海军大将）、后藤文夫（前内务大臣）、为岩村通世（前法务大臣）、寺岛健（前邮递大臣兼铁道大臣）、本多熊太郎（前日本驻汪伪南京政府大使）、笹川良一（国粹大众党首领）、葛生能久（"黑龙会"首领）等。

上述这些罪恶昭彰的元凶巨憝，原本应和远东国际军事法庭第一批审讯的东条英机等28名甲级战犯同时被起诉的。只因法庭的设备不够，人力不足，又不能设立第二个法庭，所以把他们列为第二批审判。但是，在远东国际军事法庭对第一批战犯判决执行不到几天，美国占领当局就把这些战犯全部以"不起诉"而擅自释放了。

与此同时，1949年1月，南京国民政府将日本侵华大战犯、前中国派遣军总司令官冈村宁次释放，并遵循美国旨意遣送已判罪的日本侵华战犯260人一同返回日本。这完全违背天理公心！

1949年夏，美国占领当局和日本政府将日本国内尚未起诉的大小战犯全部释放。接着，又将已经判罪并正在服刑的战犯分批释放。同年冬，以"行为良好"为借口，释放了100多名战犯。至1951年7月底，获释的战犯达300多人。

在美国占领当局和日本政府加紧释放日本战犯之际，1950年5月15日，中华人民共和国外交部部长周恩来就麦克阿瑟擅自释放日本战犯一事发表声明，指出："驻日盟军最高统帅麦克阿瑟违法越权的行为，不仅破坏了第二次世界大战中远东盟国关于设立国际军事法庭的协议，不仅破坏了远东国际军事法庭惩治日本战犯的庄严判决，同时，这种狂妄行为必然严重损害中国人民以八年血战换来的制裁日本战犯的基本权利，损害中国人民防止日本法西斯侵略势力复兴的基本利益。因此中华人民共和国中央人民政府对于麦克阿瑟以单方命令擅自提前释放日本战犯，绝对不予承认。"①

　　大批罪行累累的日本战犯，公然以"证据不足"或"无罪"的借口被提前释放，这完全是美国和日本政府狼狈为奸、互相利用的"杰作"，是对世界和平正义的贬毁，是对国际社会的一大骗局。显然，随着时间的推移和形势的发展，日本右翼势力翻案的气焰之所以愈加嚣张，这除了日本右翼的劣根性之外，一个重要的原因就是美国所赐的"福"！

---

　　① 世界知识出版社编：《日本问题文件汇编》（第一集），第45页。

第三节

军事武装的恢复和军事装备的重整

一、武装部队的重建

重新建立武装部队是战后初期日本军国主义复活的重要标志。远东委员会对投降后日本的基本政策，原来规定日本不得保留任何陆军、海军、空军、秘密警察与宪兵。也就是说，不得再行武装日本。但日本政府在美国占领当局的怂恿和策动下，公然违背远东委员会关于"日本应完全解除武装与军备"等有关规定，很快就走上了重建武装力量的道路。更具讽刺意味的是，1947年6月下旬，驻日美军总司令（即驻日盟军总司令）麦克阿瑟对前来日本的美国记者团发表谈话时还断言："日本于今后一个世纪内，不可能重新恢复军备侵略他国。"[1]但就是这位麦氏和美国当局对重新武装日本起了极其重要的推动作用。

战前，日本是一个警察国家。战后，日本政府和美国占领当局以扩充警察的名义，变相再行武装日本陆军，将警察分为两个系统：一为国家警察；二为自治警察。国家警察由公安委员会及所属国家警察本部管辖，统辖全国六大管区（札幌、仙台、东京、大阪、广岛、福田）。自治警察是由市和5000人以上的町村设置。日本投降时，日本警察约56000人，随后增加到约93900人。1947年9月16日，麦克阿瑟下令增加国家警察30000人、自治警察95000人，共125000人，连同原有的已达218900名警察。此外，还有担负类似

---

[1] 〔日〕稻叶正夫编，天津市政协编译委员会译：《冈村宁次回忆录》，中华书局1981年版，第195页。

警察任务的武装人员：海上保安厅官员10000人，铁路公安局官员20000人，经济调查局官员4000人，税收调查官员1500人，邮政行政调查局官员700人。1951年3月30日，日内阁会议又决定将全国警察增加2万~5万人。以上合计警察类武装已达30多万人。

1950年7月8日，麦克阿瑟指示除了现有警察外，再组建75000名国家警察预备队，并且将前日本陆军的营房与驻日美军的部分营房交给警察预备队作为宿营与训练之用。此外，日本政府还同美国占领当局谋划建立了"日本民间保安队"的军事化组织，仅大阪市就有1400多人。1952年，警察预备队改名为国家保安队时，已发展到11万人。① 至1954年已达15万多人。这支预备队（保安队）有一半人以上都是参加过"二战"对外侵略战争的军官和士兵，所以被当时媒体称为"就是一般所认为的陆军"。

关于海军，早在1947年秋，日本政府经与美国占领当局麦克阿瑟商定，已将前日本海军潜艇、驱逐舰28艘，交回日本在领海巡逻。次年4月15日，日议会通过海上安全法案，建立沿海特别警卫队。5月1日，麦克阿瑟不顾英国、苏联等国家反对，竟同意设立日本海上保安厅，全厅有1万多人，下辖9个海上保安本部，计有快速舰艇125艘，至1950年达600多艘。1950年7月国家警察预备队建立时，海上保安队又增加了8000余人。

关于空军，早在1948年，一位叫大卫孔德的美国记者就透露，日本战时飞机场、防空洞和地下工厂，均被保留。1950年朝鲜战争爆发后，日本政府经美国占领当局同意，成立了"航空保安厅"，并筹建特种航空署，正式恢复日本空军。1951年2月，吉田政府公然违反远东委员会关于禁止日本重建空军和民用航空的规定，通过了"日本国内空运企业法修正案"，准许设立航空运输公司，并非法决定拨款16亿日元修建名古屋、广岛、福冈等6个前军用机场，使其成为最新式的飞机场。与此同时，还组织前空军人员进行训练，甚至将前"日本神风队"飞行员送往美国训练。

---

① 参见〔英〕Meirion Harries、Susie Harries合著：《日本皇军兴亡记》，第369页。

据1950年10月19日香港电通社报道：美国和日本政府计划"日本拥有陆军人数70万，海军吨位50万吨，空军飞机1000架"。[①]这一计划或许未能立即实现，但由此可见日本重建武装之一斑！1954年3月11日，日本国会强行通过了《防卫厅设置法》和《自卫队法》。同年7月，日本防卫厅正式设立，国家保安队（即前警察预备队）正式改为日本自卫队。至此，日本重新武装已具规模。

二、军事装备的重整

重整军备，是战后日本军国主义复活的重要举措，也是日本重建军事武装的配套措施，更是迎合美、日推行亚洲战略的需要。其内容主要包括两点：一是重建日本的军事工业；二是恢复建立军事基地。

在重建日本的军事工业方面，根据《波茨坦公告》和远东委员会的有关决议，日本的军需工业必须摧毁，有的仅可作为赔偿被害国之用。但是，日本政府和美国却擅自修改和违反有关决议，使日本的军需工业得以恢复生产。1949年11月，麦克阿瑟竟然把原来决定作为赔偿的845家军事企业中的685家交回日本政府，仅仅过了一个月就有645家恢复生产，制造各种类型的武器弹药和军需品。同时，还有其他兵工厂经过改头换面也恢复了生产。如战时的"相模原造兵厂"改为小松制作所的"相模原工厂"，工人达3000名，从事制造和修理坦克。战时的"赤羽兵器厂"则换上"日本制钢公司赤羽工厂"的招牌，继续修造各种武器，如此等等。朝鲜战争爆发后，日本的三菱公司、池贝自动车制造公司、浅野造船公司、日本特殊钢公司、富士电机公司等大批企业都在生产提供"驻日占领军军需供应"。

在恢复建立军事基地方面，日本政府和美国也做了周密的筹划，美国更把亚洲的战略重点放在日本。1949年3月1日，麦克阿瑟接见美联社驻东京记者时称："美国的战略体系，已因这次大战而完全改变了。过去美国在亚洲

---

① 参见孟宪章著：《战后美帝扶日罪行全史》，第25页。

方面的国防体系以美国大陆的西海岸为基地。现在太平洋已成为美、英两国的内湖，美国的防卫便置于亚洲沿岸一带的岛屿。"①根据这一战略意图，美国和日本政府相互利用，将原日本海军的横须贺、大凑、壹岐、对马等军港作为秘密军事基地，并在横须贺、吴港、佐世保、舞鹤等海军基地装置先进设备，加以现代化改造；还在冲绳岛大规模建设美国军事基地。与此同时，从北海道到九州南部，有美幌机场、千岁机场、三泽机场、天意机场、多贺机场，还有立川、横田、追滨、名古屋、大阪、伊丹、板村、出水等机场。这些机场构成了日本从北到南的空军基地网，使日本的空军和航空设施得以恢复。

在美国的扶植下，日本的武装部队、军事工业、军事基地很快就得到了重建和恢复，这为日本的军国主义复活增添了资本，也为日本的右翼势力翻案提高了价码。

---

① 孟宪章著：《战后美帝扶日罪行全史》，第18页。

第三章

皇国史观：日本右翼的精神支柱

第一节

神道教与"八纮一宇"

一、神道教的嬗变

神道教（简称"神道"）是从古代神话逐步发展而来的一种民族宗教。这种宗教，后来被日本的统治阶级所利用，一方面被日本天皇用以辅佐确立自身的权威，使天皇成为神道教中最高的神，成为神道教的中心；另一方面被日本统治者用以奴化广大民众。日本明治维新后，神道教融入了"皇国史观"，成为日本军国主义的核心价值，"二战"后成为日本军国主义复活和日本右翼势力翻案的精神支柱。

所谓"神道"，无论是在中国的古籍还是在日本的典籍中都有记载。中国的古籍《周易·观卦》中有云："观天之神道，而四时不忒，圣人以神道设教，而天下服矣。"唐代国子博士孔颖达疏云："微妙无方，理不可知，目不可见，不知所以然而然，谓之神道。"孔颖达这一疏注，将"神道"的奥妙和盘托出，使人一览无余。在日本的典籍中，冈田米夫将明治维新以前有代表性的神道书籍摘要编著为《神道文献概说》（1951年由神社本厅出版）。书中按神道古典、神道神学、皇室祭祀等分类解说，更是加以"神化"。

关于神道教的起源和形成问题，众说纷纭，莫衷一是。日本著名历史学家、"日本史权威"坂本太郎称："神道是在佛教传来以后，和它对立而产生的一种概念，古时并没有意识到它是一种道或教。这种古老的民族宗教，我想同至今仍流行在西伯利亚到中国东北一带的萨满教有着密切的关系。萨满教是一种以信仰称萨满师为司祭来作法为特征的宗教。萨满师是一种女巫。萨满教把世界分为上界、人间和下界三部分，上界有许多神，下界有恶魔恶灵。萨满师是神与人之间的中介者，为人们预言、卜卦、治病。日本古老的民族信仰与萨满教有许多类似的地方。日本民族的祖先把这种宗教和语言一起从北方大陆带到日本；后来在日本特殊的风土和民族性的影响下，这种宗教获得了独自的发展，形成了所谓神道的基本特点。"①美国记者约翰耕塞说："日本的国教'神道教'是一个极难界定的概念。……就本质而言，它是对日本民族本身的一种崇拜。其存在有两种方式：一是世俗的，一是神学的。""它的特征在于合祖先崇拜与爱国精神为一体；一切日本人都从天照女神一脉相传，而他们都尊敬他们的祖先，由此我们可以说，他们都是同一大家族的成员，而以天皇为其首。"②"神道教这个名称是后来才加上去的。最初的时代，这种宗教是种草创的多神教……我们可以说原始的日本人以为一切自然物都寓有一个精灵，也可以说他们的宗教是一种拜物教，这话大概可以包括这含意广泛、难于下一简单定义的神道教之精义。"③

　　尽管对日本的神道教难以下一个简单的定义，但从上引述基本可以看出：神道教起源于日本民族社会的自然崇拜、祖先崇拜和巫师巫术的诱发，并吸纳了其他宗教的因素，逐步发展为一种民族宗教体系。

　　本来，一个国家、一个民族崇拜、信仰某种宗教，是无可非议的。问题在于，日本明治维新以后，为了巩固统治阶级的专制统治，提高天皇的地位，力图使"神道"成为国家宗教。于是，明治政府就鼓吹以神武创业为本，推行所谓不受佛教玷污的神道的"纯粹性"。1870年（明治三年）1月发布了大教诏书，规定由主管神道的宣教使宣布唯神大道，把神道定为国教。1872年（明治五年）3月，废除神祇省，改设教部省，其主管范围虽然把佛教也列入其中，但仍以"神道至上"。教部省制定了三条教则：体察敬

---

① 〔日〕坂本太郎著：《日本史概说》，第47页。
② 〔美〕约翰耕塞著：《日本内幕》，第8页。
③ 〔美〕约翰耕塞著：《日本内幕》，第9页。

神、爱国之旨；明确天理人道；奉戴皇上遵守朝旨。"其中虽然也承认佛教，但基本精神还是神道，而且国家的色彩也十分浓厚。"①随后，明治政府更把神道捧到至高无上的特殊地位，使神道教的教义成为天皇制的意识形态。并且，决定由国家直接管理神道，实行"祭政一致""政教合一"，把天皇加以"神化"，视天皇为"神"的象征，宣扬天皇的神圣性，威胁和哄骗民众以武士道精神、假借"以神附体"为天皇制卖命，充当法西斯军国主义的工具。

日本投降后，1945年12月15日，驻日盟军总司令部向日本政府发出《关于废除政府对国家神道的保障、支援、维护、监督及宣传的备忘录》，即废除国家神道、实行"政教分离"的指令。指令称："本指令的目的，在于把宗教和国家分离开来，以防止一切把宗教滥用于政治目的的活动，把一切具有同等机会和享受保护资格的宗教、信仰和教义严密地置于完全同等的法律基础之上。"指令申明：

（一）禁止政府、都道府县、市町村及官公吏，以公职身份，保证、支持、保全、推广和宣传神道、神社。

（二）禁止以公家财源，援助神道神社。

（三）废除神祇院。

（四）废除神社、神道的研究，对养成神官的教育机关（如神官皇学馆）应以调查和废除。

（五）禁止官厅、学校设置神棚以及其他足以为神道象征的一切设备。

（六）禁止官公吏以公职身份告祭于神社，或以代表的资格去参加神社的仪式。

（七）禁止在神道的教义、惯例、祭典、仪式中进行任何军国主义

---

① 〔日〕坂本太郎著：《日本史概说》，第415页。

及极端国家主义的宣传和布道。

（八）禁止由国家财政全部或部分供给的任何教育机关传布神道教义，包括要从现有教科书和教学参考书中，删除一切神道主义；不得参拜神道神社，不得举行神道祭典、例行活动或仪式等。

（九）禁止使用与国家神道、军国主义、极端国家主义有密切联系的用语（包括"大东亚战争""八纮一宇"等）。

（十）禁止由国家财政全部或部分供给的官厅、机关、学校、协会及建筑物内，设置神龛及其他象征神道的一切物品，等等。[①]

这一指令，阐明了神道与国家分离的"政教分离"原则，取消了神道教为日本国教的地位，把神道教降为一般的宗教。

1946年元旦，在美国占领当局与日本政府的谋划下，昭和天皇裕仁发表了《关于建设新日本的诏书》（即所谓的《人间宣言》）。这是一份舍弃神权、保持皇位的宣言，表明天皇已从"神坛"下到了人间，天皇代表天神统治日本的时代已发生根本改变。既然作为日本最高统治者的天皇已不是"神"，那么，日本这个"神国"也变为人国了，日本国民也从"神的子孙"变为人的子孙了。

1947年5月3日开始施行的《日本国宪法》第20条明确规定："任何宗教团体都不得从国家接受特权或行使政治上的权利。""对任何人都不得强制其参加宗教上的行为、庆祝典礼、仪式或活动。国家及其机关都不得进行宗教教育以及其他任何宗教活动。"这从法律上进一步明确规定了"政教分离"的原则，禁止把任何宗教（包括神道教）摆到国教的地位。同年6月，还规定禁止强迫民众遥拜宫城、三呼天皇万岁和举行祭祀仪式。

神道教作为天皇制政治的重要组成部分，虽然已被明令与国家分离（即

---

① 中华学艺社编译：《日本研究资料》（第5册），第1页；王俊彦著：《日本天皇与皇室内幕》，群众出版社1992年版，第175—176页。

"政教分离"），禁止以任何形式从事军国主义、极端国家主义的活动，但是，实际上神道在战后仍改头换面从事活动，尤其是日本的右翼势力更是积极妄图复活神道教，为复活军国主义服务。

据有关资料显示，日本战败前，"号称有十万神社，实仅八万有余……因为有名无实的神社，约占二成"①。驻日盟军总司令部发出废除日本国家神道指令后，大日本神祇院、皇典讲习所、神宫奉斋会发起成立包括所谓"十万神社"在内的"神社本厅"。作为一个教派，它于1946年1月23日召开成立大会，并于2月3日在东京涩谷的大日本神祇会馆正式组建，由明治神宫宫司鹰司信辅担任第一任总理。厅规第一条规定的宗旨是："本厅以遵从神之大道，谋神社之兴隆，讲究人伦之常经，普遍地使同胞感谢神恩，奉戴神德，以创淳厚之民风，谋世界人类之福祉为目的。"至1947年10月，"神社本厅"所属自本宗伊势神宫以下包括府县已达八万余社，其数目已与战前相当，至今已远不止此数。日本右翼势力并不甘心神道教失去国教的地位，正是力图继续利用神道教这块招牌，处心积虑地从事别有用心的活动。

二、神道教在日本政坛的复活

日本战败后，神道教虽然已不是国教，但日本右翼势力却想方设法利用其为侵略战争翻案效力，图谋使其成为复活军国主义的温床，继续扩散军国主义、极端国家主义的瘟疫，重温法西斯军国主义的旧梦。更为严重的是，日本政客公然违背日本宪法的规定，抛弃"政教分离"的原则，使神道教悄悄在日本政坛复活。

神道教被禁止为日本国教后，大批的教派仍然存在。据1946年9月不完全统计，仅打着"神道""神"的名号的教派就有：神道大教、神道修成派、神道实行教、神习教、神理教等；还有出云大社教、扶桑教、黑住教、大成教、御岳教、金光教、禊教等；另有教派团体"神道教派联合会""日

---

① 中华学艺社编译：《日本研究资料》（第5册），第5页。

本宗教联盟"等。其中神道大教就有教会997个、教徒124.4万人；出云大社教有教会182个、教徒340.7万人；神道修成派有教会156个、教徒6万人；御岳教有教会874个、教徒166.8万多人。[①]在上述教派中，许多教众是作为一般宗教信仰的，但也有一些被右翼势力和某些政客所利用。特别是《旧金山对日和约》和《日美安全保障条约》签订后，日本右翼和政界的某些政客复活神道教的活动就大为抬头了。

1969年，日本就以"神社本厅"为中心，成立了"神道政治联盟"，宣称"旨在向后世子孙正确传递自豪于世的日本文化与传统"，要"在什么是日本、什么是日本人正在被逐渐淡忘的今天，阐释在战后一直被忽视的精神价值的重要意义，找回对国家的自信与自豪"。这个神道政治团体的任务是：打造一个珍视皇室及日本传统文化的社会；制定令日本国民引以为豪的新宪法；将向为国捐躯的靖国英灵表达敬意确立为国家礼仪；培养年轻人的爱国心；建立起令世界尊敬的道义国家。[②]从这个联盟的宗旨和任务看，此时打造的神道教就与"二战"前和战时的"国家神道"无异了，也就可以上升为"国教"了。

"神道政治联盟"在全日本47个都道府县都设有分支机构，定期组织参拜神社（包括靖国神社）等活动。据美国《时代》周刊（亚洲版）2014年发表的汉纳·比奇的文章透露，在日本国会，还成立了一个"国会神道教联盟"，由安倍晋三任干事长。该联盟的会员已经从2012年12月安倍晋三上台执政前的152名增加到2014年4月止的268名。19位内阁大臣中有16人是该联盟会员，而在日本民主党执政时，没有一个大臣是其会员。由此可看出日本政界的右翼已逐步走上"天皇与神合一""政教合一"的道路。

在当今日本右翼势力中，最具代表性的就是安倍晋三。汉纳·比奇的文章称："安倍晋三——曾被盟国逮捕的战时大臣岸信介（甲级战犯）的外

[①] 参见中华学艺社编译：《日本研究资料》（第5册），第7—8页。
[②] 参见《国际先驱导报》2014年5月2—8日，第32版。

孙、修正主义者的代表、日本战后出生的首位首相——把自己定位为国家的救世主。"这位"救世主"是如何"救世"的呢？别的这里暂且不论，其中的重要一点就是复活当年为军国主义效力的神道教，"倡导与战后体制决裂"。安倍晋三自2012年12月第二次任日本首相后，于次年4月28日在参加日本政府举行的"主权恢复日"活动时，当着日本天皇的面，举起双手高喊"天皇陛下万岁"，当即引起轩然大波，更激起了冲绳居民对当年战争的噩梦般的回忆。

安倍晋三政府于4月28日举行纪念的"主权恢复日"是个什么日子呢？这就是盟军占领日本后，美国等国家与日本签订的《旧金山对日和约》和日、美签订的《日美安全保障条约》于1952年4月28日生效的日子。这个"主权恢复日"就是日本为纪念战败后于1952年4月28日脱离美国占领当局统治而设立的。但是对于冲绳县的民众来说，《旧金山对日和约》生效后，冲绳仍置于美国占领施政之下，直到1972年才恢复主权。因此，所谓"主权恢复日"，在冲绳被民众称为"耻辱日"，并且民众反对举办纪念活动。安倍政府首次举行了官方纪念活动。在活动中，安倍晋三喊出"天皇陛下万岁"为何会引起冲绳居民的愤怒和亚洲国家的反感呢？这是因为当年的日本帝国主义侵略军就是耀武扬威地高喊着"天皇万岁"的口号在亚洲各国杀人放火的；有的军国主义的死硬分子也是高喊着"天皇万岁"剖腹自裁的。1945年当美军登陆冲绳时，也是日军强迫冲绳当地居民高喊着"天皇万岁"集体自杀的。

冲绳岛是"二战"中（1945年）在日本唯一发生地面战争的地区，有10多万平民在战火中丧生。但是，这些遇难的平民，大多并不是死于美军的炮火之下，而是被日军强迫集体自杀（日军甚至向居民提供自杀用的手雷），或被日军作为间谍处死，或被日军赶出战壕被美军炸死。2007年3月底，日本文部科学省（2001年1月由原文部省和科学技术厅合并而成）公布2008年4月正式启用的高中教科书审查结果，责令出版商删除关于日本在冲绳战役中强迫岛上平民集体自杀的表述。例如：将"有的居民在日本军队强迫下集体自杀"的表述改为"有的居民被迫集体自杀"。这一删改，把"日本军队强迫"删去，使人误认为是迫于"美国军队"或"战争环境"而自杀的。这一做法，等于"此地无银三百两"！日本文部科学省的这一举动，遭到冲绳民众的强烈抗议，并举行了10多万人的集会，要求政府撤销"删除日军强迫居民集体自杀"的审核意见，还原历史真相。可是，在2007年6月23日举行的"冲绳全体战殁者追悼式"（"慰灵日"）上，时任日本首相的安倍晋三（第一届）在仪式上闭口不谈日本的战争责任，不向被害者表示道歉，而对于删改教科书问题，也不做明确答复，却只表示"会在审议中从学术的角度出发进行讨论"①，这当然会激起冲绳居民的愤慨。

在2013年4月28日日本政府举行的"主权恢复日"活动中，身为首相的安倍晋三在战后第一次带头高喊出"天皇陛下万岁"，这不仅是在冲绳居民的伤口上撒了一把盐，无视冲绳民众曾经遭受的痛楚，而且也给被日本侵略的亚洲国家的人民再添了新的伤害，更显现出日本政界已弥漫着浓厚的神道教的阴魂。正如汉纳·比奇所说："安倍时代一项极少被报道的发展却是神道教在日本政界的复活。""奉行一种崇拜自然及古代祖先的本土宗教并没有什么错，但是一些力推神道教复兴的政客们也在推卸日本的战争责任。"对于安倍的右翼言行，连日本自民党的一些元老们都持不同看法。自民党前干事长古贺诚说："安倍正在国家安全和外交方面执行他的颇为右倾的政策。这让人民感到担心。"古贺诚还说："我极为担心。我想问问安倍，所谓'与战后体制决裂'，你是想说……日本的和平外交是个错误，你是想让日本像战前时代一样成为现代的尚武国家吗？"②更有甚者，据美国《华尔街日报》网站2015年12月28日报道披露，"日本保守派试图恢复该国在'二战'后美国占领期间被根除的价值观"，安倍政府在2015年的教育大纲中力

---

① 新华社2007年6月23日电，《国际先驱导报》2007年6月14日，《羊城晚报》2007年6月24日、9月30日。

② 〔美〕汉纳·比奇著：《安倍晋三：爱国者》〔美国《时代》周刊（亚洲版）2014年4月28日（提前出版）〕，见《参考消息》2014年4月21日。

推所谓"爱国教育"，"提倡热爱日本历史、传统和独特的文化"，其中就包括"神道教"的内容。

联系汉纳·比奇的点评和古贺诚的发问，则可看出问题的实质。安倍晋三等政界右翼势力复活神道教的目的，就是"推卸日本的战争责任"，为侵略战争翻案，把日本引向"现代的尚武国家"。这是值得人们高度警惕的！

三、"八纮一宇"的变异

"八纮""宇"，本为中国古籍中的词语。在日本的典籍中也有"八纮""宇"的记载。日本明治维新以后，这两个词语被扩张主义者和军国主义者所利用，变为对外侵略扩张的思想武器，使其成为日本军国主义的引魂幡。

中国古籍《淮南子·原道训》云："纮宇宙而章三光。""而知八纮九野之形埒。"东汉高诱注："八纮，天之八维也。"意指天下八方。《淮南子·精神训》又云："天地之道，至纮以大。"意指宏大。《淮南子·齐俗训》云："四方上下谓之宇。"即包括疆域、国土、空间等意思。在日本典籍《日本书纪》中，相传所谓神武天皇建都诏书称"兼六合以开都，掩八纮而为宇"，以"皇道"而建国。1903年，田中智学把这句话概括为"八纮一宇"，字面上意为"四海一家"。"八纮一宇"与"皇道"这两个词语，正如《远东国际军事法庭判决书》所说："后来日积月累给它加上了许多神秘的思想和解释。第一句是所谓'八纮一宇'，它的意义是把全世界各地结合起来置于一人的统治之下，或者是把全世界合并成为一个家族。而这就是所谓'帝国建国的理想'。但就文字上的传统意义说，只是所谓一般的人道原则终必普及于世界而已。行为的第二原则，是所谓'皇道'的原理，就文字上说，是'皇道一体'这句古代成语的简语。实现'八纮一宇'的途径就是经由天皇做仁慈的统治。于是'天皇之道'——'皇道'或'王道'——就是道德的概念和行为的准则。'八纮一宇'是道德上的目标，而对天皇的忠义则是达到目标的道路。"①随后，日本的极端国家主义者把这一词语延伸和扭曲为：天下八方（八纮）归于日本（一宇），由日本统治天下，独霸全世界。后来这一词语成为日本军国主义对外侵略的口号。

甲午战争和日俄战争后，日本侵占了朝鲜，霸占了中国的台湾和辽东一部分，把"八纮一宇"和"皇道一体"付诸实践。日本的右翼势力更是极力鼓吹"八纮一宇"，许多右翼团体也以此为宗旨。20世纪初叶，日本除了原已存在的右翼组织"黑龙会"等团体外，还涌现出一批新的右翼组织，诸如"王道义会""大日本国粹会""大和民劳会""赤化防止团""老壮会""犹存社""行地社"等。这些组织主张对内压迫民主，施行封建军事专制，对外实行侵略扩张。如1919年创立的"犹存社"就主张"改造日本帝国，解放亚洲民族"。这所谓"解放亚洲民族"，实际上就是推行"八纮一宇"，妄图把亚洲变为日本的殖民地。还有一个从"犹存社"分裂出来的"行地社"组织，更公开提出"建设维新日本""解放有色人种"，其目的就是推行法西斯军国主义，进而称霸世界。

在这些右翼组织建立的同时，也产生了一些右翼"理论家"——北一辉和大川周明就是其中的代表。

北一辉（1883—1937），新潟县人。此人于青年时代受社会主义影响，曾参加过中国同盟会。后来随着日本极端国家主义和军国主义势力的发展，他的思想发生了质的变化。1919年他写了一本《日本改造法案大纲》，成为日本极端国家主义和法西斯运动的经典，在青年军官中有很大影响。次年，他组织了"犹存社"，成为日本右翼的重要头目。他把宗教迷信思想和国家社会主义思想结合在一起，制定了一个"改造国家"的纲领，极力维护天皇制国家，力图把日本改造为"在东方和世界上执牛耳"的帝国主义强国。

大川周明（1886—1957），是一位国家主义法学博士，是"八纮一宇"

---

① 张效林译：《远东国际军事法庭判决书》，（北京）五十年代出版社1953年版，第52页。

和"皇道"的鼓吹手,是右翼团体"袖武会"的领袖。他就是日本投降后在东京审判中装疯(精神病)拳击东条英机的大战犯。他写了"行地社"的"纲领",主张扩张日本领土,"用武力支配世界"。他说:"因为日本是大地上最初成立的国家,所以统治万国是日本的天命。"[1]他主张日本占领西伯利亚和南洋群岛,鼓吹"解放"(实为奴役)有色人种和主张世界道德统一,等等。

1931年9月18日,日本发动了侵略中国东北的"九一八事变"。1932年1月8日,日本天皇向驻中国东北的关东军发布敕语,说什么"满洲事变"(日本称"九一八事变"为"满洲事变")系因"自卫之必要"而发生的,承认了关东军的侵略行径。3月9日,天皇发布了第一号敕令,规定了伪满洲国的组织法。在天皇诏敕的勉励下,关东军加紧推动拥立"宣统帝"的工作,于3月建立了伪满洲国,把中国东北三省置于日本的殖民统治之下。可见,日本天皇和军国主义者已把"八纮一宇"进一步付诸行动了。

在日本天皇的"敕励"和右翼"理论家"的影响下,1933年,一位日本少壮军官松浦迈写了一份《目前青年军官应走的道路》的意见书,对中共和中共领导的中国革命极为仇视,更对中国口出狂言,说什么"对于仇视皇道宣布的'赤贼'之根据地,应断然实行昭和时代之三韩征伐","必须向'赤贼'之根据地苏维埃政权派出圣战之大军"。还宣称:"吾人之前方岂止冰雪封锁之西伯利亚乎?应拯救几百年间为资本、武力和铁链所束缚而濒于灭亡的我等之同胞亚细亚民族,更使圣斾(指旌旗,即天皇之师)推进一步,君临沉沦于物质文明之黑暗中且因恼人之穷困而喘不过气的世界人类之上,成救世之神国,以实现兼六合为国,蔽八纮为宇的皇道之根本理想。"[2]在这里,充分暴露出日本的军国主义者想充当"救世主"的狂妄野心,使日本成为"救世神国",以实现"八纮一宇"的"皇道理想"。

---

① 张效林译:《远东国际军事法庭判决书》,第52页。

② 〔日〕信夫清三郎著,周启乾译:《日本政治史》(第四卷),上海译文出版社1988年版,第313—314页。

1940年2月11日，日本天皇亲自出席了"纪元节"纪念仪式，并发表诏书称："尔臣民宜驰思神武天皇之创业，念皇图之宏远、皇谟之雄深，和衷戮力，愈益发挥国体之精华，以克服时艰，昂扬国威，回答祖宗之神灵。"内阁和贵族院、众议院即呈奏文献给天皇。贵族院奏文称："兴亚之圣业虽前途仍有重重困难，但以陛下之棱威能克服无数艰险，八纮为宇之日盖已不远。"同年7月26日，近卫内阁制定的《基本国策纲要》称："皇国之国策乃基于八纮一宇之肇国伟大精神。"1941年1月8日，近卫内阁的陆军大臣东条英机（同年10月就任日本首相）在陆军阅兵式上向全军发布的《战阵训》称："夫战阵乃根据敕命发挥皇军之精神，攻必取，战必胜，广泛传布皇道，使敌人感受天皇棱威尊严之场所。临战阵者，必期深刻体察皇国之使命，坚守皇军之道义，以宣扬皇国之威德于四海。"①

在日本天皇的诏示和右翼政客诸如近卫、东条等的策动下，以"八纮一宇"为招魂幡，打着"圣战"的旗号，以"解放亚洲""解放有色人种"来号召，先后发动了对中国和亚洲国家的侵略，发动了太平洋战争，把日本推上了侵略扩张的道路。

这里顺便提及一事：日本对外侵略期间，还于1940年在日本宫崎县建筑了一座"八纮一宇塔"（战后改名为"和平之塔"）。据"八纮一宇塔"研究会称，塔的石材是"日本军队有组织地掠夺而来的战利品"。塔基用的1789块石头中，有370块是从海外抢来的，其中中国大陆198块，台湾岛40块。从中国抢去的石头分别刻有"南京中山陵""南京紫金山麓"等字样和中国神兽"麒麟"图案，可能来自明代皇陵，属于"国宝级文物"。2015年8月初，南京一家民间博物馆赴日要求归还这些国宝级文物，但至今尚未归还。

日本战败后，日本右翼势力并不甘心失败，死死抱着"皇道一体""八纮一宇"的侵略"经典"，竭力图谋"统治万国国民"的"天命"，这是对

---

① 〔日〕信夫清三郎著：《日本政治史》（第四卷），第382页。

人类社会的最大威胁。

本来，作为古代的任何词语，被后人所引用，或者赋予新的内涵，是一种正常现象。只要这种引用或赋予新的内涵有益于人类的进步，有利于推动社会的发展，都是值得肯定的、可取的。但是，像日本军国主义者这样引用，把"八纮一宇"赋予侵略扩张的内容，作为对外侵略的口号，为侵略战争服务，这是对古代传统文化的践踏，是对传统文化的扭曲，也是对人类的一种贬斥，更是对人类社会的一种犯罪。

当今，日本的右倾化明显加剧，日本的右翼势力正在培育一种"新民族主义"，正在推动军国主义的复活。如2014年8月21日日本外交学者网站的文章所说："首相安倍晋三的保守和鹰派立场则进一步助燃了这种民族主义，安倍不仅自己在2012年底实现了重返权力宝座，还在全世界推广'日本回来了'的主题。他试图修改教科书，即实行批评人士所说的对日本战争的粉饰。"①安倍晋三等日本政客和右翼势力粉饰侵略战争的行径，在全世界推广"日本回来了"的主题，实际上就是对"八纮一宇"和"皇道一体"的诠释和发展。对此，世界爱好和平的人们切不可等闲视之。

---

① 《参考消息》2014年8月26日。

第二节

"脱亚论"与"新脱亚论"

一、从"脱亚论"到"别了，亚洲"

所谓"脱亚论"，即"脱亚入欧论"，是主张日本脱离落后衰弱的亚洲、加入"先进文明"的欧美的理论。从本质上讲，这一理论就是鼓吹日本对外侵略扩张的理论。这一理论提出后日本所推行的对外侵略扩张，就是对这一理论的具体实践。

"脱亚论"的提出者为日本明治初期的思想家福泽谕吉（1834—1901），现在日元一万元纸币上就印着他的头像。他曾三度出国，游历欧美，对欧美等西方国家的思想极为尊崇。1882年，他创办了《时事新报》（《产经新闻》的前身），亲自撰文鼓吹他的思想。1885年3月16日，他在《时事新报》上发表了《脱亚论》（社论），文章虽短，含意辛辣。他说："我国不可犹疑，与其坐等邻邦之进步而与之共同复兴东亚，不如脱离其行伍，而与西洋各文明国家共进退。对待中国、朝鲜之办法，不必因其为邻邦而稍有顾虑，只能按西洋人对待此类国家之办法对待之。"在这里，他毫不隐讳地主张：第一，日本不能与亚洲国家为伍"共同复兴东亚"；第二，日本应毫不犹豫地脱离亚洲，要与西方资本主义国家"共进退"，谋求日本的出路；第三，要用西方国家以武力征服的办法，侵占、瓜分、征服中国、朝鲜等"邻邦"国家。可见，这一理论隐藏着损人利己的祸心，是不折不扣的侵略扩张的理论。

这一理论提出后，日本的统治者进一步"发展"了侵略扩张理论。1890

年3月，日本首相山县有朋就提出了"主权线"和"利益线"理论。同年12月，山县有朋在向议会做施政报告时说："盖国家独立、自卫之道有二：第一为保护主权线，第二为维护利益线。所谓主权线是谓国家之疆域，所谓利益线乃指与其主权线之安危有密切关系之地区。"那么，这个与主权线"有密切关系之地区"的"利益线"具体是指哪里呢？这就是山县有朋于同年3月给外务大臣的指示——《外交政略论》中明确指出的"我邦利益线实在朝鲜"，后来更扩大为中国东三省和俄国滨海地区，甚至要把朝鲜、中国东三省并入日本。可见，这一"主权线""利益线"理论大大地发展了"脱亚论"，并且更加具体化了。

随后，日本的统治者就积极整军备战，穷兵黩武，推行以武力为后盾的炮舰政策，挑起侵略朝鲜和中国的战争。1894年7月，日本攻占了朝鲜，并挑起了侵略中国的甲午战争。由于清政府的腐败无能，清军屡战屡败。在日本的逼迫和要挟下，清政府签订了丧权辱国的《马关条约》，把台湾岛及附属岛屿、澎湖列岛割让给日本。

福泽谕吉不仅提出对外侵略扩张的"脱亚论"，更是日本天皇制政府的忠心拥戴者和追随者。正当日本伊藤内阁决定发动甲午战争之际，福泽谕吉就说日本"能否成为东洋文明之领袖，取决于此一战"，并向政府捐献了1万日元（当时的钱币）。这不仅在理论上主张对外扩张，而且在行动上也表示对侵略行为的坚决支持。战争结束后，他说这次日本的胜利是"官民一致的胜利"，还说"幸获长生，得此见闻，既感愉快，又是庆幸"。于此，一个军国主义侵略者的心态暴露无遗。

福泽谕吉有一位弟子叫尾崎行雄，完全继承了他的衣钵，甚至是"青出于蓝而胜于蓝"。就在甲午战争爆发的第二年（1895年），尾崎行雄竟然说："世界各国中如有反对我并吞中国者，是为反对人类之幸福也，亦反对世界之利益也。"他还说："并吞中国符合日本帝国之利益，亦为中华民族之幸福也。"①显然，妄图并吞中国符合日本利益是真，但如果说是"中华民族之幸福""人类之幸福"，那完全是日本军国主义分子肆意制造的谎言，是颠倒黑白的诡辩，是强盗的逻辑！

福泽谕吉、尾崎行雄等鼓吹的军国主义侵华论调，一时弥漫于日本社会，在民众中也产生了很大影响。甲午战争刚爆发，日本《女学杂志》1894年8月号就发表社论说：

> 勿言中国为大国。因何而知其为大国焉？答曰地理！——面积1200多万平方公里，人口42388万！可悯可笑！此面积至少将分裂为六七国，乃自然之趋向也。如瘫痪，如残疾，如中风之病人，苟血液不循环周流于全身，则五肢虽大，岂能谓身躯高大焉？！中国亦如斯，其人民无统一之语言，其帝王频繁更迭，君不见，正有数万之同志正觊觎当今之帝位焉？！如此之帮，何谓大国？！②

一家"女学"杂志发表的社论，就赤裸裸地嘲讽和鄙视中国民众，表露出这种狂妄的语言和险恶的用心，足以看出军国主义思想在日本社会的深度和广度。

随着时间的推移，"脱亚论"的遗毒不断在日本的土壤中发酵、扩散，并被狂热的军国主义分子所继承和发展，终于结出了占领朝鲜，侵略中国，北指俄国，进军南亚、东南亚乃至太平洋的恶果。

日本战败后直至今天，"脱亚论"的阴魂未散，仍为日本某些人所赏识和推崇，颇具代表性的就是《别了，亚洲》一书。此书的观点可谓是"脱亚论"的变种。

《别了，亚洲》是日本国际经济评论家长谷川庆太郎撰写的，于1986年

---

① 〔日〕依田熹家著，卞立强、陈生保等译：《日本帝国主义和中国》，北京大学出版社1989年版，第22页。

② 依田熹家著：《日本帝国主义和中国》，第23页。

5月由日本映像出版公司出版，而后多次再版，成为当时的畅销书，1989年11月被翻译成中文在中国出版。该书内容不长，仅11万字（中文），但观点可谓"新潮"，被称为"新脱亚论"。择其要者有：

其一，在经济方面。作者称："日本经济的发展，是'脱亚'所带来的最大成果之一。"① "与亚洲各国相比，日本人的整体教育水平是很高的，而且在相当的程度上实现了工业化。他们在很短的时间内迅速消化了引进的先进技术，而进行相应的改良，从而成功地达到了世界最高的技术水平。" "然而，如果日本不'脱亚'，继续坚持战前的那种'依附亚洲'的路线，决不会取得这种技术革新的成功。"② 这就是说，日本经济和科学技术的发展和取得的成就，完全归功于"脱亚"的结果。

其二，在政治方面。作者将日本和韩国（当时称"南朝鲜"）加以比较，说："在亚洲，日本和南朝鲜并肩成为'升学竞争'异常激烈的国家。南朝鲜与日本的差异在于是否确立了政治上的'自由'。战后，日本实现了自由选举，对政府进行批评的'自由'也得到了保证。而南朝鲜却并非如此。"并且，"美国引入日本的'议会制民主主义'，经过战后40年的时间，已经基本在社会中扎下了根。这是使日本人获得世界上绝无仅有的广泛'自由'的重要因素。"因此，"不得不说，同战前相比，战后亚洲各国和日本在政治方面的差距，实际上进一步扩大了"③。其意思是说，韩国等亚洲国家在战后不"自由""民主"，唯独日本才是"自由""民主"的"天堂"。这简直是对许多亚洲国家的贬损和嘲讽。而日本政府在20世纪40年代末至50年代对反战的日本共产党、进步人士和工人运动的镇压，作者对此又作何解释呢？

其三，在军事方面。作者称："最近经常听到苏联、中国反复提到'日本军国主义复活'之类的言论，将与现实极不相符的印象强加给日本人。实

---

① 〔日〕长谷川庆太郎著：《别了，亚洲》，第12页。
② 〔日〕长谷川庆太郎著：《别了，亚洲》，第8页。
③ 〔日〕长谷川庆太郎著：《别了，亚洲》，第15页。

际上，日本人谁也没有感到有建立'军事大国'的必要性和必然性。……'日本军国主义复活'之类的言辞，是对日本缺乏实际了解和出于某种私利的产物，将会被日本人所拒绝。在这一点上，今后也不会有什么大的变化。而国内那些鹦鹉学舌似的追随苏联、中国批评日本的少数人，也会因此失去大多数日本人的支持。日本将永远坚持'经济大国加军事小国'的路线。"①"日本人必须经得起'光荣的孤立'。"②可是，日本的现实与作者的论调恰恰相反。日本的右翼政客正在极力推行"经济大国加军事大国"的路线，而"军国主义的复活"活动更是屡见不鲜。

其四，在日本与美国和亚洲国家关系方面。作者说："日本要进一步密切与美国的协调关系，在对亚洲的政策上，双方也要尽可能采取一致的行动。""日本必须站在与美国完全一致的立场上，推行亚洲政策。"③那么，日本与亚洲国家是什么关系？书中说："把日本和亚洲国家的关系，用垃圾堆'梦之岛'与霞光大厦④来形容，是恰如其分的。"⑤也就是说，日本是"霞光大厦"，亚洲国家是"垃圾堆"。这也是促使日本"脱亚"的一个原因。

其五，在历史认识方面。作者承认，"在第二次世界大战中，日本给周围的亚洲邻国带来了严重的灾难，这是不容混淆和不可回避的历史事实"⑥。但作者却说，被日本占领的南朝鲜和中国台湾，"作为殖民地统治者的日本，曾为他们承担了相当大的财政负担。日本不仅提供了大量的劳动力，而且在农业、矿业以及现代化工业的发展上，都付出了一定的努

---

① 〔日〕长谷川庆太郎著：《别了，亚洲》，第118—119页。

② 〔日〕长谷川庆太郎著：《别了，亚洲》，第120页。

③ 〔日〕长谷川庆太郎著：《别了，亚洲》，第130页。

④ "梦之岛"是东京的垃圾场所在地。霞光大厦位于日本东京都千代田区的霞关，是日本一座有名的、以宏伟壮观著称的现代化高层建筑。

⑤ 〔日〕长谷川庆太郎著：《别了，亚洲》，第3页。

⑥ 〔日〕长谷川庆太郎著：《别了，亚洲》，第116页。

力"①。这就是说，日本占领朝鲜和中国台湾是立下了"功劳"！作者还针对被害国要求日本道歉和追究日本的战争责任问题，说："战争已经过去了40年，日本完全可以考虑'战争责任'的'时效'问题了。"也就是说，追究日本侵略战争的"战争责任"的"时效"已经过了，不应"为日本的'战争责任'问题争论不休"了。②

对于长谷川庆太郎的"战争责任否定论"，日本著名学者、一桥大学社会学部教授吉田裕曾做出这样的评论："从《再会，亚洲》（即《别了，亚洲》）来看，对于亚洲各国围绕战争责任问题对日本的批判，长谷川只是理解为各国政府基于特定政治意图的人为的情报操纵。而且他进一步发其议论说：那场战争的'时效'已经过了，'日本人老是拘泥于'战争责任'这种情况本身，不仅对于日本而且对于整个亚洲来说也是不利的'。他主张：对于来自亚洲各国对日本的批判，也应该以'坚决的强硬态度以及支持这种态度的强劲精神力量'来应付。""如此看来，在对处于亚洲中的日本缺乏批判性考察的情况下，经营论性质的战争观孕育着容易与新式的战争责任否定论结合在一起的可能性。即使这样说过分的话，但由于这种战争观的视野的狭隘，其对于战争责任否定论缺乏内在的阻止作用当是确实的。"③在这里，吉田裕不仅批驳了"战争责任时效论""战争责任否定论"，而且提醒人们要对"战争责任否定论"保持警觉。

《别了，亚洲》一书所包含的远不止以上这些内容，但仅凭以上几点就可看出长谷川庆太郎的"新脱亚论"与福泽谕吉的"脱亚论"是一脉相承的，只不过由于时代变迁、国际形势发生变化而变换了某种提法而已。并且，长谷川庆太郎的"新脱亚论"包括经济、政治、军事、文化、社会等各个方面，比福泽谕吉的"脱亚论"更系统、更全面、更具体、更具针对性和现实性。长谷川庆太郎把日本视为"霞光大厦"，把亚洲国家视为"垃圾

---

① 〔日〕长谷川庆太郎著：《别了，亚洲》，第40页。
② 参见〔日〕长谷川庆太郎著：《别了，亚洲》，第117页。
③ 〔日〕吉田裕著：《日本人的战争观：历史与现实的纠葛》，第187页。

场"；认为日本"自由""民主"，亚洲国家"贫穷""落后"，除了韩国外，其他国家都没有资格进入"信息化社会"，正是日本"脱亚"才有今天的发展，等等。尤其值得注意的是，长谷川庆太郎对中国、韩国等国和日本国内的反战人士提出的防止"日本军国主义复活"特别反感，几乎达到神经过敏的程度。这是为什么？如果日本真正想走和平发展的道路，难道"军国主义复活"不应防止吗？况且，战后的事实充分证明，日本的右翼势力正在通过各种渠道以公开的或隐蔽的形式复活军国主义。为何长谷川庆太郎对防止"军国主义复活"如此抵触？联想到他的"战争责任"时效已过的"战争责任否定论"，确实值得人们深思！日本敢不敢面对和承担"战争责任"问题，就是敢不敢承认历史事实的问题，也就是敢不敢承认犯下的侵略罪行、与军国主义决裂的问题。因此，"战争责任否定论"，应引起国际社会和爱好和平的人们高度警觉。

二、"脱亚论"的翻新

"奇文共欣赏，疑义相与析。"这是中国东晋时期大诗人陶渊明的名句。日本东洋学园大学教授樱田淳撰写、于2015年5月29日在日本《产经新闻》发表的《日本非亚洲国家而是太平洋国家》就是一篇"奇文"。[①]福泽谕吉的"脱亚论"脱胎于19世纪80年代，时隔一百年又有长谷川庆太郎的"新脱亚论"（《别了，亚洲》）问世，到了21世纪初叶的今天，仍有更新的"脱亚论"降生。真是香火不断，世代相传。

樱田淳这篇"奇文"，应该说是"脱亚论"的翻新，或者说是"脱亚论"的变种。这篇"奇文"是呼应日本首相安倍晋三于2015年4月底访问美国时在美国国会联席会议发表《希望的同盟》演讲而写的。安倍晋三在演讲中不敢正视日本的侵略历史，未就侵略历史做出道歉。并在他访美期间，美、日两国联合发布了新版《美日防卫合作指针》，被日本媒体视为"明显

---

① 参见《参考消息》2015年6月5日。

是针对加强海洋活动的中国"[1]。樱田淳则紧随其后，在安倍晋三访美回国仅一个月就发表了这篇"奇文"。现将主要段落摘录如下：

整整一个月前，安倍晋三首相在美国国会发表的演讲对日、美两国经过战后70年实现和解进行了确认。

可是，必须通过具体政策来支撑这篇题为《希望的同盟》的演讲，以避免其意义衰减。落实写入集体自卫权的安保法制整备和敲定《跨太平洋战略经济伙伴关系协定》（TPP）可谓支撑上述演讲的"双璧"。

上述政策向我们提出了一个涉及日本的国家认同的重要问题："日本作为一个国家的轴心是应该放在亚洲，还是放在太平洋？"

原本世界版图是如何定义包括日本在内的地区的呢？过去一般以"陆地"作为基准，则日本是属于"东亚"或"东北亚"的国家，特别是中、韩两国对于日本看法复杂的根源就是认为日本与他们一样是东亚或东北亚国家。

但这种认识让人感到整个格局的"重心"被强行定位在中国大陆，也就是说，这不过是"中国—中心，日本—边缘"这种前近代的国际认识的改头换面。

因此，今后应以"海"为基准，将日本定义为"西北太平洋国家"才恰当。

依据上述定义就可以考虑日本的多种可能性。比如如果以海洋为基准，那么以印尼、马来西亚、泰国、新加坡为代表的东盟各国就不再是"亚洲大陆的一部分"的东南亚国家，而是"连接西北太平洋和印度洋的国家群"。

……

此外，以"海"为基准来看，当前美、中两国相争的焦点——南海

---

① 日本《朝日新闻》2015年4月29日报道，见《参考消息》2015年4月30日。

只不过是构成西北太平洋一部分的"外海"。

……

但是，对于"北太平洋国家"的日本和美国而言，关注作为太平洋"外海"的南海局势有重大意义。至少位于西北太平洋"外缘"的中国没有资格公开宣称"'外野'不容置喙"。以海洋为基准，则中国才是与西北太平洋不直接相接的"外野"国家。

……

樱田淳在文中还指名道姓地说：中国政府"王毅外长声明'中国政府维护主权和领土完整的意志坚如磐石'"，"都是在强调'南海局势是中国的'外野'，不容置喙'的中国政府的姿态。这反映的正是东海和南海是'附属于中国大陆的海洋'这一大陆中心的观点"。

仅从以上摘引，则可看出这篇"奇文"的作者所显露的居心：

其一，把日本集体自卫权的安保法制和《跨太平洋战略经济伙伴关系协定》（TPP）作为支撑安倍晋三在美国国会演讲内容的"双璧"。那么，安倍晋三演讲的主旨是什么？路透社华盛顿2015年4月29日电称："他（指安倍）还指出日本将在全球安全事务中发挥作用，以应对正在亚洲崛起的中国。"[①]所谓"双璧"，一"璧"已于2014年7月安倍内阁重新解释日本宪法第九条，通过解禁集体自卫权内阁决议，使日本能行使集体自卫权、派自卫队到国外与盟友（美国等）并肩战斗了。继而，于2015年9月19日，在安倍晋三和以自民党为首的执政联盟的控制下，强行通过了安倍内阁提交的"新安保法"，从法律上准许日本可派兵到国外作战了。另一"璧"就是《跨太平洋战略经济伙伴关系协定》（TPP）。TPP是什么呢？笔者在这里不敢妄加评论，只引述国际媒体的一些看法。日本媒体称："在经济领域最大课题《跨太平洋战略经济伙伴关系协定》（TPP）问题上，日美的意图是'应对中

---

① 《参考消息》2015年4月30日。

国'。""TPP是美国'亚洲再平衡'战略的核心。"①日本《东京新闻》在2015年10月6日的社论中引用英国的财经媒体指出："美国的目的是通过TPP对抗崛起的中国，确保在亚太的影响力。"②德国《世界报》网站2015年10月5日报道称："华盛顿尤其希望借此（指TPP）遏制中国在经济上跃升为21世纪超级大国的势头。"③《日本经济新闻》2015年10月6日报道称："安倍首相谋求在安保和经济两方面牵制中国。"④尽管国际媒体明确指出美、日通过利用TPP的目的，但中国商业部在美国等12个国家的TPP谈判结束（2015年10月5日）后仍坦然表示："中方对符合世界贸易组织规则、有助于促进亚太区域经济一体化的制度建设均持开放态度。"⑤

樱田淳十分庆幸"20世纪从英国转移到美国的自由贸易体制理念重新回到了故乡——包括东南亚多岛海在内的西北太平洋"，极力主张"作为'西北太平洋国家'的日本应该为确立TPP竭尽全力，TPP完全具有将来扩展至印度洋、成为更广泛框架的潜力和意义"。⑥从这"双璧"中则可看出，樱田淳不仅高度赞赏和拥戴安倍晋三放弃战后日本专守防卫、改为向国外派兵炫耀武力的政策，而且鼓动日本追随美国实现"亚洲再平衡"战略，真是"竭尽全力"了。

不过，令樱田淳意料不到的是，2017年1月23日，美国新任总统特朗普签署了美国正式退出TPP的行政命令。"由于美国退出TPP谈判，原打算日、美携手构建亚太贸易秩序从而促成对中国包围圈的日本愿望落空。"⑦这使樱田淳的"双璧"已伤残了一"璧"。

其二，把地球自然形成的中国所处的地理位置，说成"让人（应理解

---

① 日本《朝日新闻》2015年4月29日报道，见《参考消息》2015年4月30日。

② 《参考消息》2015年10月7日。

③ 《参考消息》2015年10月7日。

④ 《参考消息》2015年10月7日。

⑤ 新华社2015年10月7日电，见《羊城晚报》2015年10月7日。

⑥ 参见《参考消息》2015年6月5日。

⑦ 日本《产经新闻》2017年2月25日报道，见《参考消息》2017年2月26日。

为‘让樱田淳’）感到整个格局的‘重心’被强行定位在中国大陆，也就是说，这不过是‘中国—中心，日本—边缘’这种前近代的国际认识的改头换面”。由于樱田淳不满中国是地缘格局的重心，企图改变原本世界版图的定义，狂妄地声称中国的地缘格局的重心是"被强行定位"的。既然樱田淳认为中国的"重心"位置是"被强行定位"的，那么他的真实意图是什么呢？他认为日本不是亚洲国家而是"西北太平洋国家"的实质，就是想颠倒"前近代的国际认识"即"中国—中心，日本—边缘"的位置，鼓吹"日本中心论"。如果日本"被强行定位"为"重心"，那么亚洲其他国家都变成"边缘"了，或许樱田淳的愿望也达到了。不过，有些事情往往是事与愿违，力不从心，到头来只抱终天之恨罢了。

其三，妄图改变亘古地缘形成、世界科学划分、国际社会公认的世界版图，反对以"陆地"作为基准来划分七大洲四大洋，主张以"海"为基准对世界版图重新划定，"将日本定义为‘西北太平洋国家’"，而不再是亚洲国家。这里应当指出，樱田淳在文中有时把日本定为"西北太平洋国家"，有时定为"北太平洋国家"。但如果从严格的科学的地理方位而言，"西北"与"北"的概念还是有区别的，不知作者是否概念混乱还是视之等同或有意为之呢？文中曾把美国和日本并列称为"北太平洋国家"，是否想把美国和日本捆绑在一起都定为"北太平洋国家"呢？如果按樱田淳的以"海"为基准重新划定世界版图，那么全世界近200个国家是否都按照日本那样，分别称为东、西、南、北、东北、西北、东南、西南的太平洋、大西洋、印度洋、北冰洋国家呢？由是观之，真可谓异想天开！

不难看出，所谓"以‘海’为基准"的主张，主要是针对中国。这从文中便能看出端倪——"至少位于西北太平洋‘外缘’的中国没有资格公开宣称‘外野’不容置喙"。作者的用意是先利用所谓"外缘""外野"的概念，指责中国对南海和东海的有关领土主权主张，然后把中国列入所谓"外缘"，并且还说中国"没有资格"宣称自己的领土权益，等等。真是口出狂言，居心叵测！

其四，作者首先把日本定义为"西北太平洋国家"，然后按所谓"以'海'为基准"，将印度尼西亚、马来西亚、泰国、新加坡等东南亚国家从"亚洲大陆的一部分"剥离出亚洲，列入"连接西北太平洋和印度洋的国家群"。这样，就可以以日本为中心，把东南亚国家也圈入"西北太平洋国家"了。

由此让人联想到20世纪40年代初日本近卫内阁所炮制的"大东亚共荣圈"。日本就是用飞机、兵舰、大炮和刺刀指向亚洲和东南亚国家，把这些国家列入"共荣圈"内，使其国民陷入火与血的灾难中，并美其名曰："把他们从白人手中解放出来。"樱田淳是否想在21世纪的今天，拼凑一个"西北太平洋国家共荣圈"呢？

时至今日，日本的一些政客和右翼势力顽固地坚持"皇国史观"，公然挑战国际秩序和人类良知，继续对被害国造成严重伤害。而像樱田淳一类学人，竟然挑战世界版图的划定，恨不得把日本从东半球移到了西半球，与日本右翼政客导演了一出绝妙配合的闹剧。不过，凡事只怕天不顺人心，地不就人意，这出闹剧究竟演到何时呢？况且，地球的生成难以逆转，樱田辈恐怕唯有徒叹奈何了！

第三节

皇国史观的本质

一、"皇国史观就是战争的元凶"

长期以来，日本都是坚持以天皇为中心的历史观。明治维新后，逐步形成了具有侵略性的"皇国史观"。第二次世界大战爆发前后，日本所推行的"皇国史观"就是"军国主义史观""大东亚战争史观"。因此，"皇国史观"的本质就是侵略史观。

所谓"皇国史观"，其内涵就是：神化日本天皇，强调"天皇至高无上"；神化大和民族，坚守"大和民族优越论"；神化"大和魂"，以"忠君""忠孝""忠义"为本，推崇排外主义和扩张主义。

1994年12月27日，日本早稻田大学校长村井在日本参议院文教委员会上一针见血地指出："皇国史观就是战争的元凶。"他还针对日本的教育问题说："这次迎来战败（指日本在第二次世界大战中战败）的命运，应归结于潜在于我国教育深层的皇国史观。而坚持这种史观的正是东京帝国大学的历史课堂。"①

1995年3月，日本参议院议长（自民党）兼常叶学园理事长木宫和彦也指出："战前日本是皇国史观。东大（指东京帝国大学）一著名教授平泉澄首先创造了皇国史观这一学说。"也就是说，"皇国史观诞生于东京帝国大学"。②

---

① 〔日〕本泽二郎著：《天皇的官僚：日本右派真相》，第140页。
② 参见〔日〕本泽二郎著：《天皇的官僚：日本右派真相》，第136页。

村井和木宫和彦所指出的充分说明，战前日本所推行的教育完全是皇国史观的教育。正是在这种皇国史观的教育下，在日本当权者的鼓动下，大批青壮年打着"效忠天皇"的旗号被派往亚洲国家和太平洋地区前线，成为天皇、日本政府和日本军部的马前卒，成为军国主义的刽子手。

战后，曾被中国政府宽大释放回国的日本战犯，在回国后成立一个"中国归还者联络会"，积极促进中日友好，开展和平运动。针对日本的右翼势力极力抹杀日本天皇战争责任的图谋，该会和日本各民主反战团体发出强烈抗议，并于1988年10月10日的第二届全国大会上发表了追究天皇战争责任的决议书。决议书称："历史上天皇曾是日本的君主、元首。那个时代，日本作为帝国主义国家对中国进行了长达15年的侵略战争，并把战火扩大到亚洲太平洋地区，造成了成千上万人的死亡和巨大的财力物力损失。这样的非人道的侵略战争是在谁的名义下进行的呢？是天皇。""我们听从天皇的命令侵略中国，手持刻有天皇的菊纹章的武器，随军队参加杀、烧、抢各类作战行动。结果，战后我们被追究责任，作为战犯受到制裁。天皇作为当时日本的最高统帅、陆海空军的大元帅，当然不能逃避战争责任。"[1]

决议书中所指的天皇是昭和天皇裕仁（1901—1989，1926年12月25日就位天皇）。决议书不仅批判了以天皇为主旨的"皇国史观"，以及由此所造成的对人类社会的祸患，而且主张要追究天皇的战争责任。1989年1月7日裕仁天皇病死后，日本的右翼势力乘机美化天皇，为天皇歌功颂德，甚至出现"天皇战争责任消失论"，这完全是顽固坚持"皇国史观"的表现。对此，中国归还者联络会第二届第三次常任委员会于1989年1月22日发表了《责问天皇战争责任的声明》。声明责问："随着天皇死去，战争责任真的解除了吗？且不说法律上的责任如何，但道义上的责任是很沉重的。由天皇的军队造成的南京大屠杀，在新加坡、马来西亚、菲律宾等地区对非战斗人员的集

---

① 〔日〕日本中国归还者联合会编著，周维宏等编译：《永远的忏悔》，解放军出版社1999年版，第378页。

体杀戮、掠夺、暴力行为、破坏等等，及造成朝鲜半岛一分为二、6000万人的民族悲剧等战争责任会随着天皇的死去而解除吗？由天皇的军队造成的被害者仍健在，祸害的事实将子孙相传不会忘却，而加害者一方却能将其忘记而若无其事吗？"①这一责问既是对"解除天皇战争责任"的批驳，对战争加害者的鞭挞，又是对天皇的军队在亚洲、太平洋地区所犯下罪行的揭露和控诉。

接着，该声明指出："侵略战争的道义责任，作为最高统治者的天皇不用说，与侵略战争有关的指导者集团、国家以及以任何形式，不论积极、消极，支持、协助了战争进行的国民都有责任。"②这里指出的"指导者集团"、国民的责任，从思想本质而言，都是受"皇国史观"所驱使的，都是"皇国史观"长期教育的结果。正是"皇国史观"教育的潜移默化，才养成了那些对外扩张的"杀人机器"，也催化和影响了那些支持、协助侵略战争的国民，因此他们才应承担其战争责任。

声明中提到的"支持、协助了战争进行的国民都有责任"这一点，是一个值得认真思考和审视的问题。日本对中国等国的侵略战争，主要是日本天皇、日本政府和日本军部发动的，是直接主导的肇事者，理所当然要追究他们的战争责任。但是，作为日本一般国民，在追究战争责任问题时，理应与日本统治者、军国主义者区别开来，不能等同视之。因为当时存在三种情况：第一种是，在日本军国主义专制统治下，有的进步反战党派（如日本共产党）和一批反战民主人士，已被日本政府镇压或转入地下。这些党派和人士以及拥戴他们的群众，是不应该承担战争责任的。第二种是，畏惧军国主义的淫威，为自身利益考虑，而无奈地顺从和依附的人们。这类人群虽负有某些责任，但不能作为战争责任的主体而加以追究。第三种是，自觉追随军国主义的对外侵略，在人力、物力、财力和宣传舆论方面对侵略战争给予

---

① 〔日〕日本中国归还者联合会编著：《永远的忏悔》，第379—380页。

② 〔日〕日本中国归还者联合会编著：《永远的忏悔》，第380页。

支援协助者。这类人群理应负有战争责任。以上三种情况，无论是哪一种，从根本上说都是"皇国史观"的受害者。特别是后两种情况，正是"皇国史观"的毒害，才把他们推向与军国主义为伍。

这里要特别指出的是，1937年12月，日本侵略军占领中国当时的首都南京、实行大屠杀之后，在日本首都东京竟然有40多万市民提着灯笼举行庆祝，高呼"天皇陛下万岁"，高唱《君之代》（日本代国歌），欢庆日本侵华的"胜利"。当年在日本总参谋部战争指导处工作的堀场一雄于战后初期写的《日本对华战争指导史》中称："南京陷落后，我国民都手持旗帜、灯笼欢欢喜喜地列队庆祝。"①这里记述的"国民"就不只限于东京市民了。可见，这些日本国民都在"皇国史观"的浸泡下，被日本统治者煽动起来了。因此，对于战争责任，日本的有识之士都说："被国家煽动起来的国民也有责任。"

"皇国史观就是战争的元凶"，这早已为历史事实所证明，更给受害国以深重的灾难。日本自明治维新以来，就以"皇国史观"为教育武器，推崇"武士道精神"，制造出大批军国主义的"人才"和"天皇的官僚"。昭和时代，就是用"皇国史观"来培养军国少年，养成大批军国主义的打手，促使他们走向侵略战争。正如日本著名政治记者本泽二郎所指出："战争中，鼓舞日本年轻人勇敢地拼杀于战场的原因是'皇国史观'。士兵一旦加入天皇的军队，就成为皇军。由于天皇是神，士兵就成了神兵。一旦战争爆发，只要神风一吹，就必胜无疑。年轻人之所以会被如此幼稚的理由操纵，也是教育之过。"②

在日本侵华期间，就有一批日本学者、教授和媒体成为"皇国史观"的鼓吹手。如东京帝国大学经济学部副教授难波田春夫就是其中之一。他在20世纪40年代初就发表了《日本经济的理论备忘录》《日本的劳动观》《对

---

① 〔日〕堀场一雄著，王培岚等译：《日本对华战争指导史》，军事科学出版社1988年版（内部发行），第81页。

② 〔日〕本泽二郎著：《天皇的官僚：日本右派真相》，第140页。

国家之爱》等著作，鼓吹"天皇中心""天皇至上"的历史观，称："天皇成为一切国民应侍奉之心灵统一的中心，实际上他又成为血缘统一的中心。""天皇的权威与植根于力、智、德这样的相对权威不同，而是以绝对的、宗教的东西为基础的绝对的权威。天皇的绝对权威来自于人们在天皇身上看到了天降天神之子这种宗教的、绝对的领域。我们国民把天皇视为绝对的神圣者，所以只有努力侍奉于天皇。"难波田春夫还说："皇军的所有士兵都可以大叫着'天皇陛下万岁'去死。这是为什么？如果用通俗的语言来表达——这真是超越了理性的，无法用道理来说明，是为了天皇一个人。皇军的以至日本的一切力量的根源，可以从这一超越理性的东西里找出来。""正如在我国见到的这种独一无二的事例那样，在非合理性的东西中看到至尊至上的东西，并懂得为此而舍身。对皇国之爱就这样同对母亲之爱直接结合起来了。"[①]在这里，难波田春夫所鼓吹的就是：第一，天皇是国民"侍奉"的中心；第二，国民要尊崇天皇的绝对权威；第三，国民要为天皇舍身效命；第四，士兵要"超越理性"地为天皇去死。实际上，日本派往中国等国家的军队早就是这样去"效命"了。不过，需要指出的是，日本侵略军不仅是"超越理性"，而且已经"超越人性"了，有的甚至"超越兽性"，连"兽性"都不如了。

除了一些教授、学者充当"皇国史观"的鼓吹手外，日本的媒体也为"皇国史观"和侵略战争起了推波助澜的作用。"二战"期间，日本同盟通讯社（共同社的前身）创办了墙报式新闻图片日报《同盟写真特报》。该报在报道日本偷袭珍珠港引发日、美开战时，采用了《冲啊！消灭残暴的美英！》这个醒目的标题，向国民炫耀日军占领新加坡和进攻菲律宾等战果，宣扬建设"大东亚共荣圈"等。当时，同盟社发表了大量的文字、照片，鼓吹"皇国史观"，夸耀军国主义的"功绩"。其中发表了一幅日本

---

① 〔日〕若槻泰雄著，赵自瑞等译：《日本的战争责任》，社会科学文献出版社1999年版，第369—371页。

阵亡军人的孩子集体参拜靖国神社的照片，照片说明写道："'作为爸爸的孩子，我也要努力干一番大事'。孩子们的眉宇间显示出坚定的决心，幼小的心里已立下了凌云壮志。"从这段说明让人联想到照片中军国少年仰头挺胸的姿态，同盟社所传播的是什么？是"皇国史观"的幽灵，是军国主义的种子！

日本正是在这种历史观的教育下，养育出大批的军国主义分子，使大批军国青少年成为屠夫、刽子手，致使中国等亚洲各被害国家几千万军民遭到残害和大量财产损失。由于这种历史观的作用和日本统治者的疯狂野心，就连加害国的日本，在"二战"中也阵亡约260万人，伤残约15万人；[①]有200万日本妇女失去了丈夫，几百万孩子变成孤儿。仅日本战败那一年，被拉入军队的日本男子就达720万人，平均每两户就有一个人被拉去当兵。[②]因此，说"皇国史观就是战争的元凶"实不为过。不过，应当指出，推行"皇国史观"的日本统治者，和顽固坚持、执行"皇国史观"去残害别国和威胁世界和平的军国主义分子，更罪不可恕。

"皇国史观"随着日本的战败，已遭到日本国内民主进步力量和国际社会的严正抨击。但是，日本的一些政客和右翼势力却仍然死抱不放，不惜利用一切机会或变换手法大肆宣扬，他们究竟是何居心呢？值得人们警醒深思。

二、日本右翼对"皇国史观"的推崇

任何一种历史观、价值观都离不开人的因素，因为人是其创造者、推

---

① 〔日〕服部卓四郎著，张玉祥、赵宝库译校：《大东亚战争全史》（第一册），商务印书馆1984年版（内部发行），第4页。另据〔日〕本泽二郎所著的《天皇的官僚：日本右派真相》称："日本人包括军人和百姓也有300万人死于日中、日美战争。"见该书第25页。

② 参见万峰著：《日本军国主义》，生活·读书·新知三联书店1962年版，第130页。

行者和传承者。那么，"皇国史观"是怎样推行和传承下来的呢？日本的右翼势力是主要的介体和社会基础，是主要的尊崇者和传承者。日本右翼势力的特点有三：一是拒不承认日本对外侵略战争；二是坚决反对为侵略战争道歉和谢罪；三是崇拜天皇和迷恋"皇国史观"。正如东京大学教授和田春树指出："右翼对以天皇为中心的帝国主义抱有很深的眷恋，试图再现昔日的辉煌。"①

本来，1945年7月26日由中、美、英三国首脑通过，被日本天皇和日本政府在《日本投降书》中所接受的《波茨坦公告》中，明确规定："欺骗及错误领导日本人民使其妄欲征服世界之权威及势力，必须永久剔除。"②这里所指的"权威"主要是指日本天皇等统治者。但是，日本投降后，由于美国的庇护，日本"妄欲征服世界之权威及势力"，仅触及皮毛，并未伤其筋骨，只使这些"势力"暂时收敛，根本没有彻底铲除，更谈不上"永久剔除"。因此，这些"势力"就成为"皇国史观"的传承者，成为为侵略战争翻案的主要力量。正如日本著名学者、大学教授浅井基文所指出："美国对天皇的战争责任置之不问的对日政策，从最初就隐含了使多数日本人对日本加害于他国的责任趋于采取暧昧态度的重大契机。"③

1945年12月15日，驻日盟军总司令部向日本政府发出"备忘录"，指令把神社、神道教与国家分离，决不能当成一个国家的宗教，而只能当作一个普通的宗教，和基督教、佛教等处于平等待遇。虽然神道教由国教降为一般的宗教，但神道教的核心是神化了的天皇，天皇具有至高无上的地位，并且，1947年5月3日施行的《日本国宪法》第一条规定了"天皇是日本国的象征，是日本国民整体的象征"。这种"天皇制"的保留，使日本的右翼分子

①　韩国《东亚日报》1995年5月15日登载裴仁俊：《日本右翼势力活动抬头》，见《参考消息》1995年6月15日。

②　世界知识出版社编：《国际条约集（1945—1947）》，第77页。

③　〔日〕浅井基文著，刘建平译：《日本新保守主义》，新华出版社1999年版，第45页。

如获至宝，给他们鼓吹"皇国史观"、图谋恢复战前军国主义天皇制找到了救命稻草、提供了"依据"。

日本素有"神之国"的称号，日本天皇裕仁也自称是太阳神的第124代嫡系子孙。这样，日本的右翼势力在战后仍把天皇作为"神的化身"，把"皇国史观"推崇到极致。请看：

1947年初，日本国会议员只野直三郎，打出"日本人民党"的旗号，叫嚣"不要忘记八·一五""维护天皇制""天皇万岁！"等。

据1948年夏日本《赤旗报》称，日本有一个"奉仕天皇同盟"，会员达12万人，其中20%为学生、教师、警察和妇女组织的成员。参加这个组织的成员，要接受一种"信仰"教育训练，这种"信仰"就包含"皇国史观"和军国主义思想成分。

1952年4月日本取得战后独立后，迅速掀起一股"复古"逆流。这股逆流表现为崇拜皇室热、复活神社、恢复战前的社会风俗等。一时间，随之刮起一股反苏、反美、反华、反共的妖风，高呼"美国佬滚回去！""天皇万岁！"1953年，"神社本厅"与保守党右翼政客共同创立了"建国纪念日促进会"。接着，电影公司拍摄了《大和战舰》《八月十五日黎明》等"复活日本的军国主义精神"的影片；夜总会大唱《军舰进行曲》等"军国主义之歌"。战后曾被冷落的伊势神宫①，于1953年10月复活了迁宫祭仪式。实现迁宫祭后，一年间就有600万人谒拜。

到了二十世纪六七十年代，鼓吹"皇国史观"、恢复天皇制的阴风四起，弥漫东瀛。有一个名为"国之础"的右翼组织宣称："我们崇敬的只有天皇"，"天皇具有活圣经和偶像的神威"，"是日本的道统"，"不尊崇天皇，国家和民族就不能统一"，"右翼人士的天职是保卫天皇和国家"。

1969年，以日本"神社本厅"为母体，成立了一个"神道政治联盟"。

---

① 伊势神宫位于日本三重县伊势市，是日本最有名的主要供奉天照大神的神社。

这个联盟并不是以宗教为主的"神道"，而是以政治为主的"联盟"。"联盟"内还有一个"国会议员恳谈会"。截至2015年8月，该"恳谈会"所属议员共303人，会长是前任首相安倍晋三。该"联盟"在其网站中公开标榜：首要任务是"皇室尊严护持运动"。那么，是不是真的只"护持""皇室尊严"？人们从该"联盟"官网中登载的一本名为《"甲级战犯"到底是什么？》的小册子中就可看出玄机。小册子称：远东军事法庭"东京审判无视国际法，为报复性审判"，还称"合祀甲级战犯是妥当的措施"。这实际是为日本战犯鸣冤叫屈，为侵略战争翻案。

1970年11月，日本东京发生了一起所谓"三岛事件"：有一个名为"盾会"的右翼组织的头目叫三岛由纪夫，大摇大摆地进入日本陆上自卫队东部方面军的司令部，用军国主义的狂热方式切腹自杀，以此煽动自卫队"共同奋起"，"保卫天皇"。"盾会"是一个什么组织呢？据三岛由纪夫剖腹前散发的所谓"檄文"供称："我们的盾会，是靠自卫队养育的，可以说，自卫队是我们的父亲，是我们的兄长。""盾会"的宗旨是"决心不惜牺牲性命使自卫队成为国家军队"，并充当这支"国家军队"的"柱石"。三岛由纪夫还叫嚣："自卫队"要重建"日本魂"，"洗雪""战败的耻辱"，"把日本恢复到日本的真正面目"，等等。三岛由纪夫之流恨不得立即把"自卫队"恢复成战前的法西斯军队，把日本恢复为战前的军国主义国家。

"三岛事件"发生后，形形色色的右翼分子招摇过市，纷纷表态，吹捧三岛由纪夫是什么"爱国的英雄""忧国之烈士"，叫喊要"继承三岛精神""为武士道事业和国家而死""天皇万岁"等。这充分反映了日本右翼势力推崇"皇国史观"、复活军国主义，已经发展到何等嚣张的地步。

在此前后，一些右翼文人墨客竞相登场，又是发表文章，又是出版专著，大肆鼓吹"皇国史观"，为战争罪犯喊冤叫屈，公然篡改侵略战争的历史。诸如林房雄、田中正明、铃木明、中村粲、西尾干二等，他们发表的所谓反对"自虐史观",宣扬"自由主义史观""侵略有功论""南京大屠杀虚构论"等,都是以"皇国史观"为核心的。这些颠倒历史的论调,已经荒谬到了无以复加的程度。

从20世纪末叶至本世纪初叶,日本的右翼势力日益活跃,更加肆无忌惮、变本加厉地鼓吹"皇国史观",为军国主义歌功颂德。1995年,是日本战败50周年。日本首相村山富市拟通过日本执政联盟在国会通过一个"不战决议",以纪念第二次世界大战结束50周年,但遭到日本右翼势力的强烈反对。有500多万人和1/4的国会议员在一份旨在阻挠通过这份决议的请愿书上签了字,表示反对通过决议。6月9日,"不战决议"勉强在国会通过。8月15日,村山首相发表谈话,对日本在"二战"的罪行表示谢罪和道歉。对此,日本右翼势力极度不满。其中一个极右翼组织——"终战50周年国民委员会"主持召开第九次战殁者追悼中央国民集会,并于8月15日发表了《终战50周年,把真诚的感谢献给英灵,要继续陈述大东亚战争的真相》的声明。声明把日本侵略军战死者和日本战犯称为"为了祖国的自存自卫和亚洲解放而献出了宝贵生命,并为今日的和平与繁荣奠定了基础的英灵",并对其"表示衷心的哀悼和感谢"。声明还称:"要同虚构的罪恶史观诀别,并按照自己的历史观把大东亚战争的真相传给下一代。在此我们宣誓要为完全摆脱战后一直束缚日本人精神的东京审判史观,并为把这一关键的年头变成一个新的出发点而使国民运动进一步向前发展。"①

显然,这份声明所表露的是:第一,把日本的殖民统治和对外侵略战争称为"为了祖国的自存自卫和亚洲解放"。这完全是颠倒黑白,伪造和篡改历史,是"侵略有功论"的突出表现。第二,把日本战犯和发动侵略战争的战死者当作是所谓为日本"自存自卫和亚洲解放"、为今日日本的"和平与繁荣"奠定了基础的"英灵",这无异于把刽子手当成"救星",把强盗当成"天使"。第三,指责村山内阁在国会通过的"不战决议""是把错误

---

① 《参考消息》1995年8月18日。

的历史观强加给国民"。这完全是以军国主义心态看待"不战决议"。如果承认日本过去的殖民统治和侵略战争的历史是"错误的历史观"，那么，"正确的历史观"是什么呢？其答案不言而喻，就是不折不扣的侵略史观。第四，表示要同所谓"虚构的罪恶史观诀别"，要"按照自己的历史观"把"战争的真相传给下一代"。日本的右翼虽然拒不承认对外侵略，但是，日本"罪恶史观"的事实能"诀别"得了吗？能抵赖得了吗？所谓"按照自己的历史观"是什么史观呢？那就是"皇国史观"、侵略史观、军国主义史观！按这种史观传给后代的"真相"是什么？只能是伪造的"真相"，是愚弄和欺骗后代的假象！第五，宣誓要"完全摆脱""东京审判史观"。还说什么"东京审判"当为"战后一直束缚日本人精神"的"紧箍咒"。实际上，这个"紧箍咒"是日本右翼势力自己给自己套上去的。所谓"束缚日本人精神"，也只能是"束缚"右翼势力的"精神"；对于反战的、爱好和平的日本人而言，绝对是一种精神解脱。因为东京审判是国际公法对战争罪犯的审判，是和平正义对罪魁祸首的审判，是人类良知对野蛮肆虐的审判，是光明对黑暗的审判，这一审判体现了世界爱好和平人民的意愿，体现了人类社会的进步。

对于日本右翼当时掀起的反对"不战决议"、反对道歉、拒不承认侵略历史的运动，英国《经济学家》发表的《不能道歉的日本——在为战时侵略行为道歉方面的困难反映了一种可能变得日益强大的民族主义》一文曾这样评论："反对道歉运动的领导人可以否认日本把朝鲜变成它的殖民地，否认日本侵略了亚洲其他国家而不受批驳。可是，这个问题不是简单的遗忘症问题。拒绝道歉一事，暴露出把当今的日本同30年代好战的日本连接在一起的一些纽带。""第一个纽带是反西方的情感。""第二条把现在同过去连接起来的纽带，是同第一条纽带紧密交织在一起的。"①确实如此！日本右翼把过去包括日本在内的帝国主义国家之间争夺殖民地，美化为日本挺身而

①　英国《经济学家》1995年8月12日，转引自《参考消息》1995年8月21日。

出抵抗西方国家把亚洲沦为殖民地。由此可见，日本右翼与当年的军国主义"纽带"难以割舍，更反映出正在复活的军国主义情结。

光阴流逝，时局变换。当人类社会跨入21世纪后，日本右翼仍然对二十世纪三四十年代怀着深深的依恋，对"皇国史观"坚守不渝。有的右翼政客虽然嘴上不一定说出坚持"皇国史观"，但其平时的言行已做出了肯定的回答。诸如东京都前知事、日本维新会共同党首石原慎太郎，前日本法务大臣、众议院议员奥野诚亮，前首相小泉纯一郎，小泉内阁官房副长官、长官和前首相安倍晋三，前首相麻生太郎，前首相野田佳彦，前中曾根内阁文部省大臣藤尾正行，日本维新会共同党首、大阪市前市长桥下彻，等等。其中，安倍晋三在担任小泉内阁官房副长官时，对小泉纯一郎刚上任第一年于2001年8月13日就去参拜靖国神社的举动表示坚决支持和赞赏，公然说："如果首相坚持每年连续参拜，就不会年年都引起中、韩等国的反对了。"①果然，小泉纯一郎在任内年年都去参拜，引起中、韩等国的强烈反对。2005年10月安倍晋三任官房长官后，被英国媒体评价为："安倍在理论上比小泉还要保守。"②本来，安倍晋三是小泉纯一郎的得意门生，但在右翼保守方面已经是"青出于蓝而胜于蓝"了。

在小泉纯一郎参拜靖国神社时，日本的一些右翼媒体也摇旗呐喊。日本《产经新闻》发表的一篇社论说："向为国捐躯的战死者慰灵，是国家的义务，是最低的礼节。从事这种参拜的主持者如果不是国家代表就毫无意义。如果现在胡乱对待过去的战死者，那么将来日本有一天再次面临危险时，有谁愿意为国家尽忠？"在这里，就是充分肯定了小泉纯一郎参拜的"意义"，把战犯和侵略战死者视为"英灵"，还鼓动日本"再次面临危险时"（应理解为日本再次发动侵略战争时）要去"为国家尽忠"。

实际上，战后顽固坚持"皇国史观"的领军人物是日本的右翼政客，

---

① 陆志红著：《小泉参拜留下的思考》，见《光明日报》2001年8月22日。

② 英国《泰晤士报》网站2006年8月12日，见《参考消息》2006年8月15日。

还有日本军国主义的遗老遗少，也有抱着花岗岩头脑去见"天神"的死硬分子。仅从日本首相这些当权者观之，无论是东久迩宫稔彦、吉田茂、岸信介、佐藤荣作，还是小泉纯一郎、安倍晋三，推崇和坚持"皇国史观"都是一脉相承的。尤其是安倍晋三更是继承了他的外祖父、甲级战犯、前首相岸信介的衣钵，从思想理论到具体行动乃至所推行的方针政策，都比岸信介"高出一筹"。所以，曾经20多次采访过岸信介、堪称岸信介研究第一人的东京国际大学名誉教授原彬久说："我读了安倍晋三的发言或是著作后发现，原来他心中就住着一个岸信介。安倍晋三从很小的时候就被告知'外祖父是甲级战犯'，不管愿意不愿意，岸信介的影响还是会降临到自己身上。""安倍晋三和岸信介重合的部分应该就是历史观吧。虽然安倍晋三使用了他自己的说法，比如'摆脱战后体制'，但是其终极目标和岸信介一样，就是修宪。'由占领军强迫制定的宪法，其制定过程本身就存在问题''通过制定新宪法开启一个新时代'这些安倍晋三主张修宪的理由与岸信介的想法也如出一辙。"[1]可见，岸信介的政治基因已渗入安倍晋三的骨髓，是安倍晋三政治思想的重要源头。

对于安倍晋三等人所坚持的历史观和历史认识，美国、韩国等国际社会都表示担心。2013年5月，美国国会研究所发表报告指出：安倍晋三的历史认识"导致东亚国际关系陷入混乱，令人担心美国的国家利益可能受损"。报告还说："安倍晋三是顽固的国粹主义者，支持否认日本帝国主义侵略行径和亚洲所受损失的历史修正主义。"[2]就连日本自民党前干事长、日本遗族会会长古贺诚都说："安倍晋三正在国家安全和外交方面执行他的颇为右倾的政策。这让人民感到担心。"[3]

---

① 日本《朝日新闻》记者园田耕司、关根慎一著：《追随外祖父修宪的脚步》，《朝日新闻》2015年5月20日。见《参考消息》2015年5月21日。

② 日本《东京新闻》2013年5月9日，见《参考消息》2013年5月10日。

③ 美国《时代》周刊（亚洲版）2014年4月28日（提前出版）一期文章，见《参考消息》2014年4月21日。

　　总之，日本右翼所坚持的"皇国史观"，实际上就是"皇国神圣论""大和优越论""万邦无比论""侵略有功论""祸人无罪论"等的集中体现。这种历史观的推崇和坚持，对人类和平是一个潜在的威胁，对国际社会更是极端的危险。

微信扫码
一起揭开这场旷世骗局背后的真相!
　Q 珍贵史实　　精选音频
　读书笔记　　书友交流

第四章

靖国神社：军国主义的保护神

第一节

"军国主义的象征"

一、从招魂社到靖国神社

2014年12月31日下午5时左右，靖国神社发生了一起纵火事件，日本一男子纵火被捕。2015年11月23日10时，靖国神社内一公厕又发生爆炸，12月一韩籍嫌疑人被捕。这两起事件引起国际社会的关注。俄罗斯卫星网于2014年12月31日报道纵火事件时称：东京靖国神社"被亚洲国家视作军国主义的象征"，"亚洲国家认为，日本官员和政客每年参拜靖国神社是军国主义的表现"。早在1996年7月31日，韩国最有影响力的报纸《朝鲜日报》的社论就明确指出："靖国神社是日本军国主义的象征。"这精辟地点明了靖国神社的实质。

"神社"在日本各地都有，只是规模大小不同、名称不一而已。据日本投降时统计，全国有11万多个神社。这些神社都是为祭祀战死者而建立的。那么，东京的靖国神社为什么引起国际社会的特别关注呢？这其中隐藏着一段不寻常的历史。

靖国神社的前身叫"招魂社"，是1868年明治维新后，由明治天皇睦仁倡议在时为日本首都的京都东山最早建立的，称"东山招魂社"。所谓"招魂社"，是为祭祀在明治维新以来历次战争中特别是戊辰战争中的战死者而建，其意是为那些战死者招回魂魄，让他们在神社里得到安息，以示慰勉。1869年3月，明治天皇从京都迁都东京（江户改称东京）。为了便于对招魂社的参拜，同年6月就将京都东山招魂社迁到东京千代田区九段坂，改建为

"东京招魂社"，并举行第一次合祀典礼。

但是，东京招魂社在建筑过程中仍颇费周章。至1872年5月，招魂社本殿竣工。1874年1月，明治天皇首次行幸招魂社。就在招魂社续建期间，日本国内接连发生内乱（旧士族叛乱）。在平定内乱过程中，明治天皇为使国内长治久安，便为招魂社赐名"靖国"，即取"安邦治国、建设和平国家"之意，也就是"安国"的意思。1879年6月，东京招魂社改名为"靖国神社"（即东京靖国神社）。不过，随着日本的发展和扩张，靖国神社实际上已背离了"靖国""建设和平国家"的本意了。

随后，靖国神社继续大兴土木，先后建筑了游就馆（1882年2月开馆）、青铜大鸟居（第二鸟居，1887年12月竣工）、兵部大辅大村益次郎铜像（1893年2月竣工）、拜殿（1900年10月竣工）、第一鸟居（1921年6月竣工）、神门（1934年10月竣工）等，边建边修，几乎没有停止过。靖国神社的面积达10万多平方米，各类建筑达20多处。[①]

靖国神社在1945年8月日本战败前的最高管辖权是由陆军省、海军省和内务省共同掌握，而日本其他神社只由内务省管理。靖国神社的全部经费由陆军省单列，即由政府支付，最高神官"宫司"必须由退役的陆军、海军大将担任。也就是说，"二战"前的靖国神社是由政府管理的"国家神社"，"二战"后实行政教分离，靖国神社成为"宗教法人"团体，由靖国神社社务所管理。

靖国神社的整体构筑像一把战斧形状。这把"战斧"的斧柄居东、斧刃部分居西，由东向西横卧在靖国大道右侧。这种战斧形构图究竟是何寓意？只有当事者才能心知肚明了！

沿着参拜神社的步行道由东向西，首先看到的是靖国神社的社标立于入口处，随即映入眼帘的是一道青铜制作的"第一鸟居"（亦称"大鸟居"，

---

① 参见靖国神社社务所编：《靖国神社之概要》（日文）；靖国神社游就馆编：《靖国神社大事年表》（日文）。

即神社的大门，类似于中国的牌坊或牌楼），接着是现代日本陆军创始人大村益次郎铜像。铜像的后左侧是参拜者停车场。从铜像到停车场这块地方，就是日本右翼分子聚众鼓噪的地方。每年8月15日（日本战败投降日），右翼团体就在这里搭帐篷集会，鼓吹日本"侵略有功"，宣传军国主义思想，为侵略战争和日本战犯翻案。右翼分子每次集会都播放昭和天皇裕仁的《终战诏书》，与会者全体起立恭听。日本右翼之所以如此看重《终战诏书》，主要在于：第一，该诏书把日本侵略中国和亚洲国家仍然称为"为东亚解放而努力"，把日本发动太平洋战争说成"实亦为希求帝国之自存与东亚之安定"，并非"排斥他国主权，侵犯其领土"；第二，该诏书把中、美、英、苏等同盟国称为"敌方"，并称"敌方""滥杀无辜"；第三，该诏书称继续"维护国体"，坚信日本"不灭"，"誓必发扬国体之精华"；第四，该诏书只表示接受《波茨坦公告》，但只字不提"投降"，更不提"无条件投降"，而只提"终战"。这实际上给后来日本右翼势力为侵略历史翻案留下了祸源。完全可以说，这份《终战诏书》是日本右翼势力翻案的源头。故而日本右翼团体将其在靖国神社一再播放。

继续沿步行道往西，跨过神社的横小道就进入神社的主体部分。在即将踏入的第二鸟居（神社第二道门）的前面两侧，立有2座灯笼石塔。每座石塔各嵌有8面（幅）青铜板制作的浮雕。在两座石塔共16面（幅）浮雕的内容中，除两三面（幅）描绘有关日本国内战争的内容外，其余都是有关日本侵略朝鲜和中国等内容，包括中日甲午战争、侵占台湾、日俄战争、日俄战争的日本联合舰队、侵占济南、炮击沈阳、攻占热河长城、攻占天津、"8·13"进攻上海（"八一三事变"）、派飞机轰炸苏州等。这两座石塔，或许是建于1937年秋，所以其后日本侵略军的"功绩"未来得及刻录于塔上。尽管如此，仅凭石塔浮雕上炫耀的日本侵略军的"战绩"，就可暴露出日本的部分侵略史，则可构成日本对外侵略扩张的罪证。这从一个侧面可以看出靖国神社所宣扬的军国主义精神。

沿步行道过了两座石塔，穿过第二鸟居，就到了神门。过了神门就进入靖国神社最核心地带——拜殿、本殿、灵玺簿奉安殿。拜殿，顾名思义，一般就是在这里参拜的，并在殿前设置赛钱箱（香资奉献箱），供人们捐资。本殿，就是供奉神的殿堂，所谓的主要神灵都供奉在这里。灵玺簿奉安殿位于本殿后面，殿内收藏着记有"神"的名字的灵玺簿，该殿也由此得名。

据称，本殿和灵玺簿奉安殿供奉着246万名战死者的牌位。每年春（4月21日至23日）、秋（10月17日至19日）大祭或日本战败投降日（8月15日）等时间，日本政客前来参拜的就是这个地方。在春秋例行大祭期间，日本天皇也派遣敕使到靖国神社祭祀和奉献祭品供物，皇族成员也来参拜。在每年的7月13日至16日的"御灵祭"（迎接祖先亡灵进行家庭祭祖）期间，与神社有密切关系的人，如亡灵遗族、战友等，甚至连一些尊崇亡灵的普通人，也前往神社参拜。

除了上述的几个重要祭日外，还有名目繁多的祭祀，诸如新年祭（1月1日）、纪元祭（2月11日，纪念神武天皇）、明治天皇生日祭、昭和天皇生日祭、天皇诞辰奉祝祭、天长节祭、靖国神社创立纪念祭等，几乎每天都有不同名目的祭祀。

在本殿的左后侧是元宫（原宫）和镇灵社。所谓元宫，就是最早纪念为国捐躯者的神社。据称，这座元宫原先是为了缅怀日本幕府末期京都的倒幕派在倒幕战争中捐躯的志士而秘密建立的小祠堂。后来，靖国神社不断扩建，于1931年将其并入靖国神社。可以说，在靖国神社内，真正纪念在日本国内战争中为国捐躯的亡灵，恐怕就是这座元宫。其他靖国神社的建筑设施，许多都涉及日本对外战争亡灵的踪影。

在靖国神社的构图中，斧刀这一块最主要的建筑有游就馆、母亲塑像、靖国会馆、招魂斋庭、相扑场、到着殿、神池、行云亭、靖泉亭、洗心亭等。特别值得一提的还有军犬慰灵像、战死马慰灵像、鸽魂塔。为什么军犬、战马、信鸽都在靖国神社中占有一席之地呢？因为这些禽畜类在日本对外侵略战争中，被日本侵略者所利用，狗仗人势，为虎作伥，助纣为虐，立下了"汗马功劳"。所以，主子当然不能忘恩负义，决意立像祭之。这样，人、畜就连成一体了！

在靖国神社北门右侧战死马塑像附近，原摆着一辆第二次世界大战时期的遗物——C56型机车（2002年游就馆新馆建成后移入新馆一层）。这辆机车装载着日本军国主义的罪恶史，也承载着中国和东南亚各国人民的苦难史。1941年12月，太平洋战争爆发后，日本挥师南进，先后占领了马来亚、菲律宾、泰国、缅甸等国家。为了侵略的需要和推行其所谓"大东亚共荣圈"的计划，日本就修筑了泰（国）缅（甸）铁路，强掳中国和东南亚各国群众充当劳工，致死者数以万计，因而该铁路被称为"死亡铁路"。这辆机车就是当年行驶在泰缅铁路的机车之一。1979年，日本专程从泰国运回放在这里展出。因此，完全可以说，这辆机车就是日本侵略东南亚国家的铁证。

由上观之，从东山招魂社到东京靖国神社的历史沿革，特别是从靖国神社的战斧形构图和内部的总体布局看，处处显露出军国主义的氛围，展现出"武士道"精神的"余威"，使人联想到当年日本侵略军所到之处的杀气腾腾，仿佛闻到日本刽子手的杀戮声。正如有评论指出："臭名昭著的靖国神社是日本军国主义的象征，是日本发动侵略战争的精神支柱，它祭起'国家神道'的大旗，愚弄人们相信死后'魂归靖国'的鬼话，驱赶日本国民为侵略战争亡命沙场。"①真是见解精辟，切中要害，入木三分。

关于靖国神社的发展变化和内在本质，20世纪末美国学者Helen Hardacre在其《神道与国家（1868—1988）——日本政府与神道的关系》一书中就指出："神社染上鲜明的军国主义气息，始于20世纪初以迄1945年。这军国主义气息甚至在现在20世纪之末还继续保持着，特别是靖国神社和其县级分支神社。正是在建立这神社与祭拜战死者之间的连带关系，使神社浸染于军国主义气息之内，证明了日本国家如何有效地操纵神道。不但如此，这也是神最失去自主性的领域。"②这位学者的看法颇有见地，从中也指出了靖国神

---

① 古平：《"反省"还是挑衅》，《人民日报》2001年8月15日。

② 〔美〕Helen Hardacre著，李明峻译：《神道与国家（1868—1988）——日本政府与神道的关系》，（台北）金禾出版社1995年版，第210页。

社至今仍然"浸染于军国主义气息"。自二十世纪七八十年代以来，几乎每年"8·15"日本投降日都会有一批军国主义的遗老遗少出现在靖国神社，或是穿起旧军服扛着上了刺刀的步枪而露出"鬼子兵"原形在那里耀武扬威，或是拿出当年的破旗站在那里让人拍照，或是穿着旧军服举着太阳旗在那里参拜等，把整个靖国神社搞得乌烟瘴气，其周围出现群魔乱舞的景象，四处弥漫着军国主义的气氛。

二、游就馆的军国幽灵

游就馆是靖国神社内一座重要的建筑。如果说，靖国神社是军国主义的象征，那么，游就馆的内核则是美化日本侵略历史。

所谓游就馆，就是一座展览馆或陈列馆，只不过不是一般善良的人们所理解的展览馆、陈列馆。游就馆有本馆和新馆，本馆于1882年建成开馆，新馆于2002年即靖国神社建立130周年时（以东京招魂社本殿建成算起）建成开馆。新馆和本馆连成一体，坐北向南，面积约为11000平方米。笔者曾看到一份"游就馆简介"（日文），译文如下：

> 沿革——游就馆搜集明治维新以来御祭神的遗物，各战役、事变的纪念品以及其他古今武器类等，加以陈列展出。为奉慰御祭神和钦仰其遗德，于明治十五年（1882）建成开馆。尔后，经过日清战争、日俄战争、第一次世界大战等，多次改建新建，扩大了馆舍。但是，由于大正十二年（1923）关东大地震遭到大破坏，不得已闭馆。翌年建一座临时展馆，缩小了规模暂且开馆。后来，有关人员筹划重建，昭和六年（1931），现馆终于建成竣工，和昭和九年（1934）竣工的附属国防馆（现靖国会馆）并列，完成了原来的使命。
>
> 昭和二十年（1945），大东亚战争（指太平洋战争）结束时，游就馆被盟军指令关闭。昭和三十六年（1961）靖国会馆二楼经过修缮作为

宝物遗品馆，进行陈列展出宝物遗品。昭和六十年（1985）十二月，游就馆改建复原竣工。昭和六十一年（1986）七月，将原有的展品都转移到新建的游就馆，并进一步充实内容，重新对外开放。

馆名的由来——明治十三年（1880）十一月十七日命名。其出处是在中国战国时代的儒家荀况著的《荀子·劝学篇》中，有云："君子居必择乡，游必就士。""游""就"二字取于此，即表示要与高雅人士交往学习的意思。①

以上引录的"简介"侧重于游就馆的"沿革"，并未反映游就馆的本质内容。仅从游就馆的馆名看，似乎说明馆内展示的都是"正人君子"的东西。那么，游就馆究竟展示了什么内容呢？尽管游就馆的陈列展出内容时有更改，但万变不离其宗，主要宣扬军国主义侵略史观。

在新馆未建好前，游就馆的第一展室展墙中央悬挂着一幅明治天皇的御笔题词。这是明治七年（1874）一月二十七日明治天皇第一次亲临东京招魂社时的亲笔题词，大意为"永远悼念我国缔造者的英名！"如果从时间推算，1874年日本明治维新（1868）不久，还未大举对外侵略扩张，明治天皇的题词，主要是悼念为推翻幕府的独裁统治、奋力创建近代日本资本主义国家而献身的志士的，仅从这一意义上说，是无可非议的。但是，日本的右翼势力却借用明治天皇的"威名"，用这一题词"统领"游就馆的整个展览内容，以此"永远悼念"那些野蛮残害亚洲国家无辜平民百姓而为军国主义卖命的鬼魂，这是不可原谅的！

游就馆陈列展出的内容主要包括：1894年日本侵略朝鲜和中国的甲午战争、1900年日本参加的八国联军侵略中国的战争、1903年日本和沙皇俄国为争夺中国东北和朝鲜的日俄战争、1914年日本参加的为争夺世界霸权的第一次世界大战、1931年9月18日日本军队突然袭击沈阳而发动武装侵略中国东北

---

① 靖国神社游就馆编印：《游就馆——靖国神社宝物及遗品展览》（日文）。

的"九一八事变"、1937年日本制造"七七事变"而发动的全面侵华战争、1941年12月8日日本偷袭美国夏威夷珍珠港而发动的太平洋战争，等等。这些都是日本发动或参与的非正义的重大历史事件或战争。日本发动这些事件（战争）的许多首脑和这些事件（战争）的有关遗物和史料都在馆内公开陈列展出。

陈列展出的内容还有日本发动太平洋战争后在第二次世界大战中的一些主要战役。如：1941年12月攻打菲律宾战役，1942年6月攻打美军中途岛战役，1944年6、7月间的塞班岛战役，1945年2月的硫磺岛战役，1945年夏的冲绳岛战役，等等。这些战役的日军阵亡者的遗物和有关史料都搜罗陈列展出。

游就馆陈列展出的几千张照片中，竟然还有日本侵略中国和亚洲的头号战犯、曾任日本陆军大臣和内阁总理大臣的东条英机的照片，曾任关东军第二方面军司令长官并在1945年6月8日参加御前会议决策要"把战争进行到底"的陆军大臣阿南惟几大将的照片，曾任海军联合舰队司令长官兼第一舰队司令长官并直接指挥偷袭珍珠港的山本五十六大将的照片，太平洋中部方面舰队司令长官南云忠一中将的照片，"神风特别攻击队"（简称"神风特攻队"）的干将的照片等，以及他们的遗物，完全是为战争贩子摆"功"立传。

在展出的实物和资料中，就有唯一保存下来的日本军旗，还有加农炮、榴弹炮、机关枪、步枪、军刀、军衣、军帽、军靴、勋章等侵略武器和物品。其中就有阿南惟几一整套军服及其照片。在山本五十六的照片两旁还有一副对联，称其"不自惜身命"，显然是为这位战争狂人唱赞歌。更为突出的是"神风特攻队"的"特攻机"，并衬有"海军神风特攻队"的特攻机出发攻击美国军舰的巨型屏幕画面，展示出当年的战时景象。

2006年4月17日，日本《东京新闻》曾发表了一篇日本记者走访靖国神社的报道，题目是《走访靖国神社游就馆》。现摘录如下：

游就馆究竟展示着什么东西？又是怎样展示的呢？记者将其目睹的内容做了回答：

首先在音像厅观看了纪录片《我们不会忘记——感谢·祈祷·自豪》。这部影片穿插了有关人士的证言，反复强调了日本在明治维新以后，为避免成为欧美殖民地而做出的努力。

关于太平洋战争开战经过，影片画外音说："有人说，不是可以舍弃权益、重新回到日清战争（指日本发动的甲午战争）之前的日本吗？但是，不开战就等于战败一样，是没有选择余地的。"影片得出的最终结论是，这场战争是"远东的小国日本面对大国对手的自存自卫之战"。

在各展厅，按照时代顺序，摆放着日本参与过的战争的图片和军用物品，它们似乎在诉说当时的情景。

在日中战争展厅有以下说明："卢沟桥的一个小事件引发了中国正规军对日本军队的非法攻击，再因日本军队的反击导致了以整个北中国地区为战场的北中国事变。其原因是拒绝日中和平的中方有意为之。"

在大东亚战争（指太平洋战争）展厅，关于开战前的经过是这样说的："留给罗斯福总统的道路是通过禁运向资源匮乏的日本施压，强迫其开战。"而对于日本立场的说明如下：作为与美国改善关系的策略，近卫内阁决定采取通过（日、德、意）三国同盟压制美国以避免战争的政策。

接下来，在"靖国的神灵"展室，展出了阵亡者遗像、遗书。……在大约5000张遗像中，也有作为甲级战犯在东京审判中被判死刑的东条英机前首相的，其身份的说明文字是"陆军大将东条英机"，摆在旁边的则是一位年轻陆军中士的遗像。

从上述报道所介绍游就馆的陈列展览内容中，人们真正领悟到什么叫作颠倒黑白、贼喊捉贼了！明明是日本蓄谋挑起"卢沟桥事变"、发动全面侵华战争，却说成是"中方有意为之"；明明是日本妄图称霸世界而发动了太平洋战争，却说成是美国罗斯福总统对日本施压、"强迫其开战"；明明是日本为了成为世界霸主，想把中国和亚洲国家变为殖民地，却说成是为了"自存自卫"；如此等等。这种明目张胆篡改和伪造历史的手法，恐怕世界上的顶级政治骗子和超级魔术师都自愧弗如了！

由于游就馆陈列的说明露骨地宣扬日本右翼的皇国侵略史观，遭到了社会的非议。于是，靖国神社的有关人士在后来才表示："游就馆的解说词把日本发动侵华战争、偷袭珍珠港等侵略行为荒谬地说成是美国对日本进行经济制裁的结果，用错误的历史观将日本人民引向了歧途。为了避免引起误解，靖国神社决定重写解说词。"①

2015年3月21日至12月8日，游就馆在新馆一层的展厅举办了一个"大东亚战争七十年展"特别展。靖国神社的主页在介绍这个展览时称："先前的'大东亚战争'是为了自存自卫以及建立人种平等的国际秩序而进行的战争。"如今展览的是"最终章"，展出1944年开始的本土防卫作战到"终战"的相关资料，包括1944年开始的防空战、4300人死亡的"特攻作战"、硫磺岛"玉碎"、冲绳地面战等。

从靖国神社对这个展览的介绍和所展出的内容来看，其与上述提到十多年前的展出内容和说明在本质上是基本一致、一脉相承的。由此可以看出：（1）这个展览仍然把日本对中国和亚洲各国的侵略，以及偷袭珍珠港、发动太平洋战争，说成是"为了自存自卫"；（2）把日本的野蛮对外侵略和对占领国的国民采取非人道的血腥镇压，说成是"建立人种平等的国际秩序"；（3）把从1944年开始的本土"防卫"作战作为侧重点，把日本打扮成"战争受害者"，是为"自存自卫"而战。这种别有居心的宣传手法，对于日本一般国民而言，完全是一种隐瞒真相的蒙蔽，更是一种愚弄；对于被害国而言，简直是第二次伤害，无异于再次侵犯；对于国际社会而言，是把

---

① 《羊城晚报》2006年8月27日。

世人当作笨拙的"愚民"，完全是一个骗局！

除了靖国神社的游就馆外，这里值得一提的还有与靖国神社咫尺之遥的所谓"二战博物馆"：昭和馆和昭荣馆。这两座馆都是由日本政府斥巨资兴建的。

昭和馆。1996年，日本政府决定建立这间博物馆，宣称"该博物馆的展览内容将注重战争幸存者的痛苦经历，不涉及日本在珍珠港的行为、'慰安妇'和对俘虏进行生物试验等内容"。1999年3月28日正式对外开放。该馆耗资达123亿日元，建筑面积8437.19平方米，地上7层，地下2层，陈列展品800多件。内容包括：通过照片、实物、图表和影像资料等，展示当年日本政府怎样强制征兵、审查邮件和出版物、鼓动公民相互监视以便加强控制等；还展示战争期间日本国内食品短缺的景象，并配有照片反映东京遭美国军机轰炸后儿童被疏散到乡下的情景，等等。该馆的图书阅览室藏书十万册，这些藏书的内容大多是肯定"大东亚战争"的。馆内的电脑室，可供人们调阅战时包括日军作战记录和战后初期的资料等。对于该馆的陈列内容，日本厚生省在开馆时声称："日本对那场战争的历史认识存在差别，在这种情况下，要客观地反映战争的事实很困难。"因此，将这一设施设立的宗旨确定为"只反映战争期间和战后初期日本国民生活的艰辛"。但陈列内容的寓意并非如此。

昭荣馆。据称该馆是在日本伤残军人会的倡议下建立的。2006年3月21日该馆对外开放。该馆通过图片、实物和其他资料，主要反映日本对外战争伤亡官兵及其亲人所遭受的景况。

这两座馆陈列内容的要害在于：没有反映日本政府决定发动对外侵略战争，没有反映日军的侵略暴行，没有反映日本军国主义者发动的侵略战争的性质。实际上，是把日本打扮成"受害者"的角色，抹杀了日本的那段侵略历史，为日本的右翼势力张目。因此，遭到了有识之士的非议和民主人士的抵制。在昭和馆开馆前夕，就有日本18个反战团体向政府递交并发表了声明，表示强烈抗议。

由此可见，无论是昭和馆还是昭荣馆，都与游就馆难以割舍、一脉相承。特别要指出的是，从游就馆到昭和馆、昭荣馆所展览的内容，随处充斥着"中国事变""中国战争""大东亚战争"等当年军国主义的用语，弥漫着军国主义的阴霾，这不能不引起人们的深思和警惕！

三、"七士墓"与"小靖国神社"

当国际社会关注日本"军国主义的象征"靖国神社的时候，还有两处隐现军国主义鬼魂的地方未被关注，一是在爱知县的日本7名甲级战犯墓地——所谓"殉国七士墓"（简称"七士墓"）；二是被称为"小靖国神社"的静冈县热海市"兴亚观音院"。这两个地方不仅刻下了日本军国主义的印记，而且被日本右翼势力视为"圣地"。

所谓"殉国七士墓"，准确地说，应称为"日本七战犯墓"。这7名甲级战犯是何许人也？他们是：制造"九一八事变"和炮制伪满洲国事件的罪魁祸首之一土肥原贤二，南京大屠杀的主犯松井石根，日本对外侵略战争首脑东条英机，虐待菲律宾战俘事件的罪魁和发动太平洋战争的主要策动者之一武藤章，日本中国派遣军总参谋长和大规模屠杀中国人民的刽子手板垣征四郎，发动侵华战争的祸首之一广田弘毅，曾任日本关东军参谋长和指挥驻缅甸日军对建筑缅甸铁路战俘施加暴行的木村兵太郎。这7名罪行累累的甲级战犯，却被日本的右翼政客奉为"殉国烈士"，顶礼膜拜。由此可见，这完全是日本的右翼势力的"借尸还魂"之举，是借日本战犯之"尸"，还军国主义之"魂"。

据韩国《中央日报》网站2013年8月15日报道，以及前日本海军少佐、右翼分子富田信夫供认，这7名战犯是在1948年12月23日被执行死刑，尸体是被火化的。但是，甲级战犯小矶国昭的辩护律师三文字正平等人却偷偷将他们的部分骨灰收藏起来。1960年，甲级战犯岸信介担任日本首相期间，于7月17日，三文字正平等人在爱知县幡豆町三根山山顶修筑坟墓，就把这7名战犯的部分骨灰伪装成"殉国烈士"移葬在这里。

墓地的入口处，竖立着一块5米高的大型石碑，碑上刻着"殉国七士庙"5个大字。石碑后侧背面刻着"内阁总理大臣岸信介书"的字样。这就是说，"殉国七士庙"5个大字是岸信介题写的，是岸信介这名甲级战犯给被远东国际军事法庭判处死刑的7名甲级战犯加封"殉国烈士"的，真可谓"惺惺相惜"了！

从入口处往里走约300米，拾级而上，就看到7名战犯的墓地。在约2米高的石碑上刻有"殉国七士墓"5个大字。墓地的相关人士称，7名战犯的部分骨灰就埋在石碑的正下方。

"七士墓"修筑后，许多右翼分子和一些猎奇的年轻人前往参拜。但偶尔有一些政客前往参拜，一般都不事张扬。据东条英机的孙女东条由布子称，1979年5月26日，日本天皇裕仁夫妇计划参加爱知县丰田市举行的植树活动，曾拒绝下榻在丰田市的A级宾馆，而选择在偏远山沟里较简陋的距离该墓地不远的"Sangane Green"宾馆住宿。第二天6时许，宫内厅职员和宾馆经理进入房间时，发现裕仁天皇和皇后向着窗外的"七士墓"方向低着头，一动不动地在行参拜礼，约莫20分钟。这一情节仅是东条英机孙女一家之言，未经证实。不过，可能存在两种情况：一是确有其事，说明天皇对其臣子的"缅怀之情"；二是并无其事，而是东条英机的孙女想借"天皇参拜礼"为7名战犯及后代的脸上"贴金"。

据韩国《中央日报》网站称，日本九州大学教授若狭和朋却主张："在现任天皇登基的平成元年（即1989年）以后，日本皇室相关人员应每年亲自去墓地参拜。"由此看来，日本的右翼文人墨客如同日本右翼政客一样，对日本战犯的顶礼膜拜也不甘落后，还鼓吹皇室人员向战犯参拜，可称得上是军国"忠臣"了！

那么，"小靖国神社"（"兴亚观音院"）又是怎么回事呢？

据称，"兴亚观音院"是甲级战犯松井石根为纪念日本发动对外侵略的所谓"圣战"的战犯和其他阵亡者而建立的。松井石根本身就是战犯，他又怎能去筹建这一"兴亚观音院"呢？其原委大致是这样：

松井石根毕业于日本陆军士官学校及陆军大学。军校毕业后，他少年得志，1923年（45岁）升为少将，1933年（55岁）升为大将，1937年10月至1938年2月任日本华中派遣军总司令。就是在这期间，他率领日军从杭州湾登陆，攻克上海，占领南京。南京沦陷后，松井纵容部下对无辜平民和战俘实行大屠杀，制造了震惊世界的南京大屠杀事件。这一事件遭到了世界爱好和平人民和有良知的人们的谴责。为此，日本政府把松井石根调回国，任内阁顾问官（1938.7—1940.1）。1940年2月，松井石根辞职后，或许感到自己的罪孽深重，曾佯表忏悔，并联络其他退伍军官，在热海市伊豆山上建筑了"兴亚观音院"，似有为自己赎罪之意。

松井石根虽然建立了"兴亚观音院"，实际上，他还是忘不了"兴亚"，忘不了"大东亚共荣圈"，忘不了日本在亚洲的霸权。不过，由于他作恶多端，"观音"也保不了他，赦免不了他的罪行。日本投降后，松井石根被押上远东国际军事法庭受审，1948年12月23日被执行绞刑。

松井石根和前述的东条英机、土肥原贤二、板垣征四郎、木村兵太郎、武藤章、广田弘毅等7名战犯被处死后，本来其遗体经横滨市西区久保山零场火化，由美军将骨灰撒入东京湾。但是，就在同年12月25日，又是战犯小矶国昭的辩护律师三文字正平等人从骨灰场秘密偷取了7人的部分骨灰，而后秘密安葬在"兴亚观音院"。这个三文字正平利用其辩护律师之便，竟然偷窃战犯骨灰，其手段之如何"高明"（卑劣！）姑且不论，但他对恶贯满盈的军国主义头目的"尽忠尽孝"已达到极致了！真不愧为军国主义的"忠臣"，更不愧为右翼势力的先锋。

"兴亚观音院"门口靠山一侧，竖有10块大理石碑。第一块石碑刻有宣传大东亚共存共荣、鼓吹"侵略有理"的"决意之证"的字样。另9块刻有日本各地捐款人名单。

从门口沿着山路往前走，在草丛中有一块石板，刻有日本代国歌《君之代》。附近依次竖立着三块石碑：第一块刻着"大东亚战争战殁将士英灵菩提"；第二块刻着"供奉大东亚战争殉国刑死1068灵位"，这"刑死"的1068人实际上就是"二战"时的甲、乙、丙级战犯；第三块刻着战后不久任日本首相的吉田茂写的"七士之碑 吉田茂"。据《国际先驱导报》记者郭一娜到"兴亚观音院"实地采访了解，三文字正平等人从骨灰场偷取了东条英机等7名战犯的骨灰后，至1949年都象征性地放置在一个杯中，随后偷偷送到"兴亚观音院"，观音院时任住持便帮助把骨灰隐匿起来。直至1959年，吉田茂写下"七士之碑"后，才将骨灰埋在石碑下面。[①]

进入观音院的本殿，正中央供奉着一尊小型观音像。也许就是由这观音像而被冠名为"观音院"，只不过在前面有意加上"兴亚"二字罢了。靠近观音像两侧，有褐色相框，内中分别写着"广田弘毅、松井石根、东条英机、板垣征四郎、土肥原贤二、木村兵太郎、武藤章 尊灵"和"殉国刑死1068柱"。

本殿的左侧，设有松井石根的灵位，摆着多张松井石根的照片，还供奉着一瓶"靖国神酒"。在7名战犯中，松井石根的职位并非最高，为什么唯有他设了灵位呢？或许是他倡议建了这座观音院，才给他享受"特殊待遇"吧！

本殿的右侧，在供奉台上摆着远东国际军事法庭印度籍法官帕尔的照片。由11个国家分别派出参加远东国际军事法庭审判的11名法官中，为什么唯独印度籍法官帕尔被供奉在观音院呢？因为帕尔在审判中为日本对外侵略战争开脱罪责，主张"日本战犯无罪论"，是唯一的一名对审判结果持有不同看法的法官，因此博得了日本军国主义遗老遗少的高度赞赏，受到了日本右翼势力的极力吹捧。然而，帕尔的"日本战犯无罪论"，只不过是说明他拿着法律的武器去庇护罪恶，而不是守护正义，是对受害国的一种严重伤害。

---

① 参见《国际先驱导报》2014年1月24—30日。若"七士墓"和"兴亚观音院"都埋有7名战犯部分骨灰的话，或许7名战犯的骨灰分葬两处。

本殿内还挂着松井石根的几幅书法，以及7名战犯临刑前的签名，落款是"殉国七士处刑前挥毫"。看来，这些战犯死前仍不甘寂寞，不可救药，还要表现一番。本殿内一侧墙上悬挂着一幅油画，描绘日军在中国战场上与中国百姓"和睦相处"的情景，实际上等于"黄鼠狼给鸡拜年"！殿内还挂着日军占领南京当天（1937年12月13日）拍摄的南京光华门全景照片，还有一张日军正在攻打南京城的照片。这或许是日本右翼分子为了纪念当年日军血洗南京的"历史功绩"吧？！

尤具讽刺意味的是，在观音院休息室里竟然挂有一幅"东亚救星"的书法，落款是"为纪念大东亚圣战书此敬赠松井大将阁下 北京佛学研究院院长 袁仲安"。从落款看，袁氏必定是卖国汉奸无疑。[①]不过，这在当年也不足为奇，确有一批民族败类、投敌卖国者。而今，尚有李登辉辈把日本侵略者视为"东亚救星"。这些新老汉奸的劣迹，已经并必定会被钉在历史的耻辱柱上，为正义的人们所唾弃。

由于"兴亚观音院"埋有7名甲级战犯的部分骨灰，所以这个地方在日本右翼势力的心目中具有特殊的地位。因此，每年5月18日、8月15日、12月23日，日本右翼分子都会在这里分别举办所谓"中国事变、大东亚战争战殁者慰灵法会""终战日战殁者慰灵法会"和"七英灵慰灵法会"等，为战争罪犯和侵略打手招魂、歌功颂德。由此之故，"兴亚观音院"的住持自豪地说："我们这里是小靖国神社。"

除了"七士墓"和"兴亚观音院"外，1961年，在时任日本国会众议院议长的自民党要人清濑一郎（曾在东京审判时任东条英机的辩护律师）的倡导主持下，还花费了1500万日元在名古屋市为被处死的7名甲级战犯竖立了一块庞大的纪念碑，以"表扬"他们的"功绩"。真可谓是日本战犯阴魂不散，日本右翼香火相传！

事实上，纪念日本侵略战争罪犯和战争刽子手的设施，不只是东京靖国

---

① 参见《国际先驱导报》2014年1月24—30日。

神社、爱知县"殉国七士墓"、静冈县热海市的"兴亚观音院",还有什么"祈念馆"和各地的"神社"之类。甚至在当年日本占领的国家和地区都建有"神社",以纪念侵略战争中的战死者。如:1940年,日军就在中国南京五台山的山顶,仿照东京靖国神社的样式和规制建筑了神社。神社正殿堂供奉有宝剑行等神器。战死或病亡的日军官兵的骨灰盒被一格一格地存放在米黄色的房舍内。每年4月,驻南京日军军政头目和日本侨民代表都前往神社举行祭拜仪式,直至日本战败才被冷落和停止。①

不过,无论是"殉国七士墓"还是"兴亚观音院",或是日本在国外的神社,都是日本对外侵略罪恶的历史见证,不管日本右翼势力如何打扮、吹捧和狡辩,历史事实是永远改变不了的!

---

① 参见上海《党史信息报》2003年1月22日。

第二节

靖国神社的鬼蜮与右翼政客的丑态

一、战犯"自愿合祭"的谎言

靖国神社在战后作为"宗教法人"的团体，从日本战败后至20世纪70年代中期的二三十年间是比较平静的，也没有引起国际社会的多少关注。但是，为什么后来靖国神社突然引发了波及亚洲国家乃至世界的政治风波呢？这完全是日本的右翼势力蓄意挑起的。

据日本《东京新闻》2006年8月6日的报道，1944年7月15日，时任日本首相兼陆军大臣的东条英机以陆军大臣身份，发出了一份有关"靖国神社合祭调查及呈报规定"的密函，规定："可进靖国神社合祭者，唯有在国家战役事变之际，为国捐躯者才能给予此神圣无比之恩典。"密函还规定："战殁、战伤死者以外的人，要进靖国神社者，以'特别合祭呈报'的方式处理，基本上有3个要件，亦即：在战地因霍乱、疟疾等流行病而死者，在战地非因重大过失但负伤、生病而死者，在战地以外从事有关战役特殊勤务而死者。"该报道称，这份"东条通达令"对入祀靖国神社的标准是相当严格的，"若遵循此令，甲级战犯（指远东国际军事法庭判处的日本甲级战犯）显然无资格成为合祭的对象"。报道还称，"东条通达令"发出后，由于战时环境致使靖国神社合祭名簿的编制未能顺利进行，战后，靖国神社才大幅放宽"东条通达令"中所规定的合祭标准。

日本投降后，1945年12月15日，驻日盟军总司令部发出了废除国家神道、实行"政教分离"的指令，对神道和神社做了若干禁止、废除和限制性的规定，包括禁止在神道、神社的惯例、祭典仪式中进行军国主义、极端国家主义的宣传和布道。但是，随着中华人民共和国的成立，特别是朝鲜战争爆发后，美国出于一己之私，来一个一百八十度的急转弯，将昔日的敌人日本当作朋友，把"二战"时的盟友中国和苏联当成敌人，更把废止浸透军国主义色彩的神道、神社的有关规定抛之脑后，放任这些神道、神社发展，这给靖国神社提供了可乘之机。

在靖国神社供奉的250多万亡灵中，主要是明治维新以来为日本帝国战死的军人和一些军属，其中210万是在侵华战争和太平洋战争中阵亡的。不过这里应当指出，有些死者并非在战场上战死的。如驻扎在中国山西省阳泉市盂县的一名日本上等兵到农村"捕猎"（实则强奸）妇女时被地雷炸死，后来以"他为国家而牺牲"的名义被合祭在靖国神社。从总体而言，靖国神社的亡灵绝大多数都是日本对外侵略战争的战死者。然而，日本政府和靖国神社的主持者（宫司）对此并不满足，还想方设法把战争罪犯亡灵塞入靖国神社，并打着战犯"自愿合祭"的幌子，对外掩人耳目。这完全是一派谎言！

虽然1945年12月15日驻日盟军总司令部发出废除国家神道的指令时，远东国际军事法庭还未审判日本战犯，但是，无论是根据这一指令的精神，还是按照以往的必须是天皇的军队在战争中的阵亡者，或在战争中因公务死亡的官员，或与天皇有直属关系为天皇尽忠而亡等条件，甚至包括"东条通达令"规定的标准，战争罪犯的亡灵是没有资格合祭于靖国神社的。那么，经国际法庭判决的日本战犯，特别是14名甲级战犯，是怎么移入靖国神社的呢？

靖国神社合祭战犯是有一个过程的。早在1952年，日本厚生省就要求各地要祭祀战犯。1954年更明确地提出要把战犯祭祀于靖国神社。但限于当时的条件和环境，故未能如愿。在甲级战犯岸信介担任日本首相期间（1957年2月—1960年7月两次组阁），便加紧酝酿将战犯合祭于靖国神社的问题。经过一段时间的准备，1959年，靖国神社就开始合祭乙级、丙级战犯，至1966

年，共约2000名战犯入祀。据《日本时报》网站2006年7月23日报道的前靖国神社管理人员马场久生的回忆，他在筑波担任靖国神社宫司时，"政府向靖国神社提交了一份包括战犯在内的死于担任公职期间的人名单。神社通常根据这份名单来决定要祭祀的人，但是筑波对那些战犯没有做出决定"。1978年筑波去世后，由日本宫内大臣松平庆民的儿子松平永芳接任靖国神社宫司。马场久生说：松平永芳"是一个脾气很大的人，根本不把东京军事法庭（即远东国际军事法庭）的判决放在眼里"，"他（松平）命令我们把这些（战犯）称为'烈士'。我对此表示质疑"。从马场久生的回忆可以看出，松平永芳是一个极右分子。所指"政府"向靖国神社提供包括战犯在内的名单，实则是指日本宫内厅和厚生省提供的名单。厚生省一直都在向靖国神社提供战殁者名单，直至二十世纪八九十年代仍在进行，其中就有战犯名单。

松平永芳接任靖国神社宫司后，就迫不及待地进行合祭甲级战犯的工作。1978年10月17日，靖国神社举行例行"秋祭"时，就秘密将14名甲级战犯的亡灵名号放进了靖国神社，把甲级战犯和其他战犯都作为"昭和殉道者"供奉其间。靖国神社合祭甲级战犯的"秘密"，直至1979年4月才被公开。

自此，靖国神社的性质发生根本性改变，由原来祭祀战争阵亡者的场所变成了祭祀第二次世界大战战争罪犯的场所，由一个神道教的场地变成了宣扬军国主义鬼魂的阵地。"二战"后昭和天皇裕仁曾8次参拜靖国神社，自靖国神社将甲级战犯合祭后他再也没有参拜了。据《日本经济新闻》2006年7月20日的报道，昭和天皇曾于1988年对靖国神社合祭甲级战犯表示强烈不快，他对时任宫内厅长官的富田朝彦说，"因此自那以后我就没有参拜，这是我的意愿"[①]。富田朝彦在回忆录中还援引天皇裕仁的话说："松平庆民的和平希望强烈，但是孩子不懂父母的心。这正是我从此不再参拜的原因所

---

① 《参考消息》2006年7月21日。

在。"① 上述内容是日本经济新闻社从获得的富田朝彦笔记中得知的。据了解，2014年9月9日日本宫内厅公开的记述昭和天皇人生经历的《昭和天皇实录》所涉及天皇不参拜靖国神社的内容，与富田朝彦笔记中记录的昭和天皇亲口所述的内容是一致的。② 由此可见，天皇裕仁对当时的宫内大臣松平庆民和他的儿子靖国神社宫司松平永芳合祭甲级战犯的问题是不满的。这也说明，松平庆民父子对秘密在靖国神社合祭甲级战犯起着极其重要的作用。

富田朝彦笔记披露天皇裕仁不再参拜靖国神社的消息后，英国《每日电讯报》在第二天（2006年7月21日）即刊文称："这一消息使民族主义者遭受沉重打击。"随即，日本的右翼势力加紧图谋反扑。就在《日本经济新闻》发出报道的当天（7月20日），一个日本的右翼组织"祈祷和平、思考真正的国家利益、支持参拜靖国神社年轻国会议员会"召开大会，商讨对策，决定21日由会长今津宽等去拜会当时的小泉内阁的官房长官安倍晋三，要求小泉纯一郎首相继续参拜靖国神社。果然，8月15日，小泉纯一郎第6次参拜了靖国神社。被处绞刑的甲级战犯板垣征四郎的儿子、日本遗族会顾问板垣正也流露不满，说对披露天皇裕仁不再参拜靖国神社的消息"感到蹊跷"。

在此前后，日本自民党内和社会各界要求解决靖国神社问题的呼声高涨。有人主张将甲级战犯名号移出靖国神社，有人建议修建非宗教性国立追悼设施，有人呼吁扩建千鸟渊战殁者墓苑（无名战殁者陵园），主张将甲级战犯从靖国神社迁出，实行"分祭"等。甚至连时任日本遗族会会长古贺诚都提议"将并非'战死者'的一部分'英灵'分开祭祀"③。但是，由于有的战犯遗属的反对（如甲级战犯东条英机的遗属等）和右翼势力的阻挠，至今靖国神社的甲级战犯的名号仍是原封不动。

靖国神社摆放的甲级战犯有：全面侵华战争的干将、太平洋战争的祸首东条英机，侵华间谍头目土肥原贤二，南京大屠杀的元凶松井石根，偷袭

---

① 《参考消息》2006年7月26日。
② 据《参考消息》2014年9月10日。
③ 《羊城晚报》2006年5月14日。

珍珠港的策划、下令者永野修身，竭力驱使全体国民投入侵略战争的首相平沼骐一郎，日本侵华战争的策划、参与者梅津美治郎，推动德、意、日法西斯结盟和对外侵略战争的谋划者白鸟敏夫，"九一八事变"的主谋板垣征四郎，太平洋战争的重要策划者、"缅甸屠夫"木村兵太郎，推动日本对美、英开战的元凶之一武藤章，提出全面制华和确立日本法西斯体制的广田弘毅，投身侵略外交的主帅东乡茂德，力促形成德、意、日三国轴心和充当侵略外交"英雄"的松冈洋右，实行"一亿总武装"的首相小矶国昭，共14人。

　　除了上述14名甲级战犯外，靖国神社还供奉着日本陆军创始人之一、发动并指挥中日甲午战争和日俄战争的山县有朋，曾任满洲军总司令、参谋总长和陆军大臣的大山岩，指挥偷袭珍珠港、发动太平洋战争的日本海军大将山本五十六等一大批日本对外侵略战争的首要人物和阵亡者。

　　那么，这些甲级战犯和其他战犯以及阵亡者是否都是"自愿合祭"于靖国神社的呢？据日本《朝日新闻》2012年1月21日的报道，日本"政府此前一直在国会答辩中表示合祭战犯源自'靖国（神社）自身的判断，并强调政府不能违反宪法关于政教分离的规定，因此不干涉靖国神社的宗教行为。但此次发现的文件显示，政府不仅在'合祭'这一基本问题上为靖国神社制订方针，还为合祭战犯创造了环境"。《朝日新闻》所发现的文件，是指日本前厚生省制定的内部资料《业务要旨》。该报道称，这份《业务要旨》是由前厚生省引扬援护厅（"二战"后负责旧军人及海外日本人回国及善后等相关事务的机构）内出身于旧日本军队的干部制定的。在"尽快彻底解决战犯问题"的名义下，早在1951年9月《旧金山对日和约》（由美国主导、没有追究日本的战争责任的条约）签署后，厚生省便开始研讨战犯问题。"1952年度的《业务要旨》要求，'死刑者'（指被判处死刑的战犯）也要在地方举行的慰灵活动上'一起祭祀'。1953年度的《业务要旨》则进一步要求，关于'死刑者'应'观察时机寻求合祭'。1953年12月制定的1954年度《业务要旨》则明确记载：'最终目标是合祭于靖国神社。'""据此，福冈、冈山和熊本的护国神社在靖国神社之前便分别合祭了甲级战犯前首相广田弘毅、前陆军上将土肥原贤二和前陆军中将武藤章。而大阪、札幌和神户则先行合祭了乙级、丙级战犯。"

上述日本厚生省的文件资料（现保存于日本国立公文书馆）充分证明，靖国神社合祭战犯完全是由日本厚生省决定、由政府主导的，绝对不是所谓"自愿合祭"。

这里再引若干当事人的事例作为佐证。

例一：2006年8月11日，9名战死者（8名日本人和1名中国台湾人）遗属向日本大阪地区法院递交诉状，状告靖国神社未经他们许可就供奉其亲人，要求靖国神社移除他们亲人的名号，并要求靖国神社和日本政府给每名原告支付100万日元（约合8650美元）的赔偿金。

例二："二战"期间，日本军国主义者强征台湾青年组成"高砂义勇军"，远赴海外参战和到东南亚掩护日军撤退，共有2万多名台湾青年死在他乡。靖国神社未经其遗属同意，就把"高砂义勇军"阵亡者和日本侵略者一起合祭。为此，台湾"立法委员"高金素梅从2002年至2009年曾先后10次赴日要求靖国神社"还我祖灵"。2006年8月11日，高金素梅等遗属向大阪地方法院提起诉讼，要求靖国神社"还我祖灵"，后被法院以种种理由驳回。

例三：日本遗族会会长、自民党选举对策委员会委员长古贺诚于2008年8月17日在朝日电视台节目中称："为什么神社方面没跟我们遗族会商量，就把14名甲级战犯的'祭神名票'（写有死者姓名、籍贯、生卒年月、所属部队和军衔等信息的卡片）放在一起祭祀了呢？我们无法接受这种做法。"

例四：2006年7月，甲级战犯广田弘毅的孙子广田弘太郎在接受日本《每日新闻》采访时说："我不记得广田家曾经同意（将祖父）合祭（在靖国神社）。"又说："祖父既非军人，又非在战争中阵亡。我觉得靖国神社和我们广田家族不存在任何关系。"他说关于靖国神社的这些说法，他"可以代表广田家族"。[①]

以上事例中，从甲级战犯遗属到日本阵亡者遗属乃至台湾青年阵亡者遗属，都表示靖国神社根本没有征求过他们将先人亡灵"合祭"的意见。由此说明，靖国神社所谓"自愿合祭"简直是弥天大谎，是日本政府（厚生省）施用的骗人伎俩。

二、日本右翼政客的拙劣表演

靖国神社是日本军国主义的象征，是日本发动侵略战争的精神支柱。当年，它被侵略战争的发动者祭起"国家神道"的大旗，编造"天照大神护佑"的鬼话，愚弄人们相信死后"魂归靖国"，驱使日本国民为侵略战争亡命沙场。而今，日本的右翼势力却利用它为战争罪犯"祭奠"，为甲级战犯招魂，为侵略战争辩解，为军国主义张目。日本的右翼政客更是向靖国神社顶礼膜拜，露骨表演。一些军国主义的遗老遗少还穿着当年"皇军"的整套装束，手举太阳旗，在靖国神社里耀武扬威，杀气腾腾，凶相毕露，使人联想起当年日本侵略军在亚洲国家残暴成性、凶神恶煞的本相。

自明治天皇赐名"靖国神社"后，随即发布文告，把战死的军人美化为"军神"，并决定进行祭祀和参拜。因此，在日本战败前，每年都有许多内阁阁僚和国会议员前往参拜。日本战败后，实行"政教分离"政策，《日本国宪法》规定"国家及其机关都不得进行宗教教育以及其他任何宗教活动"。所以，在日本战败初期，日本政府阁僚、议员和右翼政客等的参拜活动有所收敛。但是，长期以来，日本的右翼势力都极力想冲破这一禁区。自20世纪60年代起，自民党先后多次向国会提交《靖国神社法案》，企图改变"政教分离"政策，实现恢复"国家护持"靖国神社。1962年，曾被远东国际军事法庭判处无期徒刑的甲级战犯贺屋兴宣担任日本遗族会会长，他一上任就迫不及待地提出《靖国神社国家护持纲要》，妄图恢复靖国神社由"国

---

① 据《参考消息》2006年7月28日。

家护持"，并要求国会通过。由于该"纲要"明显违背"政教分离"原则，加上在野党的反对和社会舆论的非议而未能通过。不过，日本右翼势力至今仍不死心，还在想方设法将靖国神社列为政府管理的神社。

20世纪60年代后，日本的右翼政客参拜靖国神社各有借口，名目繁多，公开、秘密兼而有之，准确人数难以估计。这里仅以日本首相和部分阁僚、政要为例，管中窥豹，可见一斑。

据不完全统计，在日本战败后担任过日本首相的33人中，就有13人参拜过靖国神社。其中在1959年开始合祭乙级、丙级战犯前参拜过的有：吉田茂（5次）、岸信介（2次）；1959年合祭乙级、丙级战犯后的有池田勇人（5次）、佐藤荣作（11次）、田中角荣（5次）、三木武夫（3次）、福田赳夫（4次）；1978年10月合祭甲级战犯后参拜的有：大平正芳（3次）、铃木善幸（9次）、中曾根康弘（10次）、桥本龙太郎（1次）、小泉纯一郎（6次）、安倍晋三（1次，担任首相前的参拜未计），共达65次。①当然，在这65次参拜中，有的并非都是以首相（内阁总理大臣）的名义，有的或是以党派的名义，或是以所谓"私人名义"参拜的。但是，不管以什么名义，只要自日本政府主导把战犯特别是甲级战犯合祭于靖国神社后而去参拜，都不仅是反映参拜者的宗教信仰，而是反映出参拜者的政治态度。

自靖国神社1959年合祭乙级、丙级战犯后，虽有多位日本首相参拜过靖国神社，但大多数都不是以公职（即"内阁总理大臣"）的身份，而是以私人身份去参拜的。然而，也确有那么几位首相公然挑战战后的"禁区"，以公职身份前往参拜。

1975年，即日本投降30周年之际，日本首相三木武夫原打算以"自民党总裁"的身份前往参拜靖国神社，后来考虑再三，权衡利弊，决定以私人身份去参拜。1978年8月15日，日本首相福田赳夫以内阁总理大臣的身份，参拜了靖国神社。

---

① 参见俞天任等：《靖国神社有多神秘？》，《炎黄世界》2014年第3期。

1978年10月，靖国神社合祭14名甲级战犯后，1981年8月15日（日本投降36周年纪念日），日本首相铃木善幸和18名阁僚参拜了靖国神社。1982年11月27日，中曾根康弘担任日本首相。他上任后的9个月内，就迫不及待地以公职身份（内阁总理大臣）分别于1983年4月12日和8月15日参拜了靖国神社。特别是8月15日，他亲自率领18名内阁成员前往参拜。他还辩解称："如果不参拜靖国神社，还有谁愿意为国捐躯？"11月，他还发表了"首相和阁僚参拜（靖国神社）合宪"的见解，为参拜靖国神社制造舆论和依据。自民党内还设置了"靖国问题小委员会"。中曾根康弘参拜靖国神社的言行，实际上是他实现"战后政治总决算"、向战后"禁区"挑战、实施右倾化国策的重要一环。中曾根康弘的参拜言行，遭到日本国内和亚洲各国的强烈批评。

在中曾根康弘的影响下，许多政客纷纷前往参拜，甚至用公款购供品祭祀。如日本爱媛县知事白石春树在其任内的10多年间用公款支出参拜靖国神社和护国神社的祭祀费，被该县19名居民告上日本最高法院。法院判该知事用公款购祭祀品"违反宪法"，令他们退还16.6万日元的祭祀费。

中曾根康弘下台后，随后的7任首相基本持谨慎态度，没有正式参拜靖国神社。但是，1996年1月刚上台的桥本龙太郎则在他生日那天（7月29日）以首相（内阁总理大臣）的身份参拜了靖国神社。实际上，早在1995年8月15日即日本投降50周年纪念日，时任村山内阁通商产业大臣的桥本龙太郎等8名自民党内阁成员就参拜了靖国神社。桥本龙太郎7月29日以首相身份参拜靖国神社后，遭到日本和平组织"日本和平遗族会全国联络会"的强烈抗议，表示反对桥本龙太郎"称阵亡者为'英灵'和美化侵略战争"。中国、朝鲜、韩国、新加坡等国家也进行严厉谴责。1996年8月4日，新加坡《联合早报》发表的题为《又见靖国神社，又见东条英机》一文说："在战后初期前二三十年，人们心目中对日本的总印象是樱花、艺伎、富士山……而最近这一二十年，则变成靖国神社、东条英机了。""因为每年都有内阁部长、国会议员列队到靖国神社，像阅兵又像朝圣，鱼贯进入神社大殿之后，便集体行'二礼、二击掌、再一礼'的神道教大礼。那种庄严肃穆的表情，杀气腾腾的气氛，使人即刻联想到登机告别前的'神风'队员①、远东国际军事法庭上的东条英机等'二战'头头，就只差没人高喊'天皇万岁'而已。"桥本龙太郎参拜后，8月15日（日本投降51周年纪念日），还有6名阁僚和80多名国会议员参拜了靖国神社。对此，《澳大利亚人报》于次日发表评论指出："日本当今确实有一小批鼓吹新军国主义化，恢复战前的某些价值观。"

1998年7月桥本龙太郎下台后，轮换的两任首相都较为克制，没有参拜靖国神社。2001年4月小泉纯一郎担任日本首相。他一上任，就显露出极右翼本色。8月13日，他不顾日本国内外的强烈反对，以公职身份参拜了靖国神社。在他的影响下，8月15日总务大臣片山虎之助、防卫大臣中谷元等5名政府阁僚（提前参拜的阁僚还有4人），自民党干事长山崎拓、总务会长堀内光雄为首的85名国会议员和105名议员代理人集体参拜了靖国神社。当天，累计有12.5万人参拜了靖国神社，大大超过上年7万人的规模。

小泉纯一郎在参拜靖国神社前夕，曾通过内阁官房长官福田康夫发表了谈话，称："站在21世纪之初，回顾上个世纪的大战，难以抑制心底的肃穆之情。在那次大战中，日本给包括我国国民在内的世界许多国家的人民带来了深重的灾难，尤其是对亚洲邻国。在过去的一段时期，基于错误的国策进行了殖民统治和侵略，强加给了他们难以计算的伤害和痛苦，至今在受害国的众多民众心中留下了难以愈合的创伤。"②在这里，小泉纯一郎承认：第一，在过去一段时期日本实施了"错误的国策"；第二，日本对世界许多国家尤其是亚洲国家"进行了殖民统治和侵略"；第三，日本强加给被侵略国家人民"难以计算的伤害和痛苦"，"带来了深重的灾难"；第四，至今日本给受害国民众仍"留下了难以愈合的创伤"。小泉纯一郎的这种表态，

---

① 指"二战"后期日本军部派青年驾机发动自杀式撞击美军战舰的臭名昭著的"神风特攻队"队员。

② 《人民日报》2001年8月14日。

如果是出于真诚的话，还是值得肯定的。但是，他后来的行为却背离了他的诺言。

就在这次谈话中，小泉纯一郎又说："站在那些在艰难的时代仍相信祖国的未来而战死沙场的各位英灵前，我再次感到今天日本的和平与繁荣是建立在他们崇高的牺牲之上……我在就任首相后也表明了要在8月15日参拜靖国神社的愿望。"这就是说，小泉纯一郎认为那些开赴海外特别是亚洲进行殖民统治和侵略的阵亡者包括战犯都做出了"崇高的牺牲"，所以要去参拜靖国神社。把日本侵略者"战死沙场"视为"崇高的牺牲"，一言就泄露了他的内心实质和参拜的本意。小泉纯一郎在表明"参拜靖国神社的愿望"后，就在日本投降56周年前两天参拜了靖国神社。

小泉纯一郎参拜靖国神社后，遭到中国、韩国等国家政府和人民的强烈谴责，遭到日本各政党和民众团体的抗议，也受到美国、英国、意大利、加拿大、新加坡、马来西亚、菲律宾、泰国、印度、印度尼西亚等国际舆论的严厉抨击。法国《欧洲时报》于8月14日发表评论员文章称："小泉的一意孤行，让人们对日本国内始终存在的一股军国主义思潮又有了新的认识。"中国《人民日报》于8月15日发表了池北偶的一首诗和朱根华的一幅漫画。诗曰：

小泉上台挂帅，竟然逞能卖乖，
迎合右派势力，摆出顽固姿态。
公然歪曲历史，硬是颠倒黑白，
批准新编课本，成心蒙骗后代。
神社名为"靖国"，供奉战犯神牌，
甘冒天下不韪，执意前去参拜。
用意不言而喻，徒然百般辩白。
思念"皇国之威"，呼唤亡魂归来。
当知众怒难犯，切莫不知好歹。

若再一意孤行，激起更大愤慨。

尽管小泉纯一郎参拜靖国神社的行径遭到日本国内和国际社会的抗议和抨击，但他仍是一意孤行，一路走到黑。自他2001年4月26日上任日本首相至2006年9月26日下台这段时间，分别于2001年8月13日、2002年4月21日、2003年1月14日、2004年1月1日、2005年10月17日、2006年8月15日连续6年共6次参拜了靖国神社。特别是他在下台前夕选择在日本投降纪念日前往参拜更是他精心设计的。难怪路透社东京8月15日电称："这恐怕是'小泉剧场'的最后一幕。"中国外交部在声明中明确指出：小泉首相无视国际社会、亚洲邻国和日本人民的关切和反对，执意参拜靖国神社，是在挑战国际正义，践踏人类良知。

这里特别要提的是，日本的右翼团体和右翼媒体乘日本战败60周年之机，极力煽动"8·15"全民参拜靖国神社。《产经新闻》和《读卖新闻》于2005年8月1日刊登整版广告，声称："8月15日，终战60年，让我们集合在靖国神社，举行20万人的参拜运动。""日本国会议员恳谈会"等5个团体、300多名国会议员也于8月2日举行记者招待会，发表了要求小泉首相在"8·15"参拜靖国神社的声明，并抗议中、韩等国所谓"干涉内政"。这些行径充斥着浓厚的军国主义色彩。

由于小泉纯一郎连续6年参拜靖国神社，导致日本与中国、韩国等亚洲国家关系极度恶化。2006年以后的日本历任首相均没有公开参拜过靖国神社。2009年民主党政府（鸠山由纪夫任首相）上台后，首相和内阁成员均没有参拜靖国神社。2011年9月野田佳彦担任首相后，他虽然没有去参拜靖国神社，但却公开宣称靖国神社供奉的甲级战犯不是战争罪人。2012年8月15日，野田内阁有2名阁僚和55名国会议员（包括小泉纯一郎的儿子自民党众议员小泉进次郎）以及自民党总裁谷垣祯一等共58人参拜了靖国神社。10月18日，以自民党前干事长、"大家一起参拜靖国神社国会议员会"会长古贺诚为首的67名议员（包括2名内阁成员）参拜了靖国神社，打破了2009年民主党执政以来内阁成员不参拜靖国神社这一不成文规矩。

时光运转，政坛轮回。2012年12月28日，甲级战犯岸信介的外孙、小泉纯一郎的得意门生安倍晋三再次担任首相（2006年9月26日至2007年9月12日曾接任小泉首次出任首相）。安倍晋三上任一周年之际，便于2013年12月26日上午参拜靖国神社。这是自2006年时任首相小泉纯一郎参拜靖国神社以来在职首相再次参拜靖国神社。

安倍晋三是参拜靖国神社的积极鼓吹者和践行者。早在2001年8月18日，他担任小泉内阁官房副长官时就公然宣称："如果首相坚持每年连续参拜，就不会年年都引起中、韩等国的反对了。"①安倍晋三不仅极力鼓动首相参拜，他自己更是一个虔诚的"拜徒"。据日本媒体披露，2004年8月15日他以自民党干事长的身份前往参拜，2005年8月15日又以自民党代理干事长的身份参拜，2005年10月就任小泉内阁官房长官后，于2006年4月15日早晨6点30分又以公职身份秘密参拜了靖国神社。安倍晋三于2006年9月至2007年9月首次出任首相期间虽然没有参拜过靖国神社，但他下台后，于2011年8月15日又随同52名国会议员参拜了靖国神社。②直至2013年12月26日，安倍晋三至少5次参拜了靖国神社。此后，他虽然没有以公职身份前往参拜，但每年都以内阁总理大臣的名义向靖国神社供奉了名为"真榊"的供品或献上"玉串料"（祭祀费）。在安倍晋三的带动和纵容下，每年都有大批阁僚和议员参拜靖国神社。

2013年12月26日，即安倍晋三参拜靖国神社的当天，中国外交部部长王毅立即召见了日本驻华大使，代表中国政府向日方提出严正交涉和强烈抗议。中国外交部发言人指出："日本一些政客一方面把民主、自由、和平挂在嘴上，另一方面为军国主义扬幡招魂，美化对外侵略和殖民历史，这恰恰

---

① 《光明日报》驻东京记者陈志江：《小泉参拜留下的思考》，《光明日报》2001年8月22日。

② 参见《参考消息》2006年8月6日，《羊城晚报》2006年8月5日和2013年12月27日。

是亵渎了民主、自由与和平。"①美国驻日使馆发表声明称:安倍晋三参拜靖国神社将激化与邻国的紧张关系,美国政府对此表示失望。韩国政府发表声明表示愤怒谴责。俄罗斯政府表示遗憾。还有亚洲其他国家和日本国内的有识之士都纷纷抨击安倍晋三参拜靖国神社。

小泉纯一郎、安倍晋三等日本首相参拜靖国神社不仅被抗议和谴责,而且还遭到日本国民和多国民众的多次起诉。其中,2014年10月17日,来自中国、德国、加拿大、日本等364名原告向东京地方法院提起诉讼,状告安倍晋三上年参拜靖国神社违反了宪法,侵犯了日本宪法所保障的民众和平生存权,要求法院勒令停止参拜,并向原告做出赔偿。这充分反映了广大民众的正义立场。

尽管如此,日本右翼政客参拜靖国神社的行为并未收敛。2016年8月15日上午,安倍晋三委派自民党总裁特别助理西村康稔代表他以自民党总裁的名义前往靖国神社奉献"玉串料",并表示:"这是出于对为国捐躯者的敬意。"这是安倍晋三自2012年第二次执政以来连续四年于8月15日供奉靖国神社。2016年8月15日上午,跨党派议员团体"大家一起参拜靖国神社国会议员会"约70名议员集体参拜靖国神社。当天,日本最大右翼团体"日本会议"(约3.8万名会员)也在现场摆摊卖书,推销"日本侵略有功""中国威胁论"等内容的书籍。8月15日前后,就有安倍内阁的日本总务大臣高市早苗、奥运担当大臣丸川珠代、复兴大臣今村雅弘、农林水产大臣山本有二、内阁官房副长官萩生田光一、自民党众议员小泉进次郎等参拜了靖国神社。安倍晋三除了在8月15日向靖国神社奉献祭祀费外,还在10月17日靖国神社举行秋季例行大祭时(17日至20日)以内阁总理大臣的名义供奉名为"真榊"的祭品。10月18日,还有包括厚生劳动大臣盐崎恭久在内的85名议员集体参拜了靖国神社。12月28日,即安倍晋三访问珍珠港回国当天,日本复兴大臣今村雅弘又一次参拜了靖国神社。

---

① 新华社2013年12月27日电,见《羊城晚报》2013年12月27日。

2017年4月21日，靖国神社春季例行大祭时，安倍晋三又以内阁总理大臣的名义供奉了"真榊"的祭品。当天，"大家一起参拜靖国神社国会议员会"约90名成员参拜了靖国神社。同年8月15日，安倍晋三派自民党总裁特别助理柴山昌彦前往靖国神社代为供奉"玉串料"。当天一早，刚下台不久的前防卫大臣稻田朋美（7月28日下台）与议员团体"传统和创造之会"的成员一道参拜了靖国神社。当天，"大家一起参拜靖国神社国会议员会"的参众两院共计60名国会议员参拜了靖国神社。此后，凡逢日本投降日和春秋大祭，都有右翼政客和右翼分子前往靖国神社参拜或供奉祭品。他们对日本战犯可谓虔诚备至！但是，他们这些举动遭到中、韩等国的谴责。

这里值得一提的是，2016年12月26日，日本首相安倍晋三率随员抵达美国夏威夷访问，27日造访珍珠港，美国总统奥巴马和安倍晋三一起参观了珍珠港"亚利桑那"号战舰纪念馆，并一同献花圈悼念日本偷袭珍珠港事件的遇难者。安倍晋三宣称此行是为日美"和解"和"慰灵"，但绝口不提道歉和谢罪。29日（即安倍晋三回国的第二天），陪同安倍晋三出访的防卫大臣稻田朋美便迫不及待地公然以防卫大臣的名义参拜了靖国神社。而靖国神社合祭的名单中就包括指挥日军偷袭珍珠港的日本海军大将山本五十六。这对所谓的"和解"和"慰灵"简直是莫大的讽刺！

2020年9月16日，安倍晋三因健康原因辞职了。但他在卸任后第三天（19日）就以"前内阁总理大臣安倍晋三"名义参拜了靖国神社，还在推特上称，"今天参拜靖国神社，向英灵报告了本月16日卸任首相一事"，并配上参拜照片。安倍在这里将靖国神社的战犯称为"英灵"，再一次反映了他对日本战犯的政治情感。就在安倍卸任前的8月15日（日本投降日），安倍内阁竟然有4名阁僚分别参拜了靖国神社，为近4年来在任阁僚于投降日参拜之首次，也是安倍执政期间人数最多的一次。这些政客对靖国神社日本战犯，真可谓恭敬有加，虔诚备至！

中国古人云：极往知来，见时知几。观日本右翼的过去，则可预见其未来。日本右翼政客和右翼势力对靖国神社日本战犯的顶礼膜拜和虔诚供奉，将会延续。他们将如何变换花样、走向何方？人们只有静观其变！

　　日本右翼政客参拜靖国神社或以各种方式对其表示尊崇，其本质就是对日本发动侵略战争的肯定，对东京审判的否定，为日本战犯及其军国主义翻案。日本综合研究所会长寺岛实郎明确指出：安倍晋三"参拜靖国神社实质上是反美"，"靖国神社已经被外界视为日本军国主义的象征。首相参拜这样的地方，难道不是向全世界表明对甲级战犯的尊崇吗？整个世界都因此抱有不安和担忧，是不是日本想要否定战后秩序、否定东京审判？我所说的安倍外交的内核其实是反美，就是指的这一点"。①

---

① 原载日本《东京新闻》2014年2月8日，见《参考消息》2014年2月9日。

第五章

性奴制度：人类良知的泯灭

第一节

"慰安妇"与日本的性奴制度

一、"慰安妇"与性奴制度的形成

关于"慰安妇"问题，日本的右翼分子似乎最忌讳两个概念：一是"性奴隶"（简称"性奴"），二是由日本政府和军方主导的"性奴制度"（即"慰安妇"制度）。因为这两个概念最直接而确切地反映了"慰安妇"问题的本质。并且，日本军队实施的性奴制度正是日本在"二战"中所犯下的滔天罪行之一。因此，1996年联合国人权委员会将"慰安妇"定位为"军事性奴隶"，认为"慰安妇"制度违反国际法。

"慰安妇"是日本的专有名词，发明权和"专利权"都属于日本。所谓"慰安妇"，据日本辞典《广辞苑》解释："慰安妇是随军到战地部队安慰过官兵的女人。"①日本《国语大辞典》解释："慰安妇是在战地向官兵卖淫的女性。"②前一种解释回避了两个要害问题：第一，这些女人是自愿随军的呢，还是被强迫、被绑架、被欺骗而随军的呢？第二，这些女人是如一些国家通常携带钱物或以文艺宣传形式到战地慰问官兵，还是被强制为战地官兵提供变相特殊（肉体）"慰问"的呢？显然是掩盖了两个问题的后一种情况。后一种解释，竟然把"慰安妇"等同于妓女，完全歪曲和背离了"慰安妇"的词义。这两种解释都掩盖了"慰安妇"的本质含义，使"慰安妇"这个名词不能反映其实质内容。

---

① 〔日〕新村出编：《广辞苑》，（日本）岩波书店1978年发行，第62页。

② 日本大辞典刊行会编：《国语大辞典》，小学馆1981年版，第102页。

那么，从本义而言，何谓"慰安妇"呢？"慰安妇"是日本政府和军方胁迫、欺骗、强掳、诱征随军为日本战地军人提供性服务的女奴隶。从本质上言之，"慰安妇"就是日军强征的"性奴隶"。"性奴隶"才是"慰安妇"的本质属性。

2015年5月21日，德国前总理格哈德·施罗德在韩国接受韩国《中央日报》专访时明确指出："'慰安妇'一词本身就是错误的表达，'太过委婉'，因为'慰安妇'实际上是日本军队在'二战'时的性奴隶。对'慰安妇'受害者所承受的痛苦，日本也应承担责任。"[①]尽管日本政府对"慰安妇"问题遮遮掩掩，特别是有的右翼政客矢口否认，但作为一个西方国家的前总理却一言戳穿了"慰安妇"的本质，真使日本应验了"欲盖弥彰"这句中国成语。

2016年秋，美国加利福尼亚州教育委员会制定的历史教科书指针中要求课本要记述日本"随军慰安妇"的内容，并指出："慰安妇"的说法委婉不清，提出可以称她们为在原日军占领地区出现的"有组织的性奴隶例子"。该指针还提出，关于被视为"慰安妇"的女性人数存在数种观点，有观点认为达到数十万人。这更使日本的右翼政客抵赖和藏匿"慰安妇"的企图无所遁形。

"性奴"（"慰安妇"）的产生是日本政府和日本军方的"杰作"，源于日本的性奴制度，经历了一个萌芽—形成—发展的过程。

（一）萌芽阶段

据日本的古籍记载，日本是一个崇尚"神"的国家。在"二战"战败前，日本的国教是神道教。在古代日本的神话中，天照大神是日本众神中的最高统帅。天照大神，也即太阳女神，有至高无上的地位。这也反映出在当时母系氏族社会中，女子处于主导地位。据日本著名史学家坂本太郎考究，古代日本确实存在过一个女王国——邪马台国（女王为卑弥呼），是各倭人

---

① 　新华社2015年5月23日特稿，见《羊城晚报》2015年5月23日。

国（部落国家）的盟主。①由于太阳女神的神位最高，女性处于主导地位，因此，在古代日本武士出发征战之前都希望得到女性的祝福和鼓励，或者得到她们肉体的安慰，或者获得代表心意和祈福的"千人针"（由每个女人绣一针的白布）。这些武士在出征前还要施行两道礼仪：一是要朝皇宫遥拜被视为"神"的天皇；二是要跪拜象征太阳女神的女人腿。以此得到神灵的保佑，不至于被打死，以求"武运长久"。这成为当时的传统。

然而，天时运转，情势变换。到了19世纪以后，日本女性的主导地位不仅早已不复存在，而且每况愈下，终于成为武士和男人的附属品或玩物，变成"二等公民"。由于日本的男人长期处在封建主义和军国主义的双重教育和影响下，产生了强烈的霸持心和占有欲。这种霸持心和占有欲，使日本男人不但想霸持和占有别人的财产甚至国土，而且想霸持和占有女人（包括异国的女性）作为发泄的工具。所以，日本男人以往那种拜"神"、拜"女人腿"的传统已完全失去了原有的意义，变成了与性有关的一种迷信。正如澳大利亚学者乔治·希克斯所说：日本军队的迷信很普遍，"日本人的一些迷信都与性有关。它们包括：参战以前的性活动可以作为护身符从而避免自己受伤。'慰安妇'的阴毛和她们所拥有的其他东西同样被当成了护身符。日本人认为，没有性，个人很容易受伤。性还被用来缓解战斗压力和当成让部队忍受残酷纪律的方法"②。于是，日本军人在出征前或参战前都期望求得到女人的性发泄，常出入于妓寮、妓院之间。

但是如此一来，由于性病的传染又影响了军队战斗力，成为一种非战斗减员的威胁。据日本千田夏光称，1918年7月，日本趁俄国内战之机，向东西伯利亚派出一支7.2万人的部队，就有1.6万多人患上性病，"几乎丧失了

---

① 〔日〕坂本太郎著：《日本史概说》，第29页。

② 〔澳〕乔治·希克斯著，滕建群译：《慰安妇》，新华出版社2002年版，第21页。

战斗力"①。据乔治·希克斯称："1918年，日本在西伯利亚参与由西方强国发起的干预俄国革命的行动。从那时起到1922年，日军7个师中有相当于1个师的兵力染上性病而失去了战斗力。"所以，他说："这种客观存在的教训常常被日本人用来辩解，或用来解释日本人系统化建立起军事慰安所的初衷。"②

实际上，早在中日甲午战争、日俄战争乃至日本并吞朝鲜后，日本不断在海外驻兵，随之也把日本国内设立的妓院扩展到海外，并把日本妓女输送到国外，先后在中国上海、俄国西伯利亚、朝鲜等地开设了妓院。在这个过程中，就逐步形成了日本的公娼制度。这就是日本性奴制度的萌芽阶段。

（二）形成阶段

尽管日本形成了公娼制度，但当时的公娼制度基本是以商业性质经营为主，还不至于对日本和外国女性采取胁迫、强征等手段乃至对异族女性实行性暴力、性摧残的现象。20世纪30年代，随着日本对中国等亚洲国家侵略的扩大和加深，才派生出性奴的问题，逐步形成了性奴制度。

性奴制度的发明者是日本战犯冈村宁次。日本性奴制度的形成也与他有直接的关系。日本战败后，冈村宁次曾这样忆述："昔日的战争时代不存在'慰安妇'问题，谈起此事，深感内疚，因为我是'慰安妇'计划的创始人。1932年上海事变时曾发生两三起强奸案，我作为派遣军副参谋长曾仿效当地海军，请求长崎县知事招募'慰安妇团'，其后强奸案未再出现，令人感到欣慰。""现在几乎各兵团都有'慰安妇团'随行，已形成兵站的一个分队。像第六师团那样，虽有'慰安妇团'同行，奸淫罪行仍未绝迹。"③从冈村宁次这段忆述中可以看出：第一，"二战"前的战争时代并不存在

① 苏智良、荣维木、陈丽菲主编：《滔天罪孽：二战时期的日军"慰安妇"制度》，学林出版社2000年版，第4页。

② 〔澳〕乔治·希克斯著：《慰安妇》，第22页。

③ 〔日〕稻叶正夫编：《冈村宁次回忆录》，第351页。

"慰安妇"制度，"慰安妇"自他提出才出现，所以他承认"我是'慰安妇'计划的创始人"。第二，"慰安妇"是他仿效驻上海日本海军的"杰作"。实际上，在20世纪30年代初，驻上海日本海军就在上海以日本妓院为基础设立了一批慰安所，接待日本海军官兵和日本侨民。仅1932年一年间，日本海军就建成17个慰安所，并开展日常经营。[1]冈村宁次就是在这基础上"创造性地"提出了"'慰安妇'计划"。第三，冈村宁次宣称，自他请求长崎县知事招募"慰安妇团"后强奸案"未再出现"，完全不符合事实。如以他所举的日本第六师团为例，虽有"慰安妇团"随行，"奸淫罪行仍未绝迹"。由此可见他的说辞前后矛盾。第四，冈村宁次时任日本上海派遣军副参谋长，其身份是代表日本军方的，而长崎县知事是代表政府方面的，可见"慰安妇"计划一开始就是政府和军方行为，绝不是个别事件和个体行为。

自1932年2月26日冈村宁次出任日本上海派遣军副参谋长之日起，至同年8月19日被调赴沈阳担任关东军副参谋长，不到半年时间，日军就在上海的吴淞、宝山、庙行和真如等地建立起第一批慰安所。这些慰安所在当时被称为"娱乐中心"或"军中乐园"，由日本陆军管理。最初，这些慰安所的"慰安妇"是他们派工作人员到日本九州北部矿区的妓院去征招，但这些妓院大多不愿意让自己的人去中国服务。于是，他们以高薪、"自由旅行"为号召，征招了一些艺伎，却仍无法满足需要。接着，他们便以高薪、"只为陆军做饭或洗衣服"为诱饵，从朝鲜矿区诱骗来一批少女。正如澳大利亚学者乔治·希克斯所指出："这些'慰安妇'由朝鲜人组成，她们并不直接来自于朝鲜半岛，而来自日本九州北部的矿区，在那里有一个朝鲜人的社区。输送这些妇女不只是军事当局的事，而且还与内务省有关联，因为内务省控制着各县的县长，参与此事的还有警察，后来警察当局成了日军强征'慰安

---

① 参见〔澳〕乔治·希克斯著：《慰安妇》，第226页。

妇’的主要合作者。”①

这里要特别指出的是，当时日本军方不仅诱骗朝鲜妇女充当“慰安妇”，而且也诱骗和绑架自己的同胞日本少女到上海充当“慰安妇”。这可从日本龙谷大学教授户冢越郎于2004年6月在长崎地区法院公诉人办公室发现的尘封了半个多世纪的日本法庭记录档案中得到证明。档案显示，1932年，日本10名“蛇头”（8男2女）诱骗、绑架了15名日本女孩，强行送到上海充当日本军队的“慰安妇”。由此例可窥测全貌。

实际上，自“九一八事变”日军占领中国东北后，就开始设置慰安所。冈村宁次调任关东军副参谋长后，驻中国东北的关东军司令部就拟出厚厚一本关于“慰安妇”的规定制度——《关东军女特殊勤务规定》。这一“规定”在得到日本内阁陆军部批准后，就在所属部队贯彻执行，使性奴（“慰安妇”）制度进一步完善。这是日本政府和军方批准和主导的摧残妇女的罪恶勾当。

日军在上海建立第一批慰安所，标志着日本性奴制度的形成。这一制度完全是由日本政府和军事当局主导筹划、密切配合、逐步建立和积极推广的。正如美国巴里·费希尔和艾丽丝·张在美国《洛杉矶时报》发表的《由于美国与之串通一气，日本避而不谈它的过去》一文指出：“这些文件（指新发现的“慰安妇”文件）无可辩驳地证明，慰安妇计划是从1932年开始的，随着1937年南京大屠杀而加紧实施，最终导致在日本占领下的广大领土上建立了慰安站（所）。”如果说，冈村宁次是性奴制度的首创者，那么，日本政府和军事当局更是这一制度的确立者和推行者。

（三）发展阶段

1937年7月日本发动全面侵华战争后，日本的性奴制度进一步推行和发展。1938年初，从日本招募来的妇女安置在上海其美路沙泾小学，同时在远离市中心的军工路附近的杨家宅动工修筑慰安所。这就是日本发动全面侵

---

① 〔澳〕乔治·希克斯著：《慰安妇》，第35页。

华战争后开设的第一个慰安所，当时定名为"陆军娱乐所"。①随着日本对华侵略战争的扩大，日军先后占领了华北、华东、华中和华南等地。1941年12月日本发动太平洋战争后，日军更大举侵犯并先后占领了香港、马来亚、新加坡、菲律宾、印度尼西亚、缅甸、泰国、越南、老挝、柬埔寨、印度、锡兰、帝汶岛、澳大利亚等国家和地区。日军所到国家和地区，基本上都有"慰安妇团"随行，作为日军兵站的一个分队，并设立了"慰安所"。冈村宁次忆述在中国的情形时说："'慰安妇'同士兵一样，随着部队渡过长江开往各地。一天，我在汉口市中心的街道上看见一群坐在两三辆卡车上的穿着军装和军大衣的妇女，出于好奇走了过去询问，原来是'慰安妇团'，顿时感到一种可怜和可耻的复杂心情。"②冈村在这里确认了性奴和性奴制度的存在，而放任了"兽性"的狂野，又似乎流露出"可怜""可耻"的人性回归，但其内心并无丝毫悔罪之意。

日本的性奴制度，使自1931年"九一八事变"至1945年8月日本投降，日军慰安所不仅遍及中国的东北、华北、华东、华中、华南和朝鲜、韩国等地，而且祸及东南亚国家和太平洋地区。仅"七七事变"后两年时间内，日军在华北就强掳良家妇女5万人以上，拟开设140个慰安所。③据不完全统计，仅南京市至今查访到的就有50多个慰安所。在亚洲各国被日军强掳和诱骗的妇女和建立的慰安所更是难以计数。据日本民间调查团体推算，"二

---

① 参见梅桑榆：《在日俘大遣返中女俘女侨的遭遇》，《传记文学》1995年第3期，第109页。另据上海师范大学苏智良实地调查，日本全面侵华战争后开设的第一个慰安所（即"杨家宅娱乐所"）的所在地，应在杨家宅北部的翔殷路北侧的东沈家宅。见苏智良著：《慰安妇研究》，上海书店出版社1999年版，第58—59页。

② 〔日〕稻叶正夫编：《冈村宁次回忆录》，第353页。

③ 参见香港《广角镜》月刊1995年5月号，第92页。

战"期间，日军强迫各国妇女充当"慰安妇"的人数多达70万。^①

总之，日本的性奴制度是日本对外侵略扩张历史时代的一个侧影。日本在亚洲各国设置的慰安所（或所谓"娱乐中心"之类）是日本军队蹂躏摧残迫害妇女的历史见证。

二、性奴制度的反人道罪恶

日本在被其侵略国家和地区推行的性奴制度，是人类进入现代社会后在日本军队所出现的由开化走向野蛮的一种人性变异，是旷古未闻的人性堕落，是一种反人道的罪行。

日本的性奴制度，从其推行的目的、手段乃至最终结果，都是反人道的，没有人性的。

从目的看，日本推行性奴制度是抱着什么目的呢？东条英机做了明确的回答。1941年10月18日，他在担任日本首相兼内务大臣和陆军大臣时曾对来访的美国记者说："女人是一种战略物资，并且是对胜利不可缺少的战略物资。"^②尽管日本发动侵华战争后，已在各占领区推行了性奴制度，但只是军方和地方政府或政府部门所为，还未经过内阁会议和天皇的"恩准"。于是，1943年9月，东条英机授意召开日本内阁次官会议，正式决定组织"女子挺身勤劳队"（即"慰安妇队"），随后又正式起草报告上报裕仁天皇。裕仁天皇经过反复考虑，直至昭和十九年（1944年）八月二十二日，才亲笔

---

① 参见新华社特稿，《羊城晚报》2014年6月12日。据苏智良所著的《慰安妇研究》称，"总计慰安妇人数有36万至41万人"（见第279页）。据新华社2003年11月13日专电称，朝鲜方面统计，日军强征20万名朝鲜妇女充当"慰安妇"。据新华社2007年4月17日电称，历史学家估计，全世界至少有40万名妇女被迫成为日军"慰安妇"。据香港《亚洲周刊》1995年5月14日载文称，有10万名日本妇女、20万名朝鲜妇女被迫充当"慰安妇"；遭日军强奸、被迫充当"慰安妇"的中国妇女约100万。

② 华永正：《中国"慰安妇"的来龙去脉》，香港《广角镜》月刊1995年5月号。

签署了"恩准敕令",即编号为519号敕命。[①]另据日本陆军参谋本部第二部
（情报）特工人员大雄一男给陆军参谋本部的报告称：

> 用中国女人做"慰安妇"，会抚慰那些因战败而产生沮丧情绪的
> 士兵，当日本武士道不能支撑崩溃的士兵时，中国"慰安妇"的肉体却
> 能对复原士兵必胜信心起到不可估量的治疗作用。能在中国女人身上得
> 到满足，必将能在中国领土上得到满足。占有中国女人，便能滋长占有
> 中国的雄心。我们必须秘密地征用更多中国女人做"慰安妇"，从精神
> 上、肉体上安慰我们的军人，树立他们必胜的信心。[②]

由上可见：第一，日本推行的性奴制度和强征"慰安妇"，是由日本政
府主导和经日本裕仁天皇"恩准"实施的，由政府部门和地方政府协同军方
（参谋本部）具体执行的，完全是政府行为和最高军事当局所为。这一点，
从中国吉林省档案馆所藏的日本侵华档案中也得到了证明。档案披露日本扶
植的伪满洲国中央银行资金部外资课关于"慰安妇"采购资金问题的电话
记录，记载了从1944年11月到1945年3月，日军驻伪淮海省联络部（即7990
部队）自徐州向该行鞍山经理司令部先后4次汇去用于采购"慰安妇"的资
金共53.2万日元。这些从伪满洲中央银行转账购买"慰安妇"的资金，得到
关东军第四课的许可。[③]这充分证明了日军实施的性奴制度是日本的国家行
为。第二，日本性奴制度的目的，是利用性奴这种"战略物资"激励士气，
以霸占被侵略国家为殖民地，进而称霸世界。第三，所谓"秘密地征用中国
女人做慰安妇"，本身就说明是一种见不得人的勾当。并且不限于中国女
人，还包括朝鲜、韩国和东南亚国家乃至荷兰、澳大利亚的女人。所谓"征

---

① 参见华永正：《中国"慰安妇"的来龙去脉》，香港《广角镜》月刊1995年5月号。
② 华永正：《中国"慰安妇"的来龙去脉》，香港《广角镜》月刊1995年5月号。
③ 参见庄严主编：《铁证如山：吉林省新发掘日本侵华档案研究》，吉林出版集团有限责任公司2014年版，第151—153页。

用""慰安妇"，准确的诠释应该是：公然明抢强掳良家妇女充当日军的性奴。第四，把女人作为"战略物资"，强制用女人的肉体去"树立"日军的"必胜的信心"，这实为古往今来的"创举"，是日本侵略者灵魂丑恶、人格低劣、人性堕落的显现，是日本法西斯给人类社会留下的臭名昭著的"遗产"。

从手段看，日本推行性奴制度的手段是极其卑劣的，主要有三：一是明抢强掳；二是利诱拐骗；三是胁迫屈从。

（一）明抢强掳

日本明治维新后，于1889年颁布了《明治宪法》（即《大日本帝国宪法》），1890年明治天皇颁布了《教育敕语》。"宪法"和"敕语"中都要求日本臣民要践行"懿德良能""博爱及众"之类的"德行"。那么，日本军队在对外侵略中对待妇女是什么"德行"呢？其中之一就是明抢强掳良家妇女充当性奴。这类事例不胜枚举，这里仅择一二。

1991年8月14日，出生在中国吉林省的朝鲜（韩国）籍67岁妇女金学顺在首尔第一个站出来揭发日军罪行。她说："我就是一名被日军强制卖春的慰安妇。"在1941年的一天，17岁的她和养父在北京的一家餐厅吃饭时，被日军强行抓走，用卡车送往哈尔滨北部的日军基地铁壁镇，强制充当了"慰安妇"，直到日本投降后第二年（1946年）才回到祖国。后来她回忆起那段悲惨的经历时说："我现在的心情是，恨不能把那帮夺取我贞操、毁灭我人生的日本人撕成碎片。"[①]

1992年，山西省孟县羊泉村的万爱花，是中国第一个站出来指证日军性暴力侵害的女性。仅羊泉村就有8位"被日本鬼子抓到炮楼里的女人"（即充当"慰安妇"）。当年居住在羊泉村的万爱花先后3次被日军抓到炮楼里遭到摧残和毒打，直至昏死过去几天没有苏醒，日本兵以为她死了便将她扔

[①]　韩国挺身队问题对策协议会、韩国挺身队研究会编，金镇烈、黄一兵译：《被掠往侵略战场的慰安妇》，中国文史出版社2001年版，第13页。

到村边的河里，被同胞救起。日本恶魔的性暴力使她整整3年不能起床，落下终生后遗症，丧失了生育能力。自1992年至2012年6月因病住院前这段时间，她先后6次到东京和大阪等地，出席国际听证会和控诉大会，揭露日军惨无人道的罪行。2013年9月4日，万爱花离世，享年84岁。

2013年5月23日，91岁的原日本老兵松本正义（1945年在中国山西省被俘，后被释放回国，参加了反对日本政界人士参拜靖国神社运动）在接受韩联社电话采访时揭露了日军的野蛮行径，他说："在大队本部的时候（指他1944年间在中国山西省孟县日军第一军'固旅'第七大队当卫生兵时）曾看到六七名韩国籍'慰安妇'在逃无可逃的境地下，被迫成为50多名军官的泄欲对象。在没有正式慰安所的情况下，慰安妇的处境极其悲惨。"他还说，当时日军经常把中国老百姓当作"游击队"，进入村落强抢女人，并拉回部队驻地轮奸。①

据马来西亚华裔×女士揭露，1942年日本侵略军占领吉隆坡后，2月的一天，日本兵开进了她住的村子，封锁了全村，使村民无法逃跑。有3名士兵闯进了她的家，当着她父母和哥哥的面实施了强奸（轮奸）。"而后把我拖了出去，我和从本村抓来的其他女孩一起被扔到其中的一辆卡车上。我哥哥被赶上另外一辆卡车，而后带走了。""我被带到暗邦城的一座两层楼的平房里，那里住了6名日军军官，他们再次轮奸了我。""他们又把我弄到了叫作'大东亚舞厅'的地方……所有的舞女都成了'慰安妇'。"②

1993年5月出版的印度尼西亚妇女杂志《环球》，刊登了这样一篇文章：一位名叫约哈娜的爪哇岛的"慰安妇"讲述她和她姐姐（叫丽卡）被2个日本兵强掳的过程。日军占领爪哇不久，约哈娜的父亲听说日本兵要找年轻的姑娘，就叫她们姐妹辞掉了在制线厂的工作，并把她们藏了起来。但她们最终还是被日本兵搜了出来，被强行带走，充当了"慰安妇"。然

---

① 据韩联社首尔2013年5月23日电，见《参考消息》2013年5月25日。
② 〔澳〕乔治·希克斯著：《慰安妇》，第2—3页。

后，她被带到雅加达，又同40名印尼姑娘转运到婆罗洲、文莱、新加坡、马来西亚等地，后来又返回婆罗洲和山打根，在各地都遭到日本兵惨无人道的折磨。[①]

（二）利诱拐骗

利诱拐骗是日本推行性奴制度的卑鄙手段之一。日本投降后，在揭露日本的罪恶中，有一张流传甚广的"怀孕的慰安妇"照片。2002年，中国云南腾冲又发现了另外一张怀有三四个月身孕的裸体"慰安妇"照片。当时，谁也没把2张照片中的慰安妇联系到一起，更没有找到照片中的历史见证人。后来，日本学者西野琉美子带着云南松山战役后留下的"怀孕的慰安妇"的照片第二次到朝鲜，进行了一项民间搜集"慰安妇"资料的调查工作。没想到，有一位日本老兵曾在回忆录中提到"中国名是若春""朝鲜名是朴永心"的老人看到照片后泪流满面，指着照片中最右边的那个慰安妇说："这就是我！"由此勾起了她那段刻骨铭心的痛苦回忆。那是1939年8月，日本警察在朝鲜"招工"，对外宣称是招护士。当时在一家裁缝铺做工的朴永心报名后就被日本宪兵从朝鲜带到了南京。与她一起被骗到中国的还有一大批年仅十几岁的女孩，全都被迫成了"慰安妇"。日本战败后，朴永心奇迹般地活着回到了祖国。2003年11月18日，82岁的朴永心到了南京指认当年的慰安所，控诉日本的罪恶。[②]

家住中国湖北省武汉市的良家妇女袁竹林，于1940年春被一个日本人的妻子以"招工"的名义，骗进了日军慰安所。她说："此后，每天的生活就是做日本兵的性奴隶。"日本投降后，她回到家乡。最后，她回忆道："我这一生，全毁在了日本鬼子的手里了……到晚上经常做噩梦，梦中我又回到了那个地方，那真是人间少有的苦难啊！"[③]

[①]　参见〔澳〕乔治·希克斯著：《慰安妇》，第132—134页。

[②]　据《羊城晚报》2003年11月20日。

[③]　《中华读书报》1999年8月25日。

被日本诱骗的良家妇女实在难以计数。原籍韩国大邱市的文玉珠也是一例。1940年，文玉珠16岁时，就被日本宪兵强行抓走送到中国东北洮安城充当"慰安妇"。后来她侥幸回到了家乡。1942年7月，她被诱骗到缅甸仰光充当日军"慰安妇"，后来又转送到驻泰国日军营地，直至日本投降才回到国内。[①]还有家住韩国庆尚北道达城郡达城面朝野洞的李相玉，被诱骗到日本，然后被送到太平洋帕劳岛充当了日军"慰安妇"。日本投降后，1946年她才乘美国派的船回到韩国。[②]

（三）胁迫屈从

从1931年"九一八事变"日本侵占中国东北至1937年日本发动全面侵华战争的这段时间，日本曾经在国内的九州等地区招募一批年轻妇女到中国上海、南京等地"工作"。开始主要是到各地妓院去联系招募，但妓院老板大多不愿意让自己的妓女到中国，怕影响自己的经营。后来，他们就征招一批家境困难、收入低下的艺伎，以高薪为诱饵，称只是为陆军做饭和洗衣服等内务工作，还能"自由旅行"等。但是，这些艺伎到了中国后，全被胁迫为"从军慰安妇"。

日本军国主义者还打着为天皇进行"圣战"的旗号，对国内年轻妇女进行所谓"忠君报国"教育，征召"妇女志愿服务队""女子报国队""女子挺身队"等，鼓动她们奔赴前线服务。可是，她们到了前线以后，相当一部分人都被送到了慰安所，成了随军性奴。她们做梦都没想到，竟然被自己的同胞诱骗、胁迫、愚弄和践踏。

当年在日本殖民统治下的台湾妇女也逃不了厄运。如陈莲花就在1943年（19岁时）被日本人以"看护妇"的名义骗至菲律宾，受胁迫充当了"慰安

---

① 参见韩国挺身队问题对策协议会、韩国挺身队研究会编：《被掠往侵略战场的慰安妇》，第105—121页。

② 参见韩国挺身队问题对策协议会、韩国挺身队研究会编：《被掠往侵略战场的慰安妇》，第136—150页。

妇"。与她同行的20多位台湾"慰安妇"，最后只有2人活着回到台湾。直至2010年台湾妇女救援会筹拍《芦苇之歌》（"慰安妇"纪录片）时，她才站出来揭露日本侵略军的罪行。2017年4月20日陈莲花病逝。

日军用胁迫、利诱的手段猎取"慰安妇"的事例在其占领区更是屡见不鲜。据菲律宾妇女马菲·亚武特·桑蒂兰回忆，1941年日本占领菲律宾时，18岁的她帮助母亲在马尼拉经营一家食品摊。在食品摊附近驻有一个日本兵营，日本军官经常到她的食品摊吃饭，并声称吃饭不给钱。她和母亲怕激怒了日本人，只好无奈接受这种"霸王饭"。有一天，日军一个叫佐久间的上尉，带了3名士兵到桑蒂兰的摊口，称他十分喜欢桑蒂兰做的饭菜，要求她到军营当厨师。桑蒂兰和母亲都不同意，却遭到佐久间的吼骂，并用巴掌抽打。在他的胁迫下，桑蒂兰只好答应了。她到兵营为佐久间做饭、洗衣服才一天时间，就被强奸了，从此成了"慰安妇"。桑蒂兰发现，被迫到兵营当"慰安妇"的并不止她一人，还有其他女孩。后来，桑蒂兰在她堂弟的帮助下，才逃出了魔窟。[①]

像桑蒂兰这种被胁迫沦为"慰安妇"，与从其他地区胁迫屈从的随军性奴隶，实际上与明抢强掳无异，只不过在表面上变换了一些手段而已。总之，无论是明抢强掳，还是利诱拐骗，或是胁迫屈从，都集中反映了日本"博爱及众"的本质，显露出日本军国主义者的丑恶灵魂，凸显了日本侵略者的野蛮"德行"。

日军诱骗、强征的"慰安妇"，在战时遭到了惨无人道的折磨和摧残。日军在行将失败之际，又将她们无情地抛弃，任其自生自灭，甚至让伤病者吞服剧毒的氰酸钾自杀，或直接残酷地杀害她们。据菲律宾"慰安妇"胡厄尼塔·哈姆霍特回忆，在美军解放马尼拉之际，日军将"慰安妇"集中赶上卡车，拉到了圣地亚哥堡实施集体强奸。然后她们被拉到了附近的教堂，和原先被日军拘捕的人群在一起，遭到荷枪实弹的日本兵集体枪杀。她是被倒

---

① 参见〔澳〕乔治·希克斯著：《慰安妇》，第47—48页。

下的尸体压住，后来才爬了出来，被美国兵发现并带到了掩蔽所，才侥幸生还。这些"慰安妇"包括从日本招募的，生前不被日军当人看待，死后仍然受到歧视。她们生前蒙受侮辱所积蓄的只能在日占区使用的军票，在日军溃败后全变成废纸，却得不到丝毫的怜悯和补偿，而死后更无葬身之地，连姓名、籍贯也无人知晓。战后健在的"慰安妇"回到自己的国家，仍然受到旁人的歧视。所有这些都是日本政府积下的非人道的所谓"懿德"。

第二节

日本右翼的卑劣行径与战后日本"慰安妇"

一、日本右翼政客对性奴制度的抵赖

日本战败后，日本的右翼分子乃至日本政府极力掩盖日本推行性奴制度的罪行，隐瞒"慰安妇"的真相，使"慰安妇"问题在日本国内成为一种禁忌。当"慰安妇"问题被揭发出来以后，日本的右翼势力和政客却想方设法抵赖，以各种托词加以狡辩。

本来，早在1941年10月18日，时任日本首相的东条英机在回答美国记者提问时，对"随军慰安妇"问题曾承认："我不能否认军队里会出现这种事情，就像你不能否认美国士兵请假去驻地妓院一样。"[1]这应该是日本官方（日本政府）最早公开承认日军有"随军慰安妇"。只是东条英机竟然把日本强征、劫掳良家妇女充当的"慰安妇"视同妓院的妓女、公娼，这是对被迫当性奴的女性最大的人格侮辱和伤害。

在"二战"期间，日本官方虽然承认了在日军中推行性奴制度，但是，日本战败后，日本右翼政客乃至日本当局却有意隐瞒、极力狡辩、矢口否认日本推行性奴制度的事实，又一次制造了当今世界的一大骗局。

（一）有意隐瞒

早在日本战败前夕，日本就预感到末日的来临，立即通过各种手段把有关"慰安妇"的材料和其他大批罪行材料进行"处理"或烧毁。当然，还

---

① 〔澳〕乔治·希克斯著：《慰安妇》（译者前言），第9页。

保存了大量的有关档案资料。战后，大量的日本侵略罪行档案材料都没有公布。特别是有关日本推行性奴制度的档案材料，至今仍隐藏深阁，未能见天日。历届日本政府基本都不敢正视"慰安妇"问题，或是掩盖隐瞒，或是搪塞推托，或是以"再调查"为托词而拖延，如此等等。唯有1992年1月17日日本首相宫泽喜一曾为"慰安妇"问题表示道歉。1993年8月4日宫泽内阁官房长官河野洋平代表日本政府发表针对慰安妇问题的"河野谈话"，承认"二战"期间日军参与强征"慰安妇"，并对此表示道歉和反省。1995年8月15日，时任日本首相的村山富市发表了著名的"村山谈话"，表示反省日本的罪行，并表达歉意，继承了"河野谈话"的精神。但是，此后的各届日本政府都未能继承"河野谈话"的精神，既不承认"慰安妇"的事实，又不向受害国表示谢罪和道歉。

日本众议院议员奥野诚亮就是一个典型的右翼政客。他曾担任过法务大臣、文部大臣、国土厅长官等职务，多次发表否认日本对外侵略罪行的言论。1988年他因发表关于"二战"期间"日本没有侵略意图"等言论，被迫辞去国土厅长官的职务。1996年6月4日，他公然否认日本在"二战"期间强征"随军慰安妇"的事实，遭到日本国内和国际社会的强烈抨击。但是，他仍不收敛，于6月29日更大放厥词："随军慰安妇"是一种"商业行为"，"日本政府没有干过那种事情"。①

1997年1月，桥本内阁外政审议室长平林博在国会答辩时称："在政府调查的文献中，找不到直接显示日军强行招募慰安妇的记载。"同年12月，桥本内阁在内阁会议上通过一份书面答辩，又称"找不到直接显示军人或官吏强行带走慰安妇的记述"。②

安倍内阁更是出尔反尔，居心叵测。2007年3月，第一届安倍内阁曾表示继承"河野谈话"，但同时在内阁会议上通过一份书面答辩，称"找不到

①　据新华社汉城1996年7月1日电，见《人民日报》1996年7月3日。
②　原载日本《朝日新闻》2013年5月26日，见《参考消息》2013年5月27日。

直接显示军人或官吏强行带走慰安妇的记述"。2012年9月12日，安倍晋三在宣布竞选自民党总裁的记者会上，他针对"河野谈话"表示："在前次执政时，我们以内阁决议的形式确认并没有证据证明'强征'（慰安妇）行为的存在。有必要为此出台新的谈话，以消除关于'强征'的误会。"①据称2013年5月24日，安倍内阁又通过一个继承"河野谈话"的决议。②但是，2014年10月21日，安倍内阁官房长官菅义伟在日本参议院内阁委员会接受质询时，对于承认日本强征"慰安妇"的"河野谈话"，却认为"这有很大问题，日本政府否认（存在'强征'）这一点，将为恢复日本的名誉和信任做出努力"。同时，他又重申日本政府无意修改"河野谈话"。③

仅从上述择引的几例中，则可看出日本右翼政客有意隐瞒"慰安妇"真相，或对"慰安妇"问题扭扭捏捏、反复无常，其居心是蒙蔽国际社会，"恢复日本的名誉和信任"。殊不知"日本的名誉"早已在"二战"时被日本军国主义者丢尽了，而今的当政者仍设法掩盖铁的事实，在世人面前何来"名誉"和"信任"呢？

（二）极力狡辩

第一届安倍内阁时，安倍晋三于2007年3月曾经声称"没有任何证据可以证明当年日本军队曾直接参与迫使数以千计的亚洲妇女充当'慰安妇'"④。同年4月，安倍晋三出访美国前夕，于21日接受美国《新闻周刊》记者采访时又说："作为日本首相，我对她们（指'慰安妇'）被迫忍受这种痛苦深表歉意。"他还说，日本对"慰安妇"的痛苦经历负有"责任"。⑤第三届安倍内阁时，2015年3月26日，安倍晋三也是在访美前夕接受美国《华盛顿邮报》记者采访时说："在'慰安妇'问题上，当我想到这些

---

① 日本《世界》月刊9月号文章，见《参考消息》2013年9月11日。

② 原载日本《朝日新闻》2013年5月26日，见《参考消息》2013年5月27日。

③ 据新华社2014年10月23日电，见《羊城晚报》2014年10月23日。

④ 法新社东京2007年4月20日电，见《参考消息》2007年4月21日。

⑤ 据韩联社东京2007年4月21日电，见《参考消息》2007年4月22日。

人时，想到她们沦为人口走私的受害者，经历了难以想象而又无法形容的痛苦和苦难时，我感到心痛不已。"①

这里应当指出，安倍晋三一时说没有证据证明日军强征"慰安妇"，一时又表示日本对"慰安妇"负有"责任"，"深表歉意"，一时又说"慰安妇"是"人口走私的受害者"，如此等等。究竟安倍晋三的说辞哪一句是真、哪一句是假呢？他的真实用意在哪里？很显然，他的真实用意并非负有"责任"，而是力图逃避责任。并且，他把被日本强征强掳充当"慰安妇"的受害妇女说成是"人口贩卖受害者"，这岂不是承认日军成了贩卖人口的"人贩子"了吗？不知安倍晋三如何自圆其说？！

桥下彻也是一位颇为著名的右翼政客。桥下彻是何许人也？2013年6月8日，韩国《朝鲜日报》网站发表一篇报道，题为《揭开妄言制造者桥下彻真面目——黑帮之子、婚外恋、色情行业顾问律师》。这篇文章把他定位为黑帮之子、不良少年、色情业律师等，这是指他的过去。而桥下彻的政治身份是：2008年1月当选为大阪府知事，2011年11月当选为大阪市市长，后兼任日本右翼政党日本维新会党首之一（另一位党首为右翼政客、东京都前知事石原慎太郎，桥下彻和石原慎太郎被称为共同党首）。

2007年3月，桥下彻就充分肯定安倍内阁关于"没有找到证据"强征"慰安妇"的决议，主张修改"河野谈话"。2012年8月，桥下彻攻击"河野谈话"为"扰乱日、韩关系的元凶"。2013年5月13日，桥下彻更是口出狂言，大放厥词："谁都明白，如果要让战斗在枪林弹雨中的人获得集体的精神放松，就需要慰安妇制度。"他还说，日本军队的"随军慰安妇"制度，"在当时，为了维持军队的纪律，是必要的"。②桥下彻的狂言一出，第二天就遭到日本国内的批评和国际社会的声讨。日本公明党党首山口那津男说："这是蔑视女性人格和人权的发言。"日本共产党书记局局长市田忠义

---

① 韩联社华盛顿2015年3月27日电，见《参考消息》2015年3月29日，《羊城晚报》（新华社特稿）2015年3月29日。

② 据日本《每日新闻》2013年5月14日报道，见《参考消息》2013年5月15日。

批评道："桥下没有资格当党首和市长，也没有资格谈论国家政治。"[1]大阪市民也通过电话和邮件表示抗议，认为"这是对女性的冒犯"，"要求收回发言"。冲绳25个妇女团体发表声明："我们强烈抗议桥下彻的言论，要求其道歉和收回这一言论。"[2]中国、韩国、德国等国家和有关人士也批评桥下彻的妄言是"藐视人类"。

桥下彻的妄言虽然遭到日本国内和国际社会的猛批，但是仍有右翼政客为其辩护。日本维新会共同党首、东京都前知事石原慎太郎这位著名的极右翼政客就说："任何军队往往都少不了妓女，这是一个历史准则。"[3]他表示支持桥下彻的言论。2012年12月出任安倍内阁行政改革担当大臣的稻田朋美（2016年8月任安倍内阁防卫大臣）在桥下彻妄言的第二天（5月14日）曾说："慰安妇制度是对女性人权的极大侮辱。"[4]但是，她后来又说，"慰安妇"在当时是合法行为。并且，她还要求移走竖立在日本驻韩国使馆门前的"慰安妇"少女雕像，[5]极力为日本"慰安妇"制度辩护和掩盖其罪行。

在右翼政客你唱我和之下，桥下彻于2013年5月20日在党内的一次会议上又说："我们曾在战场上用妇女解决性问题，这一点是真的。"但是，"美国、英国、德国及法国都曾这样做过。甚至韩国军方'二战'后也曾用妇女解决这一（性）问题"[6]。5月27日，桥下彻在东京举行记者会，名曰为澄清他有关"慰安妇制度有必要"的发言，并为建议驻日美军买春一事道歉，实则是为他的"慰安妇必要论"诡辩。他声称他在5月13日的发言"被媒体断章取义"。接着，他假惺惺地说，必须深刻反省日军蹂躏女性人权，对慰安妇致歉。随即矛头一转又说：日本以外不少国家的军人也有蹂躏女性

---

① 北京《环球时报》2013年5月15日。

② 法新社东京2013年5月15日电，见《参考消息》2013年5月16日。

③ 共同社东京2013年5月14日电，见《参考消息》2013年5月15日。

④ 共同社东京2013年5月14日电，见《参考消息》2013年5月15日。

⑤ 据《羊城晚报》（新华社特稿）2016年8月4日。

⑥ 日本《朝日新闻》报道，见《参考消息》2013年5月22日。

人权的事实，各国应诚实以对。他认为，如果只谴责日本，是不公平的。①
桥下彻这种"慰安妇各国普遍论"，完全是为了转移人们的视线，减轻或掩
盖日本的罪责。桥下彻的谬论，遭到联合国反对虐待委员会的严厉谴责，
明确要求："日本政府需要保障慰安妇受害人的权利，就慰安妇问题进行
正式道歉，同时将相关内容反映到教科书中，有必要加强对日本大众的教
育。"②显然，日本施行"慰安妇"制度的事实俱在，无论日本右翼政客如
何狡辩也是枉然。

（三）矢口否认

1993年8月23日，针对时任日本首相细川护熙于8月10日在记者招待会
上承认日本"这是侵略战争，是错误的战争"的讲话，日本自民党与靖国神
社有关的三个协议会商议，设立了一个"历史研究委员会"的右翼组织，由
众议院议员山中贞则为委员长，众议院76名议员、参议院29名议员为委员。
前首相安倍晋三是其委员之一。这个委员会一经成立，就迫不及待地开展为
日本侵略战争全面翻案、否认日本实施"慰安妇"制度的活动。从1993年10
月至1995年2月，邀请了19名日本政界、舆论界和学术界的"主讲人"，做
了20次关于历史问题的讲演。1996年8月，"历史研究委员会"将这些讲演
结集由日本辗转社公开出版，书名为《大东亚战争的总结》。这本书堪称一
本肆意歪曲历史、颠倒黑白、混淆是非的代表作。书中收录的号称"历史教
科书研究家、日本教师会顾问"上杉千年的讲演《历史教科书教给孩子们什
么——历史教科书关于侵略和残暴的记述》，极力反对在教科书中写上日本
对外侵略行为，公然否认日本"慰安妇"制度。他说，关于"慰安妇"，
"从军慰安妇人数为'10万至20万'是编造的"，"没有发生过强制带走的

---

① 据中央社东京2013年5月27日电，见《参考消息》2013年5月28日。
② 韩联社首尔2013年5月23日电，见《参考消息》2013年5月24日。

事，也没有凌辱行为"。[①]

尤为突出的还是前面提到的奥野诚亮。1995年7月，村山内阁发表谈话，向所有受害妇女表示道歉，并倡议成立"亚洲妇女基金会"，为受害妇女支付补偿而募捐。根据村山内阁的决定，1996年6月4日，"亚洲妇女基金会"理事会议决定向在世的受害妇女每人一次性支付200万日元补偿金，并附上一份由日本首相签署的"道歉书"。奥野诚亮对此决定大为恼火，就在"亚洲妇女基金会"理事会议的当天，他纠集一批右翼政客成立了"光明的日本·国会议员联盟"。成立会结束后，奥野诚亮声称：成立这个组织的目的就是要"纠正日本自虐的历史认识和屈尊的谢罪外交"。他还说，那个时候日本还有公娼制，不禁止卖淫行为。因此，"一些妇女当慰安妇是自愿参加的商卖行为，并非强迫所为"。"联盟"事务局长、参议员板垣正说，所谓日本强迫慰安妇"不是历史的真实"。当他碰到前来日本抗议的韩国原慰安妇时，竟然污辱性地挑衅发问："你领到报酬了吗？"[②]这简直是在受害妇女的伤口上抹盐。可见这"光明的日本"的"联盟"，其"光明"是建立在对"慰安妇"和受害国的第二次伤害的基础上的。

日本实施性奴制度问题日益引起世界各国的关注。2007年1月30日，美国民主党众议员迈克尔·本田向众议院外交事务委员会提出"慰安妇"议案。2月15日，澳大利亚的"慰安妇"幸存者奥赫恩等3名原日军"慰安妇"在众议院外交事务委员会相关小组做证，控诉日军暴行，呼吁美国国会通过相关决议。对此，时任日本外相（即外务大臣）的麻生太郎于2月18日在日本国会众议院预算委员会上说，美国众议院正在讨论的"慰安妇"议案"没有事实根据"。3月1日，日本首相安倍晋三和一些执政党议员也以"没有根据"为借口，否认日军强征"慰安妇"的事实。日军"慰安妇"决议案在美国众议院等待议决期间，6月14日，45名议员连同教授、政治评论家、媒体

①　参见〔日〕历史研究委员会编，东英译：《大东亚战争的总结》，新华出版社1997年版，第124页。

②　《人民日报》驻日本记者张国成的文章，见《人民日报》1996年6月7日。

人士在美国《华盛顿邮报》刊登名为《真相》的整版广告。广告称："没有找到日帝国时期，日本政府和军队介入动员慰安妇的材料。因此，迈克尔·本田此前提出的'日军强迫年轻女性成为性奴隶'的决议案，不符合历史真相。"①

为了阻止"慰安妇"决议案在美国众议院通过，2007年6月22日，日本驻美大使加藤良三致函包括众议院议长南希·佩洛西在内的5位众议院领导人，威胁美国众议院，称：如果通过该决议，肯定会给我们两国的"深厚友谊"和"范围广泛的合作造成持续性损害"。但这封信函被决议案发起人迈克尔·本田斥为"游说狂言"。②加藤良三的威胁信并未能说服布什政府向美议员施压以取消该议案。6月26日，美国众议院外交事务委员会以压倒性票数通过了该议案。7月30日，美国众议院以口头表决方式，一致通过了由156名议员共同提出的谴责日本强迫妇女充当日军"慰安妇"的议案，并要求日本就"慰安妇"问题道歉。该议案通过后，时任日本首相的安倍晋三竟然表示"令人遗憾"。

第二届安倍内阁期间，2014年3月3日，日本文部科学省副大臣樱田义孝在参加日本右翼举行的要求修改"河野谈话"的集会上致辞说："日军慰安妇问题纯属捏造。"6月20日，日本政府向国会提交对"河野谈话"出台过程的调查报告。报告称，日、韩两国政府曾私下就"河野谈话"的文字表述做过修改，认定"河野谈话"的出台是受韩国政府影响"幕后磋商的结果"。对此，美国《纽约日报》于6月23日发表社论指出："安倍为了迎合国内一小部分民族主义者，指示出台这一调查报告，便是对日本战争罪行受害者的不公之举，这一做法也伤害了日本。""表明日本从未真诚地道歉。"为什么安倍政府不认真去查证日军强征"慰安妇"档案材料和走访健在的"慰安妇"当事人，却对前任政府发表的"河野谈话"的出台过程进行

---

① 韩联社华盛顿2007年6月14日电，见《参考消息》2007年6月16日。

② 据美国《华盛顿邮报》网站2007年7月18日报道，见《参考消息》2007年7月20日。

"调查"呢？其目的很明显，就是通过质疑"河野谈话"所谓无根据，进而否认日本强征"慰安妇"的历史事实。真可谓是"司马昭之心，路人皆知也"。

二、日、韩"慰安妇"协议与日本战后"慰安妇"

安倍政府质疑"河野谈话"、旨在否认"慰安妇"制度而向国会提交对"河野谈话"出台过程的调查报告后，第二年（2015年），安倍政府和韩国朴槿惠政府匆忙地达成了关于"慰安妇"问题协议。这一协议刚刚达成，就遭到包括健在"慰安妇"在内的韩国广大民众的反对，并要求"废除"，同时也被媒体称为是一场"闹剧"。为何出现这种情况？简要追溯事情原委则可知其所以然。

据日本共同社首尔2015年12月28日电称，自2013年朴槿惠上台以来，迫于严厉的国内舆论压力，在"慰安妇"问题上始终坚持强硬姿态。日本安倍政府也为了顾及国内舆论而摆出对韩强硬态度。两国民众的对立情绪也十分突出。面对这种情况，日、韩两国政府都担心，如果长期如此僵持，会给朝鲜以可乘之机。并且，美国也强烈要求亚洲这两个主要盟国尽快改善关系。同时，2015年适逢日、韩邦交正常化50周年。日、韩邦交正常化是安倍晋三的外祖父岸信介的胞弟佐藤荣作任日本首相、朴槿惠的父亲朴正熙任韩国总统时达成的，这与安倍晋三、朴槿惠都有一点"因缘"的关系。在多种因素促成下，2015年12月28日，韩国朴槿惠政府和日本安倍政府就达成了解决"慰安妇"问题协议。根据协议文件，日本政府在"慰安妇"问题上"深切地感受到责任"，安倍晋三首相也表示"由衷的道歉和反省"之情。为了援助原日军"慰安妇"，韩国政府将设立基金，日本政府则以预算的方式一次性提供10亿日元（约合人民币5360万元）左右的资金。[①]

---

① 据时事社首尔2015年12月28日电，日本《产经新闻》2015年12月28日报道，见《参考消息》2015年12月29日。

在协议达成后的记者会上，日本外相（即外务大臣）岸田文雄称："日、韩两国政府确认将不可逆地解决慰安妇问题，并就减少彼此相互谴责达成一致。"韩国外交部部长官尹炳世也表示："双方确认最终且不可逆地解决这一问题。"岸田文雄还说："在军方的参与下，严重伤害了女性的名誉。日本政府深切地感受到责任。安倍晋三首相以日本国首相的身份，再次向所有慰安妇人士表示由衷的道歉和反省之意。"①

协议达成的当天，受害"慰安妇"援助团体"韩国挺身队问题对策协议会"就谴责韩、日达成的"慰安妇"协议是"辜负受害慰安妇与韩国人民厚望的外交勾结"，是因小失大的"屈辱外交"。受害"慰安妇"李溶洙也说，想讨回的是法律公道，而不是为了钱。②此后，韩国国内反对"慰安妇"协议的声音不断。2016年1月2日，韩国大学生和市民相继在首尔的日本大使馆前举行集会，要求废除"协议"达成的共识。3月27日，韩国"民主律师协会"代表29名健在的"慰安妇"和8名已逝"慰安妇"的家人向韩国宪法法院递交诉状，指称"慰安妇"协议违反了韩国的宪法。7月28日，即由日本政府出资的"和解与治愈基金会"成立的当天，韩国民众抗议拒绝"被治愈"，拒绝赔偿金。

2017年3月，韩国总统朴槿惠被弹劾下台。韩国新总统文在寅上任的第二天（5月11日），在同安倍晋三通电话中表示，目前多数韩国人无法接受"慰安妇"协议。他希望日本领导人有必要尊重和继承"河野谈话""村山谈话"等内容和精神。③8月17日，文在寅在记者会上称，"慰安妇"问题已通过韩、日会谈得到解决的说法并不正确。④2018年11月，韩国政府宣布撤销"和解与治愈基金会"法人资格，正式解散这个"慰安妇"基金会，并启

---

① 时事社首尔2015年12月28日电，日本《产经新闻》2015年12月28日报道，见《参考消息》2015年12月29日。

② 据韩联社首尔2015年12月28日电，见《参考消息》2015年12月29日。

③ 据韩联社首尔2017年5月12日电，见《参考消息》2017年5月12日。

④ 据韩联社首尔2017年8月17日电，见《参考消息》2017年8月18日。

动清算程序。

韩国民众和"慰安妇"受害者为何对"慰安妇"协议产生如此强烈的反应？究其原因，主要是：

第一，"协议"的达成，完全是日本安倍政府和韩国朴槿惠政府高层操作的结果。事前并没有征询"慰安妇"受害当事人和韩国广大民众的意见，没有顾及受害者的感情和共识，而只是想匆促通过协议达到日、韩和解，提升安倍政府和朴槿惠政府的政治光环。

第二，"协议"的内容没有明确指出日本政府是犯罪主体，没有点明强征"慰安妇"是日本政府和军队有组织、有计划的犯罪，使日本减轻或逃避了罪责。

第三，"协议"中所谓日本政府"深切地感受到责任"，并没有明确是法律上的责任还是道义上的责任。这给日本逃脱法律责任以可乘之机。

第四，"协议"中包含日本首相安倍晋三要表示"由衷的道歉和反省"，但并非安倍晋三本人亲口代表日本政府道歉，而是由他人代读，并且道歉对象也过于模糊。由此也可看出安倍政府究竟有几份诚意。

第五，日本强征"慰安妇"问题，是涉及被日本侵略的所有受害国的问题。但是，日本安倍政府只对韩国"慰安妇"道歉和赔偿，对中国、菲律宾、新加坡、印度尼西亚等国家的受害者置之不理。这也引起其他受害国家的非议和抗议。

总之，这份"协议"余波未了。它是不是真正解决"慰安妇"问题的"协议"？日本是否做了"由衷的道歉"或是言不由衷？日本是否真正承担了强征"慰安妇"问题的责任？这只能由事实来回答。

日本安倍政府所谓"道歉""责任"的话音未落，在日、韩"慰安妇"协议达成仅一个多月的2016年2月15日，在日内瓦举行的联合国消除歧视妇女委员会第63次会议上，日本政府提交了一份报告。报告称：日本政府所发现的资料无法确认所谓"军队和宪兵强征慰安妇"一事。据日本《产经新闻》2016年1月31日报道称："日本政府在该委员会上否定强征慰安妇的说法还是第一次，其目的是要在联合国公布正确的信息。"①2016年2月16日，日本外务审议官杉山晋辅在联合国消除歧视妇女委员会举行的对日审查会议上，就"慰安妇"问题说明时称："政府发现的资料中没有能证明军队或政府部门进行强征的证据。"他又解释说，强征"慰安妇"的观点广泛流传是源于吉田清治（已故）称"在济州岛强征"这一虚假证言，将其当作事实进行报道的朝日新闻社已在2014年承认了这个错误。②从日本政府提交的报告和杉山晋辅的发言可以看出，日本政府仍然矢口否认强征"慰安妇"问题，而日本在与韩国达成的"慰安妇"协议中所表示的"道歉"和所谓"责任"，在国际社会中究竟有多少可信度呢？至于朝日新闻社因"误报"风波而致歉的事件，据韩国媒体称，是因为该报报道了前日本山口县劳务报国会（即"国家劳动服务协会"）下关支部动员部长（主任）吉田清治有关日军在韩国济州岛强征"慰安妇"的证言，遭到日本右翼势力"严厉攻击"的结果。吉田清治曾著有《朝鲜慰安妇和日本人》《我的战争罪行——强掳朝鲜人》等著作。他在书中承认自己曾使用暴力强掳朝鲜女性迫其成为"慰安妇"，如何是"虚假证言"？但是，《朝日新闻》对吉田清治的证言做了报道后，日本首相安倍晋三就在电视节目中说："（《朝日新闻》）慰安妇问题的误报，让许多人痛苦，也损害了日本在国际社会的名誉。"③迫于压力，朝日新闻社社长木村伊量只好"道歉"。看来，"慰安妇"问题正如一股高压电流，最容易刺激日本右翼的神经。

为了否定日本实施"慰安妇"制度，掩盖日军暴行，转移人们的视线，日本的右翼政客还就"慰安妇"问题，抛出了"两论"：一是"各国存在论"，二是"普遍现象论"。

关于"慰安妇""各国存在论"，2013年5月20日，日本大阪市市长桥下彻在一次会议上就说，美国、英国、德国、法国、苏联、韩国等国家都曾

---

① 《参考消息》2016年2月1日。
② 据共同社日内瓦2016年2月17日电，见《参考消息》2016年2月18日。
③ 日本《产经新闻》2014年9月12日报道，见《参考消息》2014年9月13日。

有过"慰安妇"，"在战场上用妇女解决性问题"。[①]2014年1月25日，日本广播协会（NHK）新任会长籾井胜人在为其走马上任举行的记者招待会上说："慰安妇"制度"在每个国家"都存在过，这一问题仅以"今天的道德"来看是错误的。他还说："因为韩国称只有日本强征（慰安妇），事情才变得复杂起来。"[②]6月16日，桥下彻在大阪市举行的一次街头演说中称，"二战期间，美军等盟军曾将法国女性充当慰安妇，并建立慰安所"，所以，"单单批评日本的慰安妇问题相当奇怪"，"因此，世界各国都应该就这段历史进行反省"。[③]

桥下彻和籾井胜人的妄言，理所当然地遭到了国际社会的谴责。2013年5月23日，致力于解决人权问题的20个国家及地区的68个非政府组织发表联合声明，"强烈抗议试图将严重侵略女性人权之举正当化的荒谬发言"，要求桥下彻收回发言，并正式道歉。[④]籾井胜人的言论也招来国内外的口诛笔伐。美国驻东京大使馆立即否认美军参与了此类（"慰安妇"）活动，并强烈谴责籾井胜人的说法。

关于"慰安妇""普遍现象论"，2007年6月14日，日本右翼政客和若干人士在《华盛顿邮报》刊登的"翻案"广告中，一方面否认日本强征"慰安妇"，另一方面又说"随军慰安妇不是报道中称的'性奴隶'""慰安妇是公娼，在当时是普遍现象"等等。在这里，把诱骗、强掳充当"慰安妇"的良家妇女说成是"公娼"，"是普遍现象"，这完全是为了维护被称为"兽军"的日本侵略军的形象，充满着军国主义的情结，对受害妇女是再一次伤害。

日本右翼广告所谓"公娼论""普遍论"一出笼，就招致国际社会的一片声讨。美国国会众议院外交事务委员会主席汤姆·兰托斯说："在日本，

---

① 据法新社东京2013年5月21日电，见《参考消息》2013年5月22日。
② 《日本时报》网站2014年1月25日报道，见《参考消息》2014年1月27日。
③ 据中新网2014年6月6日，见手机凤凰网·新闻2014年6月16日。
④ 据共同社东京2013年5月23日电，见《参考消息》2013年5月24日。

有些人一直试图扭曲历史，玩弄谴责受害者的把戏。最近，也就是6月14日，日本政府中的一些人在《华盛顿邮报》刊登广告，中伤'慰安妇'中的幸存者……广告说，那些日军暴行受害者是'官娼'，在当时普遍存在。这种可笑的论调完全有悖事实。"①

为了证明"慰安妇"无伤大雅，力图为己辩护，日本右翼还在广告中"揭露"说，1945年日本投降后，美国占领军当局为维持美军风纪，曾向日本政府提出设立"慰安所"。②这一"揭露"又给世人引出了一个新的话题：战后日本是否还存在"慰安妇"和"慰安所"？"慰安妇"是从哪里招来的呢？"慰安所"是美国占领军当局提出设立还是日本政府主动设立的呢？

关于战后日本存在"慰安妇"问题，长期以来鲜为人知。由于这个问题主要涉及日、美两国，自始至终都属于政府行为，并且对国家和民族又不是什么增添"光彩"的事业，所以，日、美两国一直不事张扬，想让其随时光的消逝而湮灭。然而，日本右翼政客为了阻止日军强征"慰安妇"议案在美国国会通过，以求掩盖日军在"二战"中的罪行，却不顾家丑外扬，又把这个问题挖了出来。

那么，战后日本"慰安妇"的真相如何呢？

据澳大利亚学者乔治·希克斯从日本和东南亚各国搜集的资料披露，"1945年8月15日日本投降两天后，日本内务省、厚生省和城市警察局的局一级头目召开会议，同意动员现有的'公娼'制度，以满足占领军的需要。第二天，警察局代表、主要的娼妓业主和两位日本抵押银行的代表制订出了一个更为具体的计划。所采用的方针是：首先，所有的娼妓业主都要根据警察委员会的指令进行合作；第二，警察将为它们的营业场所下达秘密的

---

① 《羊城晚报》（新华社特稿）2007年6月27日。
② 据韩联社华盛顿2007年6月14日电，见《参考消息》2007年6月16日，《羊城晚报》（新华社稿）2007年6月20日。

指令；第三，抵押银行将提供至少70%的资金"①。9月初，又在浅草红灯区召开了警察和银行代表以及57位业主参加的会议，随即业主们就组成了所谓"娱乐协会"（即"慰安所"）。至11月底，被招入"慰安所"的妇女已达2万名。

2007年4月，美联社曾报道说，据位于日本东京东北的茨城县警察署历史档案记载，日本投降后，在美国占领军抵达日本前夕，1945年8月18日，警察署接到日本政府的命令，要求他们建立为美国占领军服务的慰安所，"目的是通过'慰安妇'的特殊服务，保护其他妇女和幼女免受凌辱"。警察署马上把单身警察宿舍改成慰安所，于9月20日开张，安置第一批招来的20名"慰安妇"。②

1945年8月28日，美国先遣部队飞抵日本奈川县厚木机场。30日，驻日盟军最高司令官（驻日美军最高司令官）麦克阿瑟也抵达东京。迎接他们的是由日本政府资助的娱乐协会开办的第一家"慰安所"。③

曾在日本的娱乐协会负责公关事务的鸣矢清一在回忆录中也提到，至1945年底，进驻日本的美军达35万人。娱乐协会招募的"慰安妇"达7万人。日本广岛和平学院历史教授田中敏之认为，除了日本政府开办的"慰安所"之外，还有大量私营妓院，妓女的人数可能比"慰安妇"还多。田中敏之发现的历史档案文件显示，美国占领当局向日本政府提供青霉素，为服务美军的"慰安妇"治病，还在"慰安所"附近设立预防性病的诊所，对美军嫖娼采取宽容态度。④

2015年，日本女作家乃南朝发表了长篇小说《星期三的凯歌》。这部小说就是以第二次世界大战日本投降后，为了给美军士兵提供娱乐，日本政府在东京等地开设慰安所一事为背景的。

---

① 〔澳〕乔治·希克斯著：《慰安妇》，第152页。
② 据《羊城晚报》（新华社特稿）2007年4月27日。
③ 据《羊城晚报》（新华社特稿）2007年4月27日。
④ 据《羊城晚报》（新华社特稿）2007年4月27日。

曾任日本《朝日新闻》记者、后任日本明治大学讲师的新井一二三在评论这部小说时称：在驻日盟军最高司令官麦克阿瑟抵达东京之前，"日本政府内务省已经下令成立了RAA（Recreation and Amusement Association，日文名为'特殊慰安施设协会'），8月28日在皇宫广场举行宣誓仪式，并且在东京大森海岸把宴会厅匆匆改装成的小町园慰安所，由150名慰安妇接待了第一批美国士兵。据《纽约时报》著名记者纪思道的报道，那天有个慰安妇为47个美国兵提供了服务"①。

关于"慰安妇"的来源，新井一二三称："慰安妇主要是通过报纸广告征募的。例如《每日新闻》上的广告写道：紧急募集特别女子从业员，提供衣食住，支付高薪、上京交通费，亦可预支。东京都京桥区银座七之一（即现在的歌舞伎座所在地），特殊慰安施设协会。"②

关于开设慰安所的目的，新井一二三写道："设立RAA的目的是教慰安妇担任'防波堤'的角色。当年日本人普遍害怕'鬼畜美英'士兵登陆以后，会随意凌辱战败国日本的女性。可以说，日本人把本国军队之前在海外战场上的行为投射在盟军身上了。为了保护广大女性的贞洁以及民族血液的纯正，日本官方主动开设了慰安所。"③

关于开设慰安所的肇端和慰安所规模、慰安妇人数，新井一二三称，1945年8月19日，前首相、当年的国务大臣近卫文麿"向警视厅总监要求'主动保护日本女孩子的纯洁'，然后由奉命的警方向各地机关和娱乐行业团体下达命令开设慰安所。三个月内，东京地区开了25个慰安所，然后遍布到日本各地，慰安妇总数达到了4000名，包括舞女、吧女，或者小说中的铃子母亲那样属于后勤的女性，被RAA雇用的女性达到了5万多名"④。"纪思道

---

① 〔日〕新井一二三著：《东京阅读男女》，（台北）大田出版有限公司出版2016年版，第115页。

② 〔日〕新井一二三著：《东京阅读男女》，第115—116页。

③ 〔日〕新井一二三著：《东京阅读男女》，第116页。

④ 〔日〕新井一二三著：《东京阅读男女》，第116页。

报道说：她们当时年纪从18到25岁，后来下落不明。估计20世纪50年代就离开了东京，然后一辈子闭嘴不提当年经历或者由于性病等后遗症年纪轻轻就去世。"①

据田中敏之称，驻日盟军最高司令官麦克阿瑟担心美军"身体不支"，于1946年3月25日下令，禁止美军涉足"慰安所"、妓院和其他卖淫场所。随后，那些官办的"慰安所"才关闭。而被日本政府招募来为美军服务的年轻女性（"慰安妇"）也就不知所终了。

从茨城县警察署档案、田中敏之发现的历史文件、有关人士回忆以及新井一二三在书评中的披露，可以看出：第一，战后的日本慰安所是日本政府主动开办的，其目的是所谓"主动保护日本女孩子的纯洁"，为讨好驻日美军而提供服务。第二，"慰安妇"的来源固然有风月场所的从业人员，但"也有本来跟风月场所沾不上边的良家千金"。从征募广告看，也带有诱骗性质，只不过这些"慰安妇"全部是日籍。特别是还有一部分是从海外遣返的原日籍"慰安妇"，等于第二次受伤害。第三，日本政府在战后仍然实施慰安妇制度，某些官员还要求这些受害日本妇女充当所谓"日本女性的楷模"，真是劣性不改。这完全是继续对女性的摧残，是对人权的践踏。

日本的右翼政客抬出战后日本"慰安妇"问题，妄图抵消日本在"二战"中强征"慰安妇"的罪责，不反省日本政府的行为，不顾受害同胞（"慰安妇"）的感受，完全丧失了人类的良知，理应遭到国际社会的挞伐。

---

① 〔日〕新井一二三著：《东京阅读男女》，第117页。

第三节

国际社会对日本性奴制度的声讨

一、"慰安妇"罪证的新发现与联合国的正告

日本的右翼势力妄图利用一切机会，以多种形式和手段，在不同场合隐瞒、否认日本强征"慰安妇"的罪行。然而，事实终归是事实。自20世纪中叶以来，日本强征"慰安妇"的大量证据不断被发现，使日本"慰安妇"制度的真相更难以隐遁。

日本投降之际，尽管日本政府"命令烧毁一切显示罪行的文件"，但还是能找到日本强征"慰安妇"的罪证。早在1946年12月25日，中国政府国防部审判战犯军事法庭主任检察官陈光虞"对战犯谷寿夫的起诉书"中就据实向军事法庭提起公诉，称：谷寿夫（日军师团长、南京大屠杀主犯）"强迫我国妇女做肉体之慰安"[1]，"在我国作战期间，肆意抢劫及破坏财产，对于平民做有计划之屠杀与强奸，强迫妇女入慰安所"[2]。

1948年11月4日，在《远东国际军事法庭判决书》中也列举了日军强征"慰安妇"、残暴摧残妇女的罪行。其中指证称：日军进入广西后，"在占领桂林时期，日军犯下了强奸和抢劫之类的暴行。他们以设立工厂为口实招

---

[1]　中国第二历史档案馆、南京市档案馆、《南京大屠杀》史料编辑委员会编：《侵华日军南京大屠杀档案》，江苏古籍出版社1987年版，第590页。

[2]　中国第二历史档案馆，南京市档案馆、《南京大屠杀》史料编辑委员会编：《侵华日军南京大屠杀档案》，第594页。

募女工。如此被招募来的妇女，被强迫为日军做娼妓"①。

　　由此可见，中国政府的南京审判和远东国际军事法庭的东京审判都判定了日军强征"慰安妇"、设立"慰安所"的罪行。但是，由于后来时局的变化，加上日本政府有意隐瞒事实真相，致使这一问题一度几乎被埋没。直至20世纪60年代，这个问题才有了新的转机。

　　实际上，在20世纪50年代，中国最高人民法院沈阳特别军事法庭审判日本战犯时，日本战犯曾供认了日军设置"慰安所"和强征"慰安妇"的问题。如日本战犯、日本陆军中将铃木启久供认："按照日本侵略军的惯例，我下令在我团盘踞的5个地方（河北丰润、沙河镇及另外3个地方）建立了'慰安所'，并抓来60名中国妇女充当'慰安妇'。"②铃木启久在这里供认的日本侵略军的"惯例"，实际是指日军普遍存在的"慰安妇"制度，但当时由于各种原因没有引起足够的重视。

　　1963年，日本《每日新闻》的记者千田夏光奉命制作"太平洋战争回顾"特辑时，在查阅2万多张旧照片中，发现其中有2名女性跟随日军渡河。在中国战场前线的日军中出现女性，令人匪夷所思。为了弄清事情原委，千田夏光花了2年多时间深入调查，搜集材料，并在九州的福冈找到了1938年初在中国上海开设的第一家日本官方批准的"慰安所"的业主。他还找到了曾经为"慰安妇"检查过性病的日本陆军医生，从而证实了日军征召"随军慰安妇"的事实。③

　　随后，虽然有关"慰安妇"的资料不断被发现，但日本政府却充耳不闻，不予理会。对此，日本北海道选出的社会党众议员伊东秀子愤慨地说："日本政府的这种态度就是不能原谅！"于是，她在本届国会众议院预算

---

①　张效林译：《远东国际军事法庭判决书》，第461页。

②　袁秋白、杨瑰珍编译：《罪恶的自供状》，解放军出版社2001年版，第35页。

③　参见平涛编著，李立德提供：《日本"慰安妇"事实俱在——从其曝光经过与深入搜集探索》，《传记文学》1995年第6期。

委员会中以"慰安妇"问题提出质询，要求政府编列预算，就此问题进行调查和处理。同时，伊东秀子还找到战时被强征的"慰安妇"的证人到国会做证。伊东秀子指出："慰安妇问题最能表现出日本过去发动战争的本质。"①随后，日本的报纸刊登了一位日籍"慰安妇"的长篇回忆录，揭露了日军的暴行。

到20世纪70年代，千田夏光的《从军"慰安妇"》《从军"慰安妇"悲史》和韩国金一勉的《皇军和朝鲜"慰安妇"》等关于"慰安妇"的著作和文章相继出版和发表，使"慰安妇"问题进一步得到世人的关注。

20世纪80年代，尹贞慕的《我的母亲曾是"慰安妇"》一书出版，详细揭露了日本强征"慰安妇"的丑恶行径。特别是吉田清治的《我的战争罪行——强掳朝鲜人》一书的出版，更引起轰动。因为吉田清治是日本征召"慰安妇"的当事人。在战争期间，他曾任日本"国家劳动服务协会"下关支部动员部长。"国家劳动服务协会"就是日本征召劳工（包括"慰安妇"）的机构。他的主要任务就是根据日本西部陆军和海军司令部的指令，与警察部队合作，协调全国范围的征召情况。所以，他的回忆录的出版，被称为"具有里程碑性的著作"②。由于吉田清治以亲身经历揭露了日本强征"慰安妇"的罪行，遭到了日本右翼分子的抗议和威胁。

尽管如此，日本籍的"慰安妇"铃木代田还是敢于出来接受电台的采访，讲述自己被迫受辱的经历。韩国梨花大学英语教授尹贞玉，以她通晓日语的有利条件，发起成立研究机构，开展对"慰安妇"问题的调查。与此同时，前日军士兵曾根一夫在撰写的《南京大屠杀亲历记》一书中，专写了"从军慰安妇"一节，以亲身经历揭露了日军的暴行。

1990年12月，旅日朝鲜（韩国）人成立了"军事'慰安妇'问题研究会"，搜集日本强征"慰安妇"史料，为"慰安妇"鸣冤声援。1991年12月

① 《传记文学》1995年第6期，第53页。
② 〔澳〕乔治·希克斯著：《慰安妇》，第191页。

6日，金学顺等3名韩国妇女站出来公开指证曾被迫在日军的"军中乐园"充当"慰安妇"，并控告日本政府，要求给予赔偿和道歉。

1992年1月，日本中央大学日本现代史教授吉田义明在日本自卫队防卫研究所图书馆发现了5份关于日本强征"慰安妇"的文件。包括：1938年3月4日，日本军部发给"华北远征军"的通知，要求远征军在征募（"慰安妇"）时要与当地和军警密切协同，"慎重行事"；6月27日，日本华北派遣军司令部发给下属司令部的通告，要求"尽快提供性慰安活动"，等等。特别是1939年4月中旬驻广东的21军向日本军部发出的例行报告中，就提到在该地区受陆军控制的"慰安妇"有854名，由私营业主管理的有150名。

1992年1月11日，日本《朝日新闻》将这些文件摘要做了报道（稍后吉田义明在《世界》杂志发表了文件全文，后出版了《从军慰安妇资料集》）。铁的事实证明，日本军方不但直接参与了强征"慰安妇"，而且是操纵"慰安妇"运作的幕后黑手。

事实俱在，岂能抵赖？1992年1月17日，时任日本首相的宫泽喜一被迫为"慰安妇"问题表示道歉，但拒绝以国家名义给予赔偿。宫泽喜一的不彻底"道歉"并未能消除健在"慰安妇"的愤懑，更没有由此就解决"慰安妇"问题。此后，日本强征"慰安妇"的证据档案资料不断被发现，更激起中国、韩国、菲律宾、新加坡、马来西亚、朝鲜、泰国、荷兰等国乃至国际社会的广泛关注和抨击。

1992年7月上旬，日本驻华大使馆向中国外交部通报日本政府就"慰安妇"问题的调查结果后，中国外交部严正指出：中国的受害者不少，希望日本政府严肃、认真地对待、处理这个问题。随即，韩国政府发表了《关于日本帝国主义统治下从军慰安妇的事实真相》。而后，朝鲜民主主义人民共和国政府发表了《揭露——日本政府必须说明慰安妇事实真相》报告书，并在朝鲜中央历史博物馆陈列展出了一组当年日军拍摄"留作纪念"的"慰安妇"照片，以形象的历史定格揭露日军的罪行。接着，菲律宾外交部向日本提出日军强迫菲律宾妇女充当"慰安妇"的责任和赔偿问题。中国台湾有关组织也发表了指证日本强征台湾"慰安妇"的报告书。荷兰原日军"慰安妇"也向日本东京地方法院提起诉讼,要求给予赔偿。关于"慰安妇"问题的"亚洲联合会议"召开了多次会议,要求日本道歉和赔偿。

20世纪90年代,日本吉田义明编的《从军慰安妇资料集》、吉田义明和林博史编的《共同研究日本军慰安妇》、矢野玲子著的《慰安妇问题研究》、菲律宾"慰安妇"享松的回忆录《某日军"慰安妇"回忆录》、澳大利亚乔治·希克斯著的《慰安妇》、中国苏智良著的《慰安妇研究》,及韩国挺身队问题对策协议会、韩国挺身队研究会编的《被掠往侵略战场的慰安妇》等大批有关"慰安妇"的著作、回忆录、证言以及档案资料相继出版、发表和公布。

尤其是上海师范大学的教授苏智良著的《慰安妇研究》,在广泛搜集资料、深入实地调查的基础上,对"慰安妇"问题的缘起、"慰安妇"制度的建立和发展、"慰安妇"制度的祸害等都做了较系统的阐述,特别是通过"慰安妇"相关人证、物证揭露了日军在中国乃至东南亚国家实行"慰安妇"制度的真相,并加以深入的探究和评说。这部著作以及其他先后出版和发表的有关论著、文献、口述资料,以铁的事实驳斥了日本右翼势力所谓"不存在强征""不存在慰安妇制度"的谎言。

进入21世纪后,仍不断发现日军强征"慰安妇"的证据。如2004年6月,日本龙谷大学教授户冢越郎在长崎地区法院公诉人办公室发现了半个多世纪前的日本法庭记录档案。档案记载,1932年,有10名"蛇头"(8男2女)先后诱骗、绑架了15名日本女孩,将她们强行送到上海充当"慰安妇"。据共同社报道,当年专门经营"慰安妇"生意的"蛇头"不在少数,本案只是冰山一角。据统计,"二战"期间,日本曾征招20多万名妇女充当"慰安妇"。

2007年4月,旅居德国柏林的自由撰稿人梶村太一郎在荷兰的资料馆查到了一份荷兰军队审判"二战"战犯的判决书。判决对象是在印度尼西亚雅加达开设名为"樱花俱乐部"的"慰安所"的一名男性,罪名是"强迫妇女卖淫"。判决书其中一段写道，被告于1943年6月2日接到了军政监部开设"卖春宿"（卖淫旅店）的指示，便自始至终在宪兵的监视之下，"雇用"了从荷兰人扣留所等地"搜集"来的20名欧洲女性充当"慰安妇"。日本投降后，该男子被判10年有期徒刑，后在服刑中死亡。[①] 由此可看出，在印度尼西亚开设"慰安所"完全是日本军方的旨意。

2007年4月17日，日本关东学院大学近现代史教授林博史在日本外国特派员协会举行发布会，公布了他发现的从中国、荷兰、法国等国检察团向东京审判提交的预审记录和供词。这些各国提交的公文，证明日军在亚洲等占领地区强制女性充当"慰安妇"。这些材料在东京审判时被作为证据采用。[②] 这些材料保存在东京大学社会科学研究所图书馆。

同年4月，日本关东学院大学历史教授林弘文（音译）在查阅1946年至1948年东京审判历史资料时，发现了7份证明日军直接参与强征"慰安妇"的笔供记录。其中一份由荷兰检察官于1946年3月13日记录的供词显示，一名日军文职雇员供认，日军占领马来群岛的婆罗洲后，一名军官曾强迫当地妇女裸体站立并扇她们耳光。供词称："我们根据最高指挥官命令逮捕她们，然后找些理由把她们送进'慰安所'。"[③]

2007年7月2日，中国原"慰安妇"受害事实调查委员会公布了中国第一份"慰安妇"受害事实调查报告。调查证明，日军曾征用庙宇，占领民间会馆、民宅等开设"慰安所"。日本战败后，残留在中国的日本军一部曾编入阎锡山地方部队，但保留独立建制。这支日本军仍沿袭"随军慰安妇"制度，并在山西太原设立一间"慰安所"。[④] 真是本性难移，不思悔改。

2013年8月6日，韩国首尔大学名誉教授安秉直公开了一份日记。这是从1942年7月至1944年12月在缅甸和新加坡当日本"慰安妇"管理员的一名朝鲜

---

① 据日本《东京新闻》2007年4月12日报道。

② 据日本《朝日新闻》2007年4月15日报道。

③ 新华社2007年4月17日电，见《广州日报》2007年4月17日。

④ 据《京华时报》报道，见《羊城晚报》2007年7月3日。

人的日记。日记记载，1942年7月10日，由数百名朝鲜姑娘组成的"第四次慰安团"从釜山港乘军舰出发，开抵缅甸分配到日军营地充当"慰安妇"。这些"慰安团"的姑娘是由日本军方代理人指定的民间人士征集、以"军属"的身份、持有日军发行的旅行证书被送到前线的。前面提到的文玉珠就是"第四次慰安团"的一员。①这份日记就是日军强征"慰安妇"的证据。

2014年3月14日，韩联社在美国获得一批美军解密文件。其中一份记述，1945年4月25日，一名中国女护士接受采访时透露，日本陆军军医每周五都到中国东北地区的"慰安所"，并对"慰安妇"进行体检。在这里的150多名"慰安妇"全部感染了性病。另一份文件显示，日军在缅甸眉谬也建立了"慰安所"。②这些文件证明，日军曾在中国、缅甸等地大规模、有组织地强征"慰安妇"。

同年3月，日本关东学院大学教授林博史的研究室在日本国立公文书馆（位于东京）所藏资料中发现，"二战"期间驻印尼巴厘岛的前日本海军士兵于1962年就"慰安妇"问题接受法务省调查时供称，"战争结束后（为了避免慰安所被视为战争犯罪对象）从军方收取了资金，用以笼络当地居民"。他还供述，曾把70名当地妇女带到军中充当"慰安妇"，"此外还遵照部队命令带来了约200人"。③由此可见，日军不仅在印尼巴厘岛强征"慰安妇"，而且在日本战败后还设法掩盖强征"慰安妇"罪行而给当地居民付"封口费"。

2014年4月25日，中国吉林省档案馆公布了从馆藏档案中整理出89件有关日本侵华档案（已以《铁证如山：吉林省新发掘日本侵华档案研究》为书名，由吉林出版集团有限责任公司出版）。其中有关日军强征"慰安妇"内容的有25件。这些档案都是当年日本关东军政部门和伪满洲政权有关部门保留下来的。档案显示，中国、韩国、朝鲜和东南亚等国家都是日本强征"慰

---

① 据韩国《朝鲜日报》网站2013年8月7日报道。

② 据韩联社华盛顿2014年3月15日电。

③ 据共同社东京2014年3月22日，见《参考消息》2014年3月24日。

安妇"行为的受害者，日军强征、蹂躏、奴役"慰安妇"的罪恶行径都记录在案。这是日本所犯下罪行的铁证。

同年7月6日，中国中央档案馆公布了日本战犯佐佐真之助的侵华罪行自供提要。该犯供称："师团于湖北省驻防期间，在当阳从以前就设立的日本人经营之慰安所，使之供给日本军队慰安，师团对此经营予以支持。该慰安所里有中国妇女十数名，都是因日本帝国主义之侵略战争，而陷于生活困苦，被强制的收容从事贱业。"①

2014年9月1日，美籍华人鲁照宁将他在美国搜集的128件文物史料照片无偿捐赠给侵华日军南京大屠杀遇难同胞纪念馆，其中有当年日军在南京下关拍摄的"慰安妇"照片6张。这些照片真实地记录了日军的罪行。

2017年4月，日本国立公文书馆将新发现的日军强征"慰安妇"的公文资料提交给日本内阁官房，总计19份182项。其中包括东京审判对乙级和丙级战犯的审判记录，明确记载了日军强征"慰安妇"的事实。并且，审判书判定日军强征"慰安妇"的内容，已为当时日本政府所接受。

虽然战后日本政府蓄意销毁、隐藏有关"慰安妇"的罪证材料，但还是有大量罪证被发现。仅凭以上所摘录的，就足以证明日本强征"慰安妇"的罪恶。日本右翼政客的任何抵赖和狡辩都是枉费工夫、无济于事的，只不过再一次暴露其眷恋军国主义的痼疾而已。

随着日本强征"慰安妇"证据的不断发现，也引起联合国对"慰安妇"问题的关注。1995年7月，以斯里兰卡法律专家拉蒂卡·库马拉斯瓦密为首的联合国人权委员会调查团，前往日本、韩国、朝鲜等国家向政府有关方面、前日军"慰安妇"和有关人士进行调查，于1996年2月6日发表了《对女性施暴的报告书》，4月19日经联合国人权委员会通过。报告书指出：日本"把女性及少女诱拐为军妓，并对她们进行有组织的强奸，显然是施于一般市民的非人道的行为，是对人类的一种犯罪行为"。报告书向日本提出6项

---

① 新华社2014年7月7日电。

正告：第一，日本帝国陆军创设的"慰安妇"制度违反国际法，日本政府应承认其法律上的责任。第二，日本应对被抓来当性奴隶的受害者进行个人赔偿。第三，公开所有有关"慰安妇"及关联活动的资料。第四，对每位受害妇女进行公开书面谢罪。第五，在教育场所中，加深人们对这个问题的理解。第六，尽可能追究及处罚募集"慰安妇"和设立慰安所的罪人。[①]

这份报告书反映了联合国调查日本"慰安妇"所取得的新进展、新突破，是国际社会对日本强征"慰安妇"问题秉持正义的体现。

为了纪念"二战"中的"慰安妇"，杜绝在战争中对妇女的性侵犯，2013年8月日本社会人士发起一项活动，联络受害国家的人权组织，呼吁设立一个受联合国承认的战时性奴隶（"慰安妇"）纪念日，拟将（1991年）8月14日（即原日军"慰安妇"金学顺站出来指证日军罪行的日子）定为"慰安妇纪念日"。活动代表之一的米娜·渡边说："我们希望慰安妇经历的苦难将让全世界共同铭记，尽管掩盖日本战时暴行的企图仍在继续。"[②]

二、民间法庭的判决与国际社会的谴责

日本右翼势力妄图掩盖日本性奴制度真相的拙劣表演，不仅于事无补，反而验证了一句中国成语——欲盖弥彰。日本"慰安妇"的人证、物证不断公开于世，激发了日本国内的高度关注和遭到了国际社会的强烈谴责。

20世纪末叶，日本国内的有识之士和亚洲受害国家就强烈要求日本政府对"慰安妇"给予赔偿并表示道歉和谢罪。在这种前提下，1995年7月，日本村山富市内阁倡议设立一个民间基金会即"亚洲妇女基金会"，由首相村山富市任主席。该基金会来自日本民间的捐助总数超过5.65亿日元，曾为韩国、中国台湾、菲律宾等国家和地区约300名原日军"慰安妇"每人提供200

---

① 参见陆培春：《联合国人权委员会指出日本应对前"慰安妇"赔偿》，新加坡《联合早报》1996年2月27日。

② 《日本时报》网站2013年8月11日报道。

万日元的赔偿。由于该基金会是属于民间赔偿，不是政府赔偿，并且没有明确承认日本政府对强征"慰安妇"罪行负有责任，因此，遭到包括联合国人权组织在内的社会各界的批评。该基金会于2007年解散。

1995年6月11日，朝鲜《劳动新闻》发表文章指出，日本帝国主义在"二战"期间犯下了前所未有的罪行，对此，日本政府必须以国家名义做出道歉和赔偿，不能以"民间基金"和"个人道歉信"的方式蒙混过关。文章称，在侵略战争中日本帝国主义强迫朝鲜近20万名妇女和其他国家妇女变为日军的"性奴隶"，但日本政府对过去侵略罪行至今还没有反省的决心。[①]次年12月，朝鲜"'随军慰安妇'及太平洋战争受害者补偿对策委员会"向"二战"受害者和团体以及全世界妇女发出"呼吁书"，指出："二战"期间，日本政府和军部强迫许多亚洲和欧洲妇女充当日军的"性奴隶"，这是日本"大规模、制度化、史无前例和残忍无道的践踏人权的罪行"。"呼吁书"号召国际社会更有力地开展国际性的声援活动，使日本当局真诚地认罪，并尽快向受害者做出"国家赔偿"。[②]

1995年8月15日下午，日本东京市民团体在日本城市中心会堂举行"8·15市民宣言集会"，要求日本政府对"慰安妇"表示道歉和给予国家赔偿，并向出席会议的首相村山富市表示强烈抗议。对此，村山富市说："这冒犯了妇女的尊严，给她们造成了难以忍受的屈辱。这是任何东西都无法补偿的。我再次表示道歉。"[③]村山富市的这一表态，值得肯定。

1996年4月，中国代表在联合国人权委员会上强烈要求日本要切实解决"慰安妇"问题。对日索赔中华同胞会会长林翠玉在日内瓦世界人权大会上，要求日本政府向"慰安妇"谢罪和赔偿。在此前后，韩国、菲律宾、印度尼西亚、新加坡等有关国家都纷纷要求日本对"慰安妇"问题要在"政府间解决"，向"慰安妇"表示道歉和赔偿。

---

① 据《人民日报》1995年6月12日。

② 据《人民日报》1996年12月24日。

③ 日本时事社东京1995年8月15日电，见《参考消息》1995年8月17日。

在21世纪来临之际，2000年11月25日，澳大利亚《悉尼先驱晨报》记者发表文章称："估计有20万像她（指韩国籍'慰安妇'文玉珠）这样的年轻女性，被日军从其在亚洲新占领地通过欺骗或暴力强行征去为其军队的性需要提供服务。"文章指出，除了朝鲜（含韩国）有大量少女被日本强征外，"中国、菲律宾、印度尼西亚、东帝汶和荷属东印度群岛也有大批被强迫的慰安妇。在战争期间和结束之后，她们所遭受的令人惊骇的待遇一直是20世纪日本历史上最可耻的一页"。

为了审判日军在"慰安妇"制度下施行性暴力的犯罪行为，2000年12月8日至12日，由加害国日本的非政府组织和受害的中国、韩国等6个国家及地区的非政府组织以及有关人权活动家在东京共同主办开设了"侵犯女性权利国际战犯法庭"，对日军在战时的性暴力进行审判。中国、韩国、印尼、菲律宾等9个国家和地区的64名受害者出庭做证。连日来，每天都有上千人来到法庭旁听。最后，担任法官的4名法律专家做出"裁决"：依照当时的国际法，昭和天皇和日本政府负有责任。①虽然这个民间法庭的判决不具有法律效力，但却是恢复受害妇女的名誉、为受害妇女伸张正义、揭露日军暴行的一个重要举措，对国际社会认清战时日本的罪恶产生了重大影响。

民间法庭对日本实施"慰安妇"制度做了公开正义的判决，但日本法院对中国"慰安妇"对日诉讼多次驳回。早在1995年8月，在日本律师和市民友好团体的支持下，中国山西省盂县的李秀梅、刘面换、周喜香和陈林桃4名原日军"慰安妇"向东京地方法院提起诉讼，要求日本政府谢罪和赔偿。2001年5月，东京地方法院在判决中不承认4人受迫害事实，驳回她们的诉求。此后她们又向东京高等法院提出上诉。2004年12月15日下午，东京高等法院在开庭不到1分钟便驳回了4人长达9年多的诉讼请求。2001年7月，中国海南岛陈亚扁等8名原日军"慰安妇"向东京地方法院提起诉讼，要求日本政府谢罪以恢复她们的名誉，并给予每人2300万日元的赔偿。2006年8月30日，东京地方法院审判长虽然基本上承认原告所讲的被日本兵"绑架、监

---

① 据日本《朝日新闻》2000年12月18日。

禁、持续毒打和强奸"，但是，又以事情发生在1947年的国家补偿法生效以前且因从她们受到伤害到现在已超过20年为由，驳回诉讼。陈亚扁在法院裁决后举行的记者招待会上无比愤慨地说："这是一项极不公平的裁决，我感到愤怒……日本人还有良心吗？"①

实际上，自20世纪90年代至陈亚扁等提起诉讼，涉及"慰安妇"的案子有10起，全被日本法院驳回。试问所谓"民主国家"的日本司法机关公平何在？公理何在？良知何在？

由于日本法院无视受害妇女的正当诉求，日本右翼势力气焰嚣张，使"慰安妇"问题更成为国际社会的一个焦点。2007年11月28日，加拿大联邦议会众议院排除了日本的干扰（日本首相福田康夫曾打电话给加拿大总理史蒂芬·哈珀劝阻），通过议案，要求日本政府为强征"慰安妇"事实道歉和赔偿。在议会大厅，有来自中国、韩国、菲律宾和荷兰的4名原日军"慰安妇"痛哭流涕，要求议员们为她们申冤，让日本政府向他们道歉。当议案最终全票通过后，全体议员都站立起来为她们鼓掌，场面感人。

2014年7月24日，联合国人权事务委员会的专家在审议日本有关落实《公民权利和政治权利国际公约》规定的第六次定期报告时发现，"慰安妇"制度受害人提出的所有赔偿诉求都被日本法院驳回，所有原告提出的寻求刑事调查和起诉的请求均以诉讼时效已过为由遭驳回。因此，联合国人权事务委员会指出，"这种状况反映出对受害人人权的持续侵犯"；同时认为，一些日本政府官员诋毁"慰安妇"制度受害人名誉，对她们构成"二次伤害"，日本应当就"慰安妇"制度承担责任并公开道歉，国际社会应当谴责一切诋毁受害人或者否认历史的企图。②次年2月6日，美国历史学会就有20名会员发表声明，谴责日本残害"慰安妇"的罪恶行径。对此，韩国的10名原日军"慰安妇"向美国历史学会致信感谢，说："日军'慰安妇'问题

① 共同社东京2006年8月30日电，见《参考消息》2006年8月31日。

② 据新华社2014年7月25日特稿，见《羊城晚报》2014年7月25日。联合国人权事务委员会当时由18名独立专家组成，英国人奈杰尔·罗德利任主席。

已是世界公认的事实，日本安倍政府却一心想从历史中将其抹去，你们正义地与安倍政府对抗，指出日本的错误之处，对此我们深表感谢与支持。"①

2015年5月6日，由美国康涅狄格大学教授亚历克西·杜登牵头的国际知名学者，包括美国纽约州立大学的普利策奖得主赫伯特·比克斯、威廉·佩特森大学教授西奥多·F.库克、麻省理工学院教授约翰·道尔、哈佛大学教授埃兹拉·沃格尔和芝加哥大学教授布鲁斯·卡明斯等187人联合发表声明，表示坚定捍卫历史真相，批判安倍晋三的言行。声明指出："日本皇军的许多档案已经被毁。但是，历史学者发现的无数文件表明，军方参与了运送这些女性和管理妓院的行动。受害者的证词也构成了重要证据。她们提供的全部记录令人信服，而且得到了官方文件的支持。"②杜登在通过电子邮件接受采访时说，声明旨在呼吁安倍政府为过去的错误承担责任，而不是歪曲历史或将其利用于政治目的。但是，"安倍首相上周在美国发表讲话时（指安倍晋三于4月访美在哈佛大学演讲时，用'人口贩卖受害者'指代'慰安妇'，回避日本强征'慰安妇'的罪行），我们都等着听他怎么说。很遗憾，他只在非正式场合围绕这个问题简短发表了评论，而这番评论进一步为日本政府推脱了对这段可怕历史的责任"③。

在这份声明上签字的最初是187人，至5月19日仅13天时间就达450人，包括美国、澳大利亚及欧洲一些国家的学者，"且有全球规模"。可见，日本的不义之举，人所共愤。

2016年1月下旬，日本天皇明仁与皇后美智子访问菲律宾时，菲律宾原日军"慰安妇"们对明仁天皇不就强征菲律宾"慰安妇"给予赔偿和道歉表示强烈抗议。据称，菲律宾被沦为日军性奴隶的有1000多人，至2016年1月

① 韩国《中央日报》网站，见《参考消息》2015年2月20日。

② 韩联社华盛顿2015年5月6日电，见《参考消息》2015年5月7日，《羊城晚报》（新华国际特稿）2015年5月7日。

③ 韩联社华盛顿2015年5月6日电，见《参考消息》2015年5月7日，《羊城晚报》（新华国际特稿）2015年5月7日。

健在的还有约70人。菲律宾"慰安妇"组织"菲律宾祖母联盟"和菲律宾全国妇女联盟，不仅对日本表示抗议，也对时任菲律宾总统阿基诺三世表示强烈不满。菲律宾妇女联盟负责人雷奇尔达·埃斯特雷马杜拉说："日本政府为韩国女性做了一点补偿，他们为什么不能为这里的女性做点什么？"她还说，菲律宾总统阿基诺三世"正在对日本点头哈腰，所以他不会提起（慰安妇）这个问题"。①

国际社会对日本的抨击远不只这些，但仅从以上数例，则可看出日本右翼政客否认"慰安妇"制度的无耻之尤，终被千夫所指。

在国际社会抨击日本歪曲历史、推卸责任的同时，许多国家发起为受害"慰安妇"竖立雕像，开设"慰安妇"纪念馆，以示纪念，希翼不要忘记"慰安妇"和被侵略的屈辱历史，教育当世，警示后人。据媒体统计，至2017年9月，韩国建有40座"慰安妇"铜雕像，其中一座竖立在日本驻韩大使馆前（2011年底揭幕），还有一座竖立在日本驻釜山总领事馆前（2016年12月31日揭幕）。日本政府强烈要求韩国把这两座雕像撤走，但韩国民众强烈反对，至今仍拖而未决。还有由中、韩两国艺术家共同创作的两座中韩"慰安妇"雕像，于2015年10月28日在韩国首尔城北区揭幕。

实际上，早在2010年，在美国新泽西州帕利塞兹帕尔克区图书馆院内就竖立了全美第一座"慰安妇"纪念碑。2013年3月，在该区伯根县政府办公地址也竖起一座"慰安妇"纪念碑。2013年7月30日，在美国格伦代尔市中央图书馆前的公园竖立了一座"慰安妇"铜像。2014年5月30日，在华盛顿市郊竖起一座"慰安妇"纪念碑，上面标明"慰安妇"来自的国家和地区，并写着："愿这些'慰安妇'永远安息……"2015年9月22日，美国旧金山市议会全票通过在旧金山修建"慰安妇"纪念碑。2017年9月22日，"慰安妇"雕像在旧金山唐人街附近一公园内举行落成仪式。同年9月19日，旧金山市议会一致通过将9月22日定为"慰安妇日"的议案。这一议案指出："'慰安

---

① 据美国《纽约时报》网站2016年1月29日报道，见《参考消息》2016年1月31日。

妇'这一制度为贩卖人口开辟了道路。"①至同年9月，在美国已竖立了10座"慰安妇"雕像。同年，在加拿大多伦多市"韩国加拿大文化协会"会馆正门前竖立了一座"慰安妇"雕像。2016年8月6日，在澳大利亚悉尼克罗伊登公园竖立了一座"慰安妇"雕像。2016年10月22日，一名身着中国传统服饰的中国少女和一名身着韩国传统服饰的韩国少女"慰安妇"雕像在上海师范大学揭幕，同时举行了"中国慰安妇历史博物馆"开馆典礼。

上海的中韩"慰安妇"雕像竖立前后，日本驻上海总领事馆总领事、日本外务省中国课课长、日本内阁官房长官菅义伟等先后加以阻挠，表示"遗憾"，完全丧失了人类的良知和违背了国际道义。悉尼的"慰安妇"雕像竖立后，旅澳的日裔团体竟然提起诉讼，说什么这是"种族歧视"。对此，澳大利亚媒体发文反驳。英国《每日邮报》也发文说："竖立'慰安妇'受害者铜像是为了纪念在战争中受迫害的20多万名妇女，她们中有韩国人，也有中国人，这难道是种族歧视吗？"②

上海的中韩"慰安妇"雕像竖立后，日本安倍内阁的官房长官菅义伟除了表示"遗憾"外，还宣称："重要的是不要沉浸于过去不愉快的历史，而是应该着眼未来的态度。"③作为一个加害国的高官，这话讲得何等轻松啊！人们不禁要问：被日本加害的几十万"慰安妇"的冤屈至今未能得到昭雪，为她们讨回公道、还其清白、竖雕像纪念，这是"沉浸于过去的历史"吗？如果换位思考，假如"不要沉浸论"者、"慰安妇必要论"者、"慰安妇不存在论"者等的姐妹、亲属像"慰安妇"那样遭遇摧残，是否就"不要沉浸于过去不愉快的历史"了呢？如果"不要沉浸于过去不愉快的历史"，为什么日本右翼政客却一而再、再而三地去靖国神社参拜战犯的亡灵？为什么日本每年都在广岛、长崎纪念被原子弹夺去生命的死者？为什么日本那些右翼政要、所谓学者文人编造出那么多为军国主义评功摆好、为侵略战争翻

① 日本《产经新闻》2017年9月21日报道，见《参考消息》2017年9月22日。

② 《环球时报》2016年12月22日。

③ 共同社东京2016年10月24日电，见《参考消息》2016年10月25日。

案的"大作"，制造那么多"沉浸于过去历史"的翻案舆论呢？显然，所谓"不要沉浸于过去不愉快的历史"，完全是一个遁词，其目的是想方设法抹杀日本的反人道罪恶。

在竖立"慰安妇"雕像的同时，亚洲有关国家和地区也先后拍摄了一批有关"慰安妇"的影视作品，形象地鞭笞日本的野蛮行径。如：20世纪70年代日本的《望乡》；20世纪90年代中国拍摄的《地狱究竟有几层》（2014年导演吕小龙将其翻拍成《黎明之眼》）和《慰安妇七十四分队》（1994年）、台湾妇女救援基金会拍摄的《阿嬷的秘密》（纪录片），及韩国电影制作人边永姃拍的"慰安妇"纪录片等；21世纪中国拍摄的《金陵十三钗》（2011年）、《南京！南京！》（2009年）、《贞贞》（2003年，以丁玲的小说《我在霞村的时候》改编）、《二十二》（2017年，纪录片），旅日华人班忠义独资拍摄的《盖山西和她的姐妹们》（2007年，纪录片），韩国拍摄的《音叉》（2014年）、《最后的慰安妇》（2015年）、《鬼乡》（2016年）、《雪路》（2017年），日本记者土井敏邦制作的《与记忆一起生活》（2015年），台湾妇女救援基金会拍摄的《芦苇之歌》（2015年，纪录片），加拿大华裔女导演熊邦玲执导的《道歉》（2016年，纪录片），等等。美国《新闻周刊》网站2017年6月11日发表埃米·齐默尔曼评论《道歉》的文章说：《道歉》关注的韩国、中国、菲律宾三位奶奶，是"被日本皇军绑架并被迫受到性奴役的慰安妇。她们只是曾被囚禁在'慰安所'遭到强奸和虐待的20万名女孩及年轻女性中的三人。70多年后，这些奶奶已经为一场要求日本政府正式道歉的草根运动奋斗了数十年"。然而，"战争并未能就此结束"，她们还在抗争。

在不断发掘"慰安妇"史料的基础上，也有一批关于"慰安妇"的陈列馆、资料馆、博物馆相继开馆。诸如：2005年8月1日，"女性战争与和平资料馆"在日本东京早稻田区正式开馆（现设在早稻田大学内）。这是日本第一座收藏"二战"时日军性暴力证据的史料馆。该馆是一位原侵华日军的后代松井耶依在身患胆囊癌末期的情况下，联络她的朋友、"慰安妇"证人、专家学者，把她的全部财产拿出来筹建的。可惜尚未等到"资料馆"开馆，她就离世了。她为"慰安妇"奔走鸣冤、秉持正义的精神难能可贵。还有南京利济巷"慰安所"旧址陈列馆（2015年12月开馆）、中国"慰安妇"历史博物馆（2016年10月22日开馆）、台湾首座"阿嬷家——和平与女性人权馆"（2016年12月10日在台北大稻埕迪化老街开馆），等等。

一尊尊"慰安妇"雕像，一部部"慰安妇"影视，一座座"慰安妇"纪念馆，都是对日本反人道罪行的控诉，都是对日本右翼势力否认"慰安妇"制度的斥责。这些纪念设施，更促使人们不要忘记"慰安妇"受害者苦难的历史，警惕日本的罪恶重演。

为了让有关"慰安妇"真相的档案文献史料成为人类永久的记忆，2014年6月，中国中央档案馆、中国第二历史档案馆和辽宁省、吉林省、上海市、南京市档案馆以及侵华日军南京大屠杀遇难同胞纪念馆等7个单位，向联合国教科文组织申报将日本强征"慰安妇"档案列入世界记忆名录，但因日本的干扰，加之"慰安妇"问题涉及多个国家，所以联合国教科文组织专家委员会建议联合申遗，暂未获通过。2016年6月，由中国、韩国、菲律宾、印度尼西亚、东帝汶、日本和荷兰等8个国家的14个民间团体向联合国教科文组织提交了2744份材料，申请将"慰安妇"专题（"日军'慰安妇'的声音"）列入世界记忆名录，使之成为人类永久的遗产。

但是，日本政府获悉后，于2016年10月30日向联合国教科文组织提交"意见书"，又出招阻挠"慰安妇"史料申遗。据日本《产经新闻》报道，日本政府还决定拒绝缴纳2017年联合国教科文组织约34.8亿日元会费，以表示对"慰安妇"史料申遗的不满。然而，不论日本使用什么阴招阳招，都无法改变日本强征"慰安妇"的事实。中、韩等国民间团体申报的这些材料，就是日本强征"慰安妇"的罪证，是"慰安妇"受害者对日本的控诉，是爱好和平人们为"慰安妇"向国际社会的申雪，也是对日本右翼势力的有力声讨。这不仅给人类社会留下永久的记忆，而且也为当世和后人防止日本军国主义的复活提出有益的警示。

第六章

"侵略有功"：欺世的历史篡改

第一节

日本的对外侵略罪行

一、"ABCD"妄言与日本对华侵略

第二次世界大战结束后，世界发生了翻天覆地的变化，日本也从战后初期的破败中发展成为一个经济强国。然而，日本的右翼分子的思维并未随着社会的演进而改变。他们固守军国主义的意识形态，对军国主义心怀依恋，蓄意篡改日本的侵略罪恶史，编造各种奇谈怪论。其中，"ABCD包围圈"论颇具迷惑性，这在日本国内和国际社会是一个欺世骗局。

"ABCD包围圈"是当年日本发动对外侵略战争的一个借口，也是当今日本右翼为侵略战争翻案的一个托辞。何谓"ABCD包围圈"？ ABCD是取自美国（America）、英国（Britain）、中国（China）、荷兰（Dutch）四个国家的头一个英文字母。在第二次世界大战期间，特别是在日本发动太平洋战争之前，日本执政当局和军方制造舆论称，日本已陷入"ABCD包围圈"，处境十分危险，必须寻求出路。日本制造细菌战的罪魁祸首、七三一部队队长石井四郎就曾经叫嚣："日本被迫陷入ABCD的包围圈里。我们必须突破，非突破不可！"①据日本的右翼文人、独协大学教授中村粲（1934年生于东京）于1993年11月26日忆述："当时，我在念小学，至今仍记得贴出的'ABCD包围圈'的布告。当时并不懂它的意思。只记得学校的走廊贴着

---

① 〔日〕青木富贵子著，凌凌译：《731——石井四郎及细菌战部队揭秘》，上海译文出版社2010年版，第91页。

'ABCD包围圈'的大布告。"①这就说明，日本当局把这一妄论不仅在民众中广泛传播，而且连小学生都不放过，以此蒙骗民众，制造危机感，促使民众支持侵略战争。

在日本右翼组织"历史研究委员会"（众议院议员山中贞则为委员长）主持的专为日本侵略战争全面翻案的历史问题讲座中，中村粲以《大东亚战争的起因》为题做了连篇累牍的演讲。他说："大东亚战争"的起因，"应该追溯到日俄战争时期"，"日本开战完全是自存自卫的行为。当时存在着A（美国）B（英国）C（中国）D（荷兰）包围圈，日本处境非常艰难。为了打破这种局面，日本向南方出兵。""日本从未想过要因此而使亚洲变为战场。"②他还说：为什么日本要并吞韩国？"一是为了东方的稳定和东方的和平；二是为了日本的安全，即自卫。""并吞了韩国，结果稳定了亚洲。"③他还无耻地吹嘘说：由于ABCD包围圈"对日本实行经济上的封锁，日本为了摆脱这种封锁，为了自存自卫，才向东南亚的资源地带出兵"；"日本实现了促使整个东南亚独立的结果"，"如果没有大东亚战争，那么东南亚的国家或许还会在相当长的时间里，不得不屈从于殖民统治"。因此，"日本在这场战争中出色地完成了自己的使命"。④他还说："日本从未想过要占领广大的支那（有意贬指中国）。"⑤显然，中村粲的意思就是说，日本并吞韩国，占领中国东三省，发动全面侵华战争，侵略东南亚，都是为了冲破"ABCD包围圈"，为了自卫，还"出色地完成了自己的使命"，把亚洲特别是东南亚国家解放出来。他的这种说辞绝对称得上荒谬绝伦。在"历史研究委员会"主办的这个讲座中，还有在"二战"时充当过刽子手、在战后曾任东京医科牙科大学教授的总山孝雄说得更加离谱。他

---

① 〔日〕历史研究委员会编：《大东亚战争的总结》，第39页。
② 〔日〕历史研究委员会编：《大东亚战争的总结》，第52页。
③ 〔日〕历史研究委员会编：《大东亚战争的总结》，第9页。
④ 参见〔日〕历史研究委员会编：《大东亚战争的总结》，第52—53页。
⑤ 〔日〕历史研究委员会编：《大东亚战争的总结》，第31页。

说："日本是为了从侵略中保护和解放亚洲而战的"，"我们为解放亚洲而进行殊死战斗，我们引以为豪"，"日本是做出过史无前例的国际贡献的国家"。①

1995年5月29日，日本有一批大日本帝国的徒子徒孙竟然仿效东条英机1943年11月在东京召开所谓"大东亚会议"的做法，在东京武道馆举行所谓"亚细亚共生祭典"万人集会，并发表了《亚洲共生·东京宣言》。宣言声称，日本发动太平洋战争，是一场"为亚洲从欧美列强手中争取独立"，"使亚洲人觉醒"的战争。日本极右政客、众议院议员奥野诚亮在会上大放厥词："大东亚战争不是跟亚洲作战，而是跟欧美之间的战争"，这场战争"使亚洲各国从白人殖民主义者手中取得独立"。②奥野诚亮和日本右翼政客在此前后曾多次说"日本没有侵略过中国"。

显然，不论是"ABCD包围圈"还是"解放亚洲论"，其目的都是推卸日本的战争责任，为日本军国主义的侵略历史翻案。

那么，究竟事实真相怎样呢？

自明治维新以来，日本就把对外侵略扩张作为既定的国策。1882年8月，日本参议院议长山县有朋（后任内阁总理）就提出了扩充军备的意见书。山县有朋说："欲能与世界各国对峙，保持国家体面，维持独立，则非保有强大兵力不可。"③随即大肆扩军备战。据日本史学家称，"当时政府当局早已下决心与中国一战"④。1889年12月，山县有朋担任日本首相后，就在众议院会议上做了关于"主权线、利益线"的演说。所谓"主权线"，是指日本本土。所谓"利益线"，是指中国、朝鲜等日本周边国家和地区。他认为，日本守住"主权线"是远远不够的，还必须"保卫利益线"。如何

---

① 参见〔日〕历史研究委员会编：《大东亚战争的总结》，第77—79页。

② 据新加坡《联合早报》1995年6月4日。

③ 〔日〕小山弘健、浅田光辉著，许国佶译：《日本帝国主义史》（第一卷），生活·读书·新知三联书店1961年版，第18页。

④ 〔日〕小山弘健、浅田光辉著：《日本帝国主义史》（第一卷），第19页。

"保卫利益线"呢？就是要用武力去征服这些国家和地区，使其成为日本的殖民地。根据这一理论，形成了日本对邻国外交的总方针，通称为"大陆政策"。之后的几届内阁在外交上都承袭了这个方针。

"两线"方针政策提出后，日本加紧实施，付诸行动。1894年日本挑起中日甲午战争。次年，侵占中国台湾。1900年，日本参加"八国联军"侵入北京。1904年，日本挑起日俄战争。1910年，日本并吞朝鲜。仅此诸端，并没有看到什么"ABCD包围圈"，而是看到日本借端生事，用枪炮和刺刀到邻国的疆域去"保卫利益线"。可见，所谓"利益线"，就是扩张线、侵略线、霸权线、军国线。山县有朋提出的"两线"理论及其实践，使他的确可称得上是"日本军国主义之父"。

20世纪初叶，日本觊觎中国的野心更加膨胀，首先垂涎中国东北。据日本人松本敬之著的《富之满洲》称："满洲者（指中国东三省），其面积大我国（指日本）三倍，人口稀寂，土地肥腴，巨江细流交错贯注，延无垠之山岭，藏无垠之富源，而又一水相望，在我国势力圈内，为我国之殖民地，最为适合。呜呼！我同胞其于满洲大平原，各施其殖民大活动力，以定其根本地，为国家百年大计。"[①]在这里，白纸黑字展现给世人的也不是什么"ABCD包围圈"，而是从日本人骨髓里流露出来的侵略野心，妄图把中国东北变为殖民地，进而全面霸占中国，以此作为日本的"百年大计"。

日本的野心更有甚者。1927年6月，日本首相田中义一主持的"东方会议"所制定的《对华政策纲要》，就是日本企图攫取"满蒙"、武力侵华的基本国策。会后，7月25日，田中义一呈送天皇的奏折（通称"田中奏折"）更是把日本侵略中国、"征服世界"的野心暴露无遗。奏折称："惟欲征服中国，必先征服'满蒙'，如欲征服世界，必先征服中国。倘中国完全可被我国征服，其他如小中亚细亚及印度、南洋等异服之民族，必畏我

---

① 〔日〕松本敬之著，马为珑译：《富之满洲》，政治转输社光绪三十三年（1907年）发行，第5页。

进而降于我。使世界知东亚为我国之东亚，永不敢向我侵犯，此乃明治大帝之遗策，亦是我日本帝国之存立上必要之事也。"①在这里田中义一明白无误地奏明，侵占中国、征服世界是老祖宗明治之"遗策"，并不是日本右翼所说的什么"ABCD包围圈"。田中义一上奏的内容一再强调"征服中国""征服亚洲""征服世界"，而绝不是日本右翼颠倒黑白、有意捏造的所谓日本去"解放亚洲"等。奏折中所透露的是日本想施用一切手段，去同欧、美、英争夺在中国的权利，进一步瓜分中国，而不是日本为了"打破ABCD包围圈"。如果说是为了"打破ABCD包围圈"的话，那也只能是日本力图排除其他列强，独吞中国，独霸世界。

纵观日本的历史发展就是如此！1931年9月18日夜晚，日本驻中国东北的关东军自行炸毁沈阳北郊柳条湖附近南满铁路的一段铁轨，却反诬是中国军队破坏铁路，并以此为借口，向中国军队驻地北大营和沈阳城实行突然袭击，发动"九一八事变"。19日晨，日军即占领沈阳。曾任日本历史学会会长的著名史学家坂本太郎指出："'满洲事变'，是日本关东军根据蓄谋已久的计划，在昭和六年（1931年）九月十八日，以沈阳郊外柳条湖的南满铁路被炸为借口而挑起的军事行动。"②而后，仅4个多月时间，日军就占领了整个东北，并扶植了一个伪满洲国傀儡政权。可以说，"九一八事变"是第二次世界大战东方战场爆发的起点。

"九一八事变"后，中国南京政府曾向国际联盟（简称"国联"）③提出申诉，要求日本撤兵。1932年1月，由美、英、法、德、意五国代表组成的国联调查团前来中国东北调查。但在10月公布的调查报告书中，却姑息日本的侵略行为，不维护中国的正当权益，反而提出对中国东北实行国际共

① 方连庆等编：《现代国际关系史资料选辑》（上册），北京大学出版社1987年版，第230页。

② 〔日〕坂本太郎著：《日本史概说》，第516页。

③ 国际联盟是第一次世界大战后帝国主义列强于1920年1月10日成立的国际组织，有50多个成员国。英、法、意、日为常任理事国。美国没有参加国联，只参加一些活动。

管。所谓"国际共管"，就是世界列强共享东北的权益，不让日本独吞。对此，日本强烈不满，于1933年3月退出国联。

这里值得注意的是，日本是国联的常任理事国，美国并没有加入国联，日本起码是与美、英、法等平起平坐的，并不是像日本右翼所说的受到什么"ABCD包围圈"的包围。日本的野心是想独霸中国和亚洲，不让他国染指。而日本退出国联就是佐证。

日本乘"九一八事变"的嚣张气焰，于1932年1月28日，在上海挑起"一·二八事变"。1934年4月，日本外务省情报部部长天羽英二发表了"天羽声明"，公然把中国视为日本的保护国，声称：日本"帝国是维持东亚和平的唯一基础，负有全部责任"，中国"不能依靠别国利己主义的开发"等。①这个声明凶相毕露，霸气十足。

然而，日本的霸权欲是难以得到满足的。于是，日军又开始把侵略目标指向华北，先后侵入河北东部、察哈尔东部，制造了"华北事变"，并侵入内蒙古。同时，强迫订立《塘沽协定》（1933年5月31日）、《何梅协定》（1935年6月9日）、《秦土协定》（1935年6月27日）等。1935年11月25日，建立了"冀东防共自治委员会"傀儡政权。12月18日，扶植成立亲日政权"冀察政务委员会"。至此，河北、察哈尔等地都沦为日本侵略者的铁蹄之下。

1936年11月25日，日本与德国签订了《反共产国际协定》（亦称《关于共产国际的协定》或《防共协定》）。随后意大利也加入这个协定。这个协定及其秘密附件实际上是日本于同年8月7日召开的"五相会议"（首相、藏相、陆相、海相、外相）制定的确保东亚大陆地位、采取南北并进方针的进一步推进。"五相会议"制定的"国策基准"②和这个协定，其目的：一是把矛头指向苏联，二是向英、法、美等国示威，进而排斥英、美在华的势

---

① 参见方连庆等编：《现代国际关系史资料选辑》（上册），第335页。
② 参见复旦大学历史系编译：《日本帝国主义对外侵略史料选编（1931—1945）》，上海人民出版社1983年版，第136—138页。

力，以图把英、美、法、荷等国支配下的东南亚各国变成日本的势力范围。之后的事实证明，日本就是沿着这条侵略道路走下去的。

"七七事变"后，由于中国军民的顽强抵抗，打破了日本速战速决占领中国的战略企图，有力地牵制了日本南北并进的战略部署，使日本的北进计划遭到挫折。于是，日本把侵略矛头先后指向华东、华中、华南地区。1937年11月12日，日军占领华东重镇上海；12月13日占领南京。1938年10月21日，日军占领华南重镇广州；25日占领华中重镇武汉。1939年2月，日军占领海南岛；3月占领中国的南沙群岛。1942年1月25日，日军占领香港。至此，日本侵略者的铁蹄践踏了大半个中国。但日军也陷入了中国人民抗日战争的汪洋之中。

日本侵略中国仅仅是其霸权野心的第一步，它还想独霸亚洲，称霸世界。1940年8月1日，日本近卫内阁的外相松冈洋右在阐释近卫内阁制定的《基本国策纲要》时，第一次公开提出要建立"大东亚共荣圈"这个侵略概念和构想。日本主要战犯之一、日本军国主义"思想家"桥本欣五郎于1942年1月5日在《太阳大日本》报上专门发表了一篇题为《大东亚共荣圈》的论文，称这个"共荣圈"应包括下列国家和地区："日本、满洲（指中国东三省）、中国、苏联远东地区、马来亚、荷属东印度、英属印度、阿富汗、澳大利亚、新西兰、夏威夷、菲律宾，以及太平洋和印度洋各岛屿。"同年6月，日本出版的《大东亚共荣圈交通综观》中标示了"共荣圈"的面积、人口，称："在大东亚战争的现阶段，东西约9000千米，南北约8000千米，陆地面积约1400平方千米，人口约7.07亿人的地域被称为大东亚共荣圈。"还特别强调，以日本统治的角度，"从东亚的国际形势看，建设大东亚共荣圈是绝对必要的"。[①]从"大东亚共荣圈"所划定的范围和日本在"二战"中的魔爪所及，则可看出日本的狂妄野心。

---

① 参见〔日〕饭尾祯著：《大东亚荣圈交通综观》（日文），东洋堂发行，昭和十七年（1942）版，第2—3页。

这里应当指出，日本的对华侵略，绝不是什么"ABCD包围圈"所致，完全是日本的侵略扩张野心使然。日本史学家曾经指出："日本也由于战时（指'一战'）的大发展，在战后加入了世界第一流帝国主义强国的行列。日本不顾同是协约国的中国的强烈要求，把德国在山东省的特权全部攫为己有，并且以委任统治的名义，攫取了赤道以北的前德属南洋群岛。这样一来，本国领土只有382545平方千米的日本，竟控制了中国的台湾和关东州、朝鲜、库页岛、南洋群岛等总计298611平方千米的地区，并把中国的东北和山东省也划入自己的势力范围。""日本帝国主义者对亚洲大陆和西南太平洋地区拥有的这种战略地理上的优势，是同它竞争的任何列强都不可企及的。"①

历史事实证明，第一次世界大战后，日本并非受到什么"ABCD包围"，而已成为世界列强瓜分中国的主角。20世纪30年代，日本正是利用其他列强无法具有的独特优势和有利地位，肆无忌惮地发动了对中国的侵略战争。2017年6月，由汤重南主编、线装书局出版的《日本侵华密电·七七事变》（分三编共51册，其中目录1册），就是新的铁证。这批绝密档案是在日本投降后，由美国占领当局截获并运到美国，制成2000多卷缩微胶卷保存下来的，原件还回日本。中国学者就是从这2000多卷缩微胶卷中遴选2万多页编成此书的。这批由当年日本官方形成的绝密档案，彻底暴露了上自"九一八事变"、下至太平洋战争爆发前，日本有计划、有预谋地全面侵略中国的罪行，是日本侵华的自供状！日本的军国主义遗少和右翼政客看到"祖宗"留下来的"自供状"，不知做何感想？妄图掩盖日本军国主义的罪恶，能掩盖得了吗？那只能是白日做梦！

---

① 〔日〕小山弘健、浅田光辉著，丛山译：《日本帝国主义史》（第二卷），生活·读书·新知三联书店1961年版，第93页。

二、日本右翼对南京大屠杀的诡辩

举世震惊的"南京大屠杀"是日本军国主义制造的大惨案，是侵华日军犯下的极其严重的战争罪行，是人类历史上惨绝人寰、空前黑暗的一幕。

1937年12月13日日军占领南京后，在日本华中方面军司令官松井石根大将、上海派遣军司令官朝香宫鸠彦中将和第六师团师团长谷寿夫中将等人的指挥怂恿下，置人类道德准则和国际公法于不顾，蓄意制造了持续六个星期的血腥大屠杀。中国平民和被俘士兵被集体枪杀、焚烧、活埋以及用其他方法杀害者达30万人以上。南京市三分之一的房屋被毁坏，几乎所有商店被洗劫一空，数以万计的妇女惨遭凌辱。一座六朝文明古都成为一片废墟，沦为人间地狱。

侵华日军在南京的暴虐，其屠杀规模之大、受害人数之多、持续时间之长、施用手段之残忍，在亚洲是绝无仅有的，在世界也是极为罕见的。然而，日本的右翼政客和军国主义遗老遗少却公然否认南京大屠杀，极力为日军的血腥暴行辩护，妄图抹杀这一震惊中外的大惨案。

早在1952年，原本就是军国主义分子的右翼记者田中正明（后任拓殖大学讲师），将远东军事法庭11名法官中唯一认为日本战犯"无罪论"的印度籍法官帕尔的言论编成《帕尔博士的叙述：真理的审判·日本无罪论》出版，妄图以此否定"南京大屠杀"和日本的侵略罪行。田中正明充当了日本右翼势力为侵略战争翻案的急先锋。此后，日本刮起一股右翼翻案的妖风。

1963年9月，日本军国主义文人林房雄在《中央公论》杂志连载《大东亚战争肯定论》（后以此为书名结集出版），系统地为日本对外侵略辩护，全面为侵略战争翻案。

1972年，日本右翼学者、作家铃木明以"采访"为名，专门寻找旧军人为"大东亚战争肯定论"做伪证，再经过歪曲事实的"加工"，在《诸君》杂志上发表《"南京大屠杀"的虚妄性》等文章。1973年，他将这些文章结集成《"南京大屠杀"的虚妄性》一书出版，书中称，南京大屠杀是"虚构出来的"，并否定"百人斩"的罪行。

1984年，田中正明以所谓"评论家"的面孔不断著书立说，歪曲事实，出版了《"南京大屠杀"之虚构》《南京事件的总括》等书，并将甲级战犯松井石根的日记编纂成《战中日记》（1985）出版。

随后，一些日本右翼政客也迫不及待地跳出来，大肆否认南京大屠杀的事实。如1990年9月，日本国会议员石原慎太郎在接受外国记者采访时说，南京大屠杀是中国人自己编造的谎言。1994年5月3日，羽田内阁法务大臣永野茂门对《每日新闻》记者说："我认为南京大屠杀事件是捏造出来的。"同年11月，日本文部省副大臣安信基雄在国会上说："日军在1937年南京大屠杀中，杀死数千名中国人是情有可原的，如果按对方这个数目（中国统计日军当年在南京屠杀的人数多达30万人）长此下去，不被制止的话，那么日本人将继续被称为残忍的民族。"①如此等等。

1998年，日本亚细亚大学右翼教授东中野修道出版了《南京大屠杀的彻底检证》，日本右翼分子松村俊夫出版了《南京大屠杀大疑问》，等等。这些所谓"彻底检证""大疑问"，都是以否定南京大屠杀的历史事实、掩盖和抹杀日本的侵略罪行为主旨的。

至新旧世纪之交，2000年1月23日，一个名为"纠正战争资料偏向展示会"的极右翼组织在日本大阪国际和平中心集会，打出"20世纪最大的谎言——南京大屠杀彻底验证"的招牌，在所谓"研究历史之谜""破解20世纪最大的史学疑案"的幌子下，采用卑劣手法，有意曲解史料，叫嚣"验证"历史，演出一出妄图抹杀南京大屠杀的丑剧。

这里应当指出的是，这出丑剧的主角就是东中野修道。也就是说，从编导到主演都是由东中野修道担任，其表演内容主要是他那本《南京大屠杀的彻底检证》。

---

① 黄振灵：《战后的日本政坛一味跟着自己的目标走》，香港《华人月刊》1995年8月号。

2007年底，日本右翼分子水岛悟导演的《南京真相》影片出炉。这又是一部日本为南京大屠杀翻案的影片。影片把南京大屠杀说成是中国"虚构"的，把"二战"中的日本战犯描绘成"耶稣式的殉道者"。水岛悟妄称，南京大屠杀"这整件事都是一个谎言，我们不接受有政治动机的谎言"等。①这与田中正明、东中野修道等是同一种腔调。

那么，田中正明究竟是怎样"虚构"、东中野修道又是怎样"彻底检证"的呢？田中正明不仅以"评论家"的面孔，而且还摆出史学家的架势说："资料可分一级资料、二级资料和三级资料等。传闻资料等属三级以下。"②他宣称他的《"南京大屠杀"之虚构》"就是依据可谓一等史料的松井石根大将的《阵中日志》和其他官兵的手记或记录，并对照近百名经历者的证词，写成此书的"③。田中正明的"虚构"长篇累牍，这里不做全面评析，只指出两点：

第一，松井石根是日军侵占南京的最高指挥官，是实行南京大屠杀的最高领导者，也是被远东国际军事法庭判处绞刑的南京大屠杀主犯。田中正明却把松井石根称为"圣将"，对松井石根当年的《阵中日志》如获至宝，作为论证的所谓"一级资料"。这就是说，他用南京大屠杀的罪魁祸首当年的日记来证明罪魁祸首无罪，并以此说明南京大屠杀是"虚构"的。人们不禁要问：松井石根指挥怂恿部下残杀无辜、强奸妇女，他会把自己的恶行写进自己的日记里吗？实际上，他所记下的主要是他所谓的"善行"。就是松井石根记下的"善行"，在远东国际军事法庭上，他都不敢拿出来证明"没有发生过南京大屠杀"，证明自己无罪。而田中正明却把他的日记拿出来证明南京大屠杀是"虚构"的，这与强盗自己证明自己不是强盗无异。由此可看出田中正明所采用的"一级资料"究竟有多少可信度？！

---

① 据路透社东京2007年11月26日电，见《参考消息》2007年11月28日。

② 〔日〕田中正明著，军事科学院外国军事研究部译：《"南京大屠杀"之虚构》，世界知识出版社1985年版，第14页。

③ 〔日〕田中正明著：《"南京大屠杀"之虚构》，第13页。

第二，田中正明在他的"虚构"中引用了据称是日本同盟通讯社记者小山武夫的"证词"："所谓'南京大屠杀'纯属虚构"，"至于其数字达到10万、20万，我前面说过，那是不可能的。"①那么，小山武夫何时到了南京呢？他说："从1939年10月到1942年12月，在这段较长的时间内，我曾两次被派往南京工作。"②这就是说，小山武夫是在南京大屠杀发生一年以后才到南京的，根本不是南京大屠杀时的亲历者和见证人。他的"证词"显然是属于"传闻证据"。田中正明曾以"导师"的口吻说过："记述历史，有一大'禁忌'，即绝对不能根据'传闻证据'撰写论文或记事。"③并夸口说，他主要是以"一级资料"来论证他的"虚构"的。那么，按他的分类，小山武夫的"证词"属于几级资料呢？当属于"三级以下"的"传闻资料"和"传闻证据"吧！

田中正明特意采用加害者的"证词"来证明加害者无罪的材料和用"传闻资料"来证明加害者无罪的材料，比比皆是，不一而足。但是，他就是不敢采用被害者的证词，不敢采用当年参加过南京大屠杀、后来悔悟反省的日本老兵的证词。哪怕是采用外国人（如英、美等）的证词，他也是砍头去尾，有意曲解，为己所用。如当他提到澳裔英国著名记者田伯烈以亲身经历报道揭露日军南京大屠杀的材料时，就说这些"第一级资料"（不得不承认是"一级资料"！）"带有政治色彩，文中不乏传闻、臆造和夸张之词"④。他对日本早稻田大学教授洞富雄尊重史实、秉持公正而撰写出版《南京大屠杀》一书，揭发日军暴行的正义之举横加攻击，狂妄地说："像这样一种态度，决不能说是一个有良心的学者的态度。"⑤更有甚者，他竟然凭主观臆想，编造谎言，颠倒黑白，嫁祸于人，把大屠杀的责任推给中国

---

① 〔日〕田中正明著：《"南京大屠杀"之虚构》，第37页。
② 〔日〕田中正明著：《"南京大屠杀"之虚构》，第37页。
③ 〔日〕田中正明著：《"南京大屠杀"之虚构》，第14页。
④ 〔日〕田中正明著：《"南京大屠杀"之虚构》，第22页。
⑤ 〔日〕田中正明著：《"南京大屠杀"之虚构》，第23页。

方面，为日本刽子手百般辩护，说什么"日本兵把中国人当宝贝似的加以爱惜"①等等。田中正明真不愧为利用"一级资料"编造谎言的高手。

东中野修道对南京大屠杀又是怎样"彻底检证"的呢？东中野修道"彻底检证"的目的，就是妄图彻底否定南京大屠杀。名曰"彻底检证"，实则彻底曲解史料，彻底编造谎言，彻底诡辩，彻底否认日本的侵略罪行，彻底为日本对外侵略战争翻案。东中野修道的"大作"《南京大屠杀的彻底检证》，通篇都是围绕着这个中心去"检证"的。这里仅举两例：

其一，在该书的第五章，东中野修道引述了攻占南京的日军第114师团和第114师团第128旅团于1937年12月13日（攻占南京当天）发出的命令。师团和旅团的命令都明示："如有必要可烧毁城区。"②这里明确无误地指出是"城区"。东中野修道对这一句却特意做了一个解释，称："'如有必要可烧毁城区'这句话的含义，是在进攻据守两层建筑的敌人时，在必要的情况下可以烧毁这些建筑物。"③在这里，日军可烧毁的"城区"，被东中野修道"检证"（解释）为"敌人"据守的"两层建筑物"。查遍日本的词典，"城区"与"两层建筑物"是一码事吗？更令人称奇的是，当年日军发出的"命令"，解释权竟落到了60多年后的东中野修道的手里！殊不知东中野修道的这一解释，让明眼人一眼就看出，无非就是为了掩盖日军在南京"城区"烧杀的罪行。

其二，在该书的第六章，东中野修道引用了日军第16师团长中岛今朝吾的战地日记。日记中有一段关于南京大屠杀的记述，称："如果是根本就不要俘虏的方针，那么从开始就要加以处理。""据后来所知，仅是佐佐木部队所处理的，就大约有15000人，守备大（太）平门的一中队所处理的，大约有13000人。其他在仙鹤门附近集结的，有七八千人，另外还有陆续前

---

① 〔日〕田中正明著：《"南京大屠杀"之虚构》，第28页。

② 〔日〕东中野修道著，严欣群译：《南京大屠杀的彻底检证》，新华出版社2000年版，第65—66页。

③ 〔日〕东中野修道著：《南京大屠杀的彻底检证》，第66页。

来投降的。"①这里所指的"不要俘虏""处理"俘虏的方针，就是枪杀俘虏的方针，并且有被"处理"的俘虏人数统计。这一点从英国记者田伯烈当年编著的《外人目睹之日军暴行》一书中也可证实，日本著名历史学家藤原彰也是这样的看法。但是，东中野修道却做了"三种解释"。"三种解释"的第一种虽然提到"所谓全部处决投降兵的解释"，但最终的结论是："所谓的'处理'，当是对降兵解除武装后予以遣散和对于反抗的降兵予以处决这两种意思。"②他的"解释"实际上是完全否定了日军枪杀俘虏的违法行为，进而否定南京大屠杀。

在这里，更有一件日本右翼篡改历史的卑劣事件值得一提。2013年12月，日本出版了英国人、《纽约时报》前东京分社社长亨利·斯托克斯著，日本人藤田裕行、加濑英明译的《英国记者看同盟国战胜史观的虚妄》一书，写有"不存在日军南京大屠杀"的内容，日本右翼势力对此如获至宝。后经作者证实，否定南京大屠杀的内容，完全是译者藤田裕行、加濑英明擅自添加进去的。这使作者"惊得目瞪口呆、毛骨悚然"。由此可看出，日本右翼为达其篡改历史的目的，不惜使用一切卑劣手段，置人格和信用于不顾，实在可憎可悲之至！好在作者尚健在，否则，谬论就变成真理了！

然而，铁的事实是任何人无法抹杀的，历史的真相也是任何人改变不了的。尽管当年日军为了掩盖大屠杀罪行，大肆毁灭罪证，实行新闻封锁，而今日本右翼势力又制造谎言，百般抵赖，但总有大批受害者、国际友人、新闻记者、反战正义人士和部分参与过大屠杀而悔悟反省者站出来为南京大屠杀事件做证。他们把亲身经历、耳闻目睹日军的暴行，通过当年的书信往来、日记、报刊、回忆、反省交代等多种形式，揭露了日军的罪行。诸如：

1938年3月中央图书公司出版的《敌军暴行记》，就记录了日军在南京的血腥罪行，包括凶残屠杀、纵火狂烧、奸淫妇女、掳掠抢劫等。其中写

---

① 〔日〕东中野修道著：《南京大屠杀的彻底检证》，第75页。
② 〔日〕东中野修道著：《南京大屠杀的彻底检证》，第82页。

道：日军进入南京"是以两周间，我市民被屠杀者约8万人之多"，"敌军于13日进城，到处纵火狂烧。猛烈之巨火浓烟，日夜笼罩全城……断垣颓壁，焦土无垠，凄惨情况，目不忍睹"。

南京大屠杀的幸存者伍长德的证言称，1937年12月15日"下午到达汉中门，（日军）要我们这两千多人都在城门里停下来，并被命令坐下。接着，两个日本兵拿着一根长绳子，一人手持一头，从人群中圈出一百多人，周围由大批日本兵押着，带往汉中门外，用机枪扫死。就这样，我眼看着这些被抓来的人们，每批一二百人，被用绳子圈起来，又一批一批地被带到汉中门外枪杀掉"。到了下午5点多，伍长德也被圈进去了。当他们被押到护城河边时，伍长德灵机一动往前扑倒在乱尸堆中，恰在这时机枪响了，他被尸体压在下面，这样才侥幸逃脱活了下来。[①]1946年5月，伍长德曾到东京远东国际军事法庭做证，以亲身经历和目睹的事实，控诉了日军的暴行。

英国记者田伯烈于1938年3月编著，同年7月在中国武汉出版的《外人目睹之日军暴行》一书中，收录了一位旅居南京的外国侨民写给上海友人的长信。信中摘有这位侨民在南京大屠杀时的日记。其中有："中国军队在12日午后（指1937年12月12日），已经开始总退却。他们纷纷从南门退入城内，许多士兵穿越难民区，但并无越轨行动。""14日，日军潮水一般涌入城内，坦克车、炮队、步兵、卡车，络绎不绝。恐怖的时代随之开始。""15日，日军把附近一个收容所中的难民1300人全数拖去，我们知道他们中间有许多当过兵的人，可是雷伯（即约翰·拉贝，南京安全区国际委员会主席，德国人）当天下午已得到日本军官的允准，不再伤害他们的性命。但现在他们的命运却是谁都能预料到的，用绳子缚着，每一百人缩成一团……押向刑场前进，可是绝无呜咽的声音。我们目睹当时的情景，心里真痛极了。""16日早晨，我们开始听到强奸妇女的事情。据我们所知，有一百个

---

① 参见朱成山主编：《侵华日军南京大屠杀幸存者证言集》，南京大学出版社1994年版，第1—2页。

妇女被日军劫去，其中七个是从金陵大学图书馆劫去的，在家里被强奸的妇女更是不知其数。"①

在南京安全区（亦称"难民区"），国际委员会主席约翰·拉贝于南京大屠杀期间以亲身经历写的日记中，具体地记下了日军残杀无辜平民、枪杀俘虏、强奸妇女、四处抢劫、烧毁民房、破门盗窃外国使馆财物和外国侨民私人汽车等惨无人道、无法无天的罪恶行径。②

还有日本曾根一夫撰写的《南京大屠杀亲历记》（1986年）、中国第二历史档案馆和南京市档案馆等编的《侵华日军南京大屠杀档案》（1987年）、台北秦孝仪主编的《革命文献》第108至109辑"南京大屠杀"（1987年）、日本"中国归还者联络会"编的《侵华日军战犯手记》（1991年）、朱成山主编的《侵华日军南京大屠杀幸存者证言集》（1994年）、章开沅根据南京安全区国际委员会成员贝德士的文献编撰的《南京大屠杀的历史见证》（1995年）、《侵华日军南京大屠杀史料》编委会和南京图书馆编的《侵华日军南京大屠杀史料》（1998年）、华裔美国人张纯如根据档案和口述资料撰写的《南京暴行——被遗忘的大屠杀》（1998年）、陆东屏编译的《南京大屠杀——英美人士的目击报道》（1999年）、原日军士兵东史郎著的《东史郎日记》（1999年）、章开沅编译的《天理难容——美国传教士眼中的南京大屠杀（1937—1938）》（1999年）、曾任南京金陵女子文理学院教授和代校长的美国人明妮·魏特琳著的《魏特琳日记》（2000年）、曾任金陵女子文理学院舍监（魏特琳的助手）的程瑞芳著的《首都沦陷留守金校日记》（2001年发现）、日本松冈环编著的《南京战·寻找被封闭的记忆——侵华日军原士兵102人的证言》（2002年）、庄严主编的《铁证如山：吉林省新发掘日本侵华档案研究》（2014年）、岳峰等编著的《耶鲁大学图

① 〔英〕田伯烈编著，杨明译：《外人目睹之日军暴行》，（汉口）国民出版社1938年版，第15—22页。

② 参见〔德〕约翰·拉贝著，本书翻译组译：《拉贝日记》，江苏人民出版社、江苏教育出版社1997年版。

书馆馆藏日本侵华战争珍稀档案汇编与翻译》（2015年），等等。还有2007年由美国投资、导演（比尔·古登塔格等导演）的纪录片《南京》，在大量调查取证和当事人做证的基础上，真实而形象地揭露了日军的血腥暴行。所有这些档案材料和当事人的证词等，都以无可辩驳的事实指证了日军南京大屠杀的罪恶。据1937年12月23日日本《大阪每日新闻（奈良版）》发表特派记者光木写的报道称，日军占领南京三日内就打死8.5万人。[①]曾参加南京作战的前日军士兵曾根一夫证实说："我敢断言'南京大屠杀事件'是事实。因为身为军人的我，曾经参加过入侵南京的作战，事实上也做过暴虐的行为。"[②]

正是根据大量的文献档案资料和人证物证，远东国际军事法庭和中国政府国防部才确认了日军在南京进行的有计划、大规模的血腥屠杀。1948年11月，远东国际军事法庭的判决书认定："在日军占领后最初6个星期内南京及其附近被屠杀的平民和俘虏，总数达20万人以上。""这个数字还没有将被日军所烧弃的尸体投入到长江，或以其他方法处分的人们计算在内。""在占领后的一个月中，在南京市内发生了2万件左右的强奸事件。"[③]1947年3月10日，南京军事法庭在对南京大屠杀的主犯之一谷寿夫的死刑判决书中认定："二十六年（1937年）十二月十二日至同月二十一日，亦即在谷寿夫部队驻京之期间内。计于中华门外花神庙、宝塔桥、石观音、下关草鞋峡等处，我被俘军民被日军用机枪集体射杀并焚尸灭迹者，有单耀亭等19万余人。此外，零星屠杀，其尸体经慈善机构收埋者15万余具。被害总数达30万人以上。"[④]

南京军事法庭在判处谷寿夫的判决书中认定的日军在南京屠杀30万人以

①　参见庄严主编：《铁证如山：吉林省新发掘日本侵华档案研究》，第102—103页。

②　〔日〕曾根一夫著，陈惠埜译：《南京大屠杀亲历记》，（台北）黎明文化事业公司1986年版，第46页。

③　张效林译：《远东国际军事法庭判决书》，第456—457页。

④　中国第二历史档案馆、南京市档案馆、《南京大屠杀》史料编辑委员会编：《侵华日军南京大屠杀档案》，第604页。

上的罪行，在美国华盛顿国家档案馆于1995年1月10日解密的一份日本外交文件中也得到确证。这封解密件是时任日本外交大臣广田弘毅于1938年1月17日自东京发往华盛顿的密电。电文称："不少于30万的中国平民遭到杀戮，许多案例形同冷血动物所为。洗劫、强奸，包括强奸幼女和对平民的无情的残暴行为的报告，还继续来自于数周前停止实际敌对行动的地区。"①由此可见，日军的血腥屠杀铁证如山，日本右翼岂能抵赖？！

为了纪念南京大屠杀遇难同胞，2014年2月27日，中国第十二届全国人大常委会第七次会议通过决定，将每年12月13日设立为南京大屠杀死难者国家公祭日。同年12月13日，南京大屠杀死难者国家公祭仪式举行。中国国家主席习近平出席并发表重要讲话，指出：远东国际军事法庭和中国审判战犯军事法庭都从法律上做出定性和定论，南京大屠杀惨案铁证如山、不容篡改。

2014年3月，中国向联合国教科文组织申报将《南京大屠杀档案》列入《世界记忆名录》。虽然日本政府向中方和联合国教科文组织多次"提出交涉"和频频阻挠，但联合国教科文组织终于排除干扰，于2015年10月9日公布将中国申报的《南京大屠杀档案》列入《世界记忆名录》。

《南京大屠杀档案》被列入《世界记忆名录》，是联合国教科文组织对于这一文献档案遗产的肯定，是对南京大屠杀档案的高度认可。它从人类世界记忆的高度，对日本右翼否认南京大屠杀史实进行了最有力的回击，具有重要的世界意义。它向世界昭示，人类的遗产，世界的记忆，绝不能让邪恶当道，而必须为正义立碑，才能发挥"世界记忆"应有的作用。

国际社会也广泛认同日军南京大屠杀的历史事实，并以不同的方式对日军暴行加以谴责。2017年5月16日，捷克总统泽曼及其夫人参观了南京大屠杀纪念馆，并在签名册上写下"深深的哀悼"。泽曼说："今天我来到这里，是因为1937年中国有30万无辜百姓死于这场南京大屠杀。悼念这些死难者，

---

① 《人民日报》1997年12月11日。

并为他们敬献花圈，我认为这是我的义务。"①同年10月26日，加拿大安大略省议会通过动议，设立"南京大屠杀纪念日"，以纪念当年南京遇难者，斥责日本惨无人道的罪行。这充分说明，日本右翼对南京大屠杀的抵赖和诡辩是徒劳的，事实终究是事实，公道自在人心。

三、所谓"侵略有功"与日本的深重罪孽

日本对外侵略扩张所犯下的累累罪行，罄竹难书，天理难容。然而，日本的右翼政客和右翼文人等右翼势力，却不思悔过，既不反省又不谢罪，反而极力为其犯下的滔天罪行辩解，鼓吹"侵略有功论"，肆意为侵略战争全面翻案。日本右翼通过新闻媒体、公开演说、出版书籍和互联网等各种渠道，发表了大量美化侵略战争的言论。据新闻记者不完全统计，截至2017年底，日本右翼势力出版的有关"二战"的专著就有600多本。这些专著，就是为日本侵略战争辩护，公然欺骗国际社会，给被害国造成第二次伤害。

"二战"后，日本右翼鼓吹"侵略有功论"、否定战争罪行（简称"否定论"）始于甲级战犯岸信介。日本投降后，岸信介被关押在东京巢鸭监狱。东京国际军事法庭认定，日本发动的"九一八事变"是日本有计划、有预谋的侵略事件。但岸信介却认为这是战胜国的"偏见"，是在美国实施经济封锁的大背景下，资源匮乏的日本被迫发动的"自存自卫"的战争。他在狱中写道："把大东亚战争说成是日本的侵略战争让人无法接受。"②可见，岸信介坚持的就是日本侵略"否定论"，是日本为侵略战争全面翻案的祸首。后来，随着日本政治、经济的恢复和社会的发展，右翼翻案妖风就未曾止息，"侵略有功论"也开始流行。

1953年10月，日、韩两国举行恢复邦交谈判。在第3次谈判会议上，日

---

① 新加坡《联合早报》网站2017年5月17日报道。

② 日本《朝日新闻》记者园田耕司、关根慎一：《追随外祖父修宪的脚步》，《朝日新闻》2015年5月20日。见《参考消息》2015年5月21日。

本首席代表久保田贯一郎就曾宣称："日本在朝鲜不但建了铁路、海港，也开辟了农耕地；在不少的年头里，日本大藏省（财政部）每年还拨出日币2000万元巨款的财政预算。""日本对朝鲜的统治也有给朝鲜人带来好处的一面。"①

1955年，日本原民主党（同年与自由党合并，改称"自由民主党"，简称"自民党"）就开始非议在盟国军事占领日本时编写的历史教科书，认为存在"偏向"，妄图否定日本的侵略罪行。

1965年初，在一次日、韩谈判记者会上，日本首席代表高杉晋一称："日本在统治朝鲜期间，做了不少好事。也许有人会提出各种不同的看法，但日本确实想把朝鲜搞好。如果让日本再占领朝鲜20年，相信朝鲜会搞得更好。"②

1974年，日本首相田中角荣在众议院的一次答辩中称，在日、韩合并的历史中，日本在韩国教导了他们海菜栽培法，向他们传授了日本的教育制度，特别是义务教育制度，迄今仍然继续被采用。

日本政界的上述言论就是说，日本不但"侵略无罪"，而且"侵略有功"。

随着日本经济的发展，二十世纪六七十年代日本国力跃居世界前列。日本右翼势力乘机刮起一股为侵略战争全面翻案的妖风。并且，依仗日本经济实力的增强，这股翻案风愈演愈烈，甚至促使各类右翼分子达到争先恐后的地步。

至20世纪80年代，最具代表的是中曾根康弘。1982年11月底，中曾根康弘担任日本首相。他上任不久，虽然在国会上作为日本首相第一次承认日本对中国的战争是侵略战争，但又抱着深深的军国主义情结，提出"战后政治

① 〔新加坡〕卓南生著：《日本的政治斗争》，台北故乡出版有限公司1988年版，第158页。参见韩国《东亚日报》1996年8月8日金次洙文章，见《参考消息》1996年8月15日。

② 〔新加坡〕卓南生著：《日本的政治斗争》，第158页。

总决算"（实为"战后政治总清算"）的口号，主张修改和平宪法和扩充军备，想使日本从经济大国走向政治大国乃至军事大国。1985年7月27日，中曾根康弘在日本避暑胜地轻井泽向自民党高级干部发表演说时称：日本人在战前奉行的是"皇国史观"，在战后却流行所谓的"太平洋战争史观"。他认为，"太平洋战争史观"其实就是"东京审判战争史观"，是战后万祸之源，它把日本说得一无是处，是"自虐的思潮"。①中曾根康弘在这里批判"东京审判史观"是"自虐史观"，并叫嚷要"弃辱求荣"，清算"自虐史观"等，着力开始推行他的"战后政治总决算"。

在中曾根康弘的纵容下，他的内阁文部省大臣藤尾正行才刚上任第三天（1986年7月25日）就迫不及待地在新闻发布会上攻击东京审判是"非正义"审判，随后又说"世界史就是侵略史、战争史"，极力反对将日本称为"侵略国"，并公然否认南京大屠杀。其目的就是妄图洗刷日本的侵略罪行。藤尾正行的妄言引起国内外一片哗然，遭到日本在野党的抨击，中国和韩国也提出强烈抗议。对此，藤尾正行拒不收回对侵略战争"肯定论"的观点，并拒绝道歉。在国内外压力下，中曾根康弘只好将其免职，使其成为第一个因否认南京大屠杀和侵略战争而下台的日本内阁大臣。

1988年4月22日，时任竹下内阁国土厅长官的奥野诚亮参拜靖国神社后大发议论：日本对中国的战争"我不想称其为侵略战争"。随后他又称，"日本在'二战'中为自卫而战，没有侵略意图，白种人把亚洲变成殖民地，但只有日本遭到指责。究竟谁是侵略者？是白种人。我不明白为什么日本人被称为军国主义者和侵略者"②等等。奥野诚亮的言论遭到日本国内和中、韩等国的抨击，他也被迫于5月下台。

在日本政界大肆妄言的影响下，日本学界也起而推波助澜。1994年

---

① 参见〔新加坡〕卓南生著：《日本的政治斗争》，第160页。参见新华网2012年2月28日。

② 〔新加坡〕卓南生著：《日本的政治斗争》，第178页。参见新华网2012年2月28日。

7月19日，东京医科牙科大学教授总山孝雄（此人在"二战"时是日军入侵东南亚时的一名军官）在日本右翼组织"历史研究委员会"主办的一次讲演中说："在人类的生存斗争中，侵略是正确的"，"日本是为了从侵略中保护和解放亚洲而战的"，"我们为解放亚洲而进行殊死战斗，我们引以为豪"。①这是明目张胆地为日本的对外侵略辩护，吹捧日本的侵略"功绩"。

1994年8月，日本村山内阁环境厅长宫樱井新连公然就日本的对外侵略说："与其说是侵略战争，不如说几乎所有的亚洲国家托它的福，从欧洲殖民地的支配下获得独立。"②1995年2月21日，在日本东京明治神会馆放映了一部《独立亚洲之光》的影片。该片就极力鼓吹"没有大东亚战争，就没有亚洲的独立"等。好一个"托日本侵略的福"！这完全是日本特有的诡辩，是一种军国主义的强盗理论！

正是在一片"侵略有功"的叫嚣声中，2013年4月23日，"安培（晋三）抛出'侵略定义未定论'，意在为近代日本军国主义对外侵略历史翻案"③。这一妄论，遭到日本国内和国际社会的猛烈抨击，美国《华尔街日报》批安倍晋三否定侵略"可耻"。

那么，日本的对外侵略究竟有什么"功劳"呢？那就是：制造事端，嫁祸于人；杀人放火，草菅人命；明火执仗，抢劫财物；糟蹋妇女，堪比兽类；活体试验，施放毒气；邪恶当道，收揽奸贼；扶植傀儡，殖民统治；掳掠劳工，强制奴役；文化侵略，奴化教育；如此等等，无恶不作。这就是日本的所谓"功劳"，是日本所犯下的滔天罪行。日本所犯下的血腥暴行，除了前面所述的南京大屠杀以外，在其他被占领地区，其所作所为完全超出了人类正常的本性，其劣迹难以用语言文字来形容。

日本全面侵华后，在原已设立伪满洲国的基础上，于1938年8、9月间，

---

① 参见〔日〕历史研究委员会编：《大东亚战争的总结》，第77页。
② 香港《华人》月刊1995年8月号，第13页。
③ 《澳门日报》2013年5月10日。另参见日本《产经新闻》2013年4月25日。

又将占领区的伪临时政府、伪维新政府、伪蒙疆联合政权加以调整，在北平（今北京）设立傀儡政权"联合委员会"，为建立伪中央政权做准备。同年12月16日，在东京设立了"兴亚院"，由日本首相任总裁，在上海、北平（北京）、张家口、厦门设四个联络部，在广州、青岛设两个派出所，主要负责掌管占领区的行政事务。1940年3月30日，扶植成立了汪精卫傀儡政权（即汪伪南京政府），作为日本侵略者的鹰犬统管在华日占区的事务。1942年9月1日，日本政府又做出决定成立"大东亚省"，作为太平洋占领区的管理机关，也即进行殖民统治的机构。这些机构都是为了贯彻推行日本的对外侵略政策而设置的，是日本侵略的重要罪证之一。

在这些侵略机构和傀儡政权的支持和配合下，日本侵略者在占领区实行军事、政治、经济、思想、文化等全面的殖民统治，开展所谓"治安强化运动"，施行法西斯专制。日军对抗日游击区采取"蚕食"手段，对抗日根据地开展军事"扫荡"，实行烧光、杀光、抢光的"三光"政策，制造无人区。

关于日本侵略中国的罪行，造成中国的人口伤亡和财产损失的问题，中共中央党史研究室从2005年开始，曾组织全国党史部门和有关单位对这一重大课题进行了系统深入的调查研究，先后有60多万人参与，历时十几年，分期分批出版了《抗日战争时期中国人口伤亡和财产损失调研丛书》（约300本，包括全国和各省市）。这套丛书，以铁的事实揭露了日本侵华的罪恶。还有各地档案部门和有关单位个人等发掘和汇编的大量材料，诸如北京市档案馆编的《日本侵华罪行实证——河北、平津地区敌人罪行调查档案选辑》（上、下册，1995年）、中共中央党史研究室科研管理部编的《日军侵华罪行纪实（1931—1945）》（1995年）、陈建辉主编的《人间地狱"无人区"》（2005年）、上海市档案馆编的《日本帝国主义侵略上海罪行史料汇编》（上、下编，1997年）、广东省档案馆张中华主编的《日军侵略广东档案史料选编》（2005年）、吉林省档案馆庄严主编的《铁证如山：吉林省新发掘日本侵华档案研究》（2014年）等等。还有日本的中国归还者联络会会长富永正三编的《我杀了中国人》（原名《三光》，1984年台北）、中国归还者联络会编的《侵华日军战犯手记》（1991年）、森村诚一著的《恶魔的饱食——日本细菌战部队揭秘》（亦称为《魔鬼的盛宴——侵华日军731部队罪证纪实》，1982年）等等。所有这些都是日本侵华的罪证。

日本侵略者罪行累累，恶贯满盈。这里仅举几例：

在华北地区，据日本战犯、原日本陆军中将铃木启久供称：1942年10月28日，他命令其下属第1联队和骑兵队到河北滦县潘家戴村（庄）进行"彻底的扫荡"。"在那里，他们采用枪毙、刺杀、斩首、活埋等野蛮方法集体屠杀了和平居民1280名，把村里800户民宅放火烧光，还掠夺了400辆马车、40头大牲畜和大批粮食、被服"，制造了骇人听闻的"潘家戴庄惨案"。[①]1942年5月，日军对冀中进行疯狂"扫荡"时，就残杀和抓走群众5万多人，并在定县北疃村地道施放毒气，毒死抗日军民800多人。日军还在东起山海关、西至古北口的长城沿线，实施灭绝人性的罪恶屠杀，制造了东西长350多千米、南北宽40多千米的"无人区"。在兴隆县仅3年，日军就屠杀15400人，抓走15000人，其中又在本县集体屠杀约1000人（其余的全部被送往中国东北和日本充当劳工苦役，并几乎全部被折磨而死）；同时烧毁民房7万多间，抢走牲畜3万多头。[②]

在西南地区，从1938年1月至1943年8月，日军对重庆市的狂轰滥炸达200多次，炸死2万余人，炸伤15000余人。据当年重庆防空司令部不完全统计，仅1939年5月4日一天，就被日机炸死3318人，炸伤1973人，炸毁房屋2840栋又2963间。[③]日军在一天内对一座城市的空袭中，炸死炸伤5000多人，这堪称世界空袭屠杀史上的最高纪录！这就是日本右翼势力宣称的日本

---

① 参见袁秋白、杨瑰珍编译：《罪恶的自供状》，第34页。

② 参见陈建辉主编：《人间地狱"无人区"》，中央编译出版社2005年版，第25页。

③ 参见中共中央党史研究室科研管理部编：《日军侵华罪行纪实（1931—1945）》，中共党史出版社1995年版，第240页。

对外侵略的"功劳"吧？！

在华南地区，仅以广东为例，1938年5月底至6月初，日军飞机对广州的大轰炸，就炸死市民近万人，伤者不计其数，中山纪念堂和许多工厂、商店、学校、医院等被炸毁。据不完全统计，抗战时期日军侵粤造成直接人口伤亡总计359359人，其中死亡240533人，受伤92027人，失踪15380人，其他11419人；间接人口伤亡（被俘、灾民、劳工等）总计2815998人，其中被俘32835人，灾民2474120人，劳工309043人；总计财产损失11895271155元（国币）。[1]尤需指出的是，1938年春，日军在广东珠海三灶岛修建飞机场，为保守秘密，就屠杀劳工和居民2000多人。

在香港，自1941年12月25日香港沦陷至1945年8月日本投降的3年零8个月，也经历了日本占领军带来的一场大浩劫和血腥统治。其中在1941年圣诞节当天，日军占领了赤柱圣士提反中学内的伤兵医院，屠杀了医院内的伤兵，以伤兵尸体做床垫，在尸体上面轮奸了7名女护士，并屠杀了170多人，制造了"赤柱惨案"。[2]

日军在中国各地烧杀抢劫的同时，对经济方面的掠夺数目巨大，难以计数。据不完全统计，日本侵华14年间，掠夺钢铁3350万吨、煤5.86亿吨、粮食5.4亿吨、木材1亿立方米。[3]同时，日本还大量印制假币扰乱中国金融市场。据当年印制伪造中国货币的日本"陆军登户研究所"印染专家五十岚信雄忆述，仅这个研究所印刷的伪假币总计40亿~50亿日元。根据当时日本国内工资水平计，当时的50亿日元相当于现在的5000亿（约合人民币312亿元）至1万亿日元（约合人民币624亿元）。[4]其他地方印制的假币还不计其数。

---

① 参见广东省抗战损失调研课题组：《广东省抗战时期人口伤亡和财产损失》，中共党史出版社2010年版，第69页。

② 参见谢永光著：《战时日军在香港暴行》，（香港）明报出版社1991年版，第28—31页及"代序"。

③ 据光明日报主办的《文摘报》2014年2月11日。

④ 据《羊城晚报》（新华社特稿）2013年10月19日。

日本不仅对中国进行经济掠夺，还以强掳、欺骗等手段，劫持大批劳工到日本，奴役中国劳工上千万人。

在文化教育方面，日本除了在中国东北和其他占领地区实行奴化教育、霸占和破坏教育设施外，据战后初期中国政府教育部"清理战时文物损失委员会"的不完全统计，1937年至1945年间，中国各地被日军劫掠和毁坏的历史文化古迹741处、书画类1.5万多件、古器物类1.6万多件、碑帖类9300多件、珍稀书籍类300万册、文件类60多万件。[①]

这里需要特别指出的是，日本公然在中国、东南亚和日本东京等地建立了细菌战部队，研制和使用细菌武器，进行灭绝人性的活人体实验，滥杀无辜，毒害生灵，令人发指，罪不可赦。

早在1925年6月17日，世界近40个国家就在瑞士日内瓦签署了《关于禁止在战争中使用窒息性、毒性或其他气体和细菌作战方法的议定书》（简称《日内瓦议定书》）。议定书明确规定"禁止使用细菌作战方法"，各缔约国必须接受这一公约和禁令的约束。日本是这一议定书的签署国。但日本竟然违背国际公约和禁令，于1932年4月在东京日本陆军军医学校设立了"防疫研究室"（主任为二等军医梶冢隆二，次年三等军医石井四郎为主任），正式开始细菌武器的研究。其预算与军医学校分开，从临时军费中支出，后来日本陆军更为细菌部队投入巨资。这个"防疫研究室"实际上就是由后来臭名昭著的七三一部队队长石井四郎极力推动而设立的。1933年，日本在哈尔滨开设了细菌战秘密研究所（石井实验所）。据日本战犯、七三一部队总务部部长、前日军军医少将川岛清在苏联伯力被审判时供认："（1935年至1936年间）由日本参谋本部和陆军省按照天皇裕仁诸次密令在满洲（指中国东三省）境内成立两个用来准备和进行细菌战的极端秘密部队。""为保守秘密起见，就将其中一个以石井实验所为基础建立的部队命名为'关

---

① 据《参考消息》2012年9月21日。参见《中国甲午以后流入日本之文物目录》，中西书局2012年版。

东军防疫给水部'；另一个部队则叫作'关东军兽疫预防部'。1941年希特勒下令德国开始进犯苏联后，这两个机关就用番号秘密称为'第七三一部队'和'第一〇〇部队'。'第七三一部队'由上述石井四郎领导，'第一〇〇部队'由兽医少将若松主持。"[①]七三一部队成立前，石井四郎以"东乡"为假名，称为"东乡部队"，随后又以他家乡"加茂"命名，称为"加茂部队"。1941年8月，正式改用秘密番号"满洲七三一部队"。石井四郎（中将）任队长，后北野政次（少将）继任。该部队直接由关东军总司令管辖，驻地在哈尔滨市以南20千米的平房镇（今"侵华日军第七三一部队罪证遗址"）。

据日本共同社2018年4月15日电称，日本滋贺医科大学名誉教授西山胜夫日前在记者会上透露，日本国立公文书馆（相当于国家档案馆）公开了记载"二战"时在中国反复进行人体实验的原日军七三一部队队员等3607人的实名名簿。该名簿制成于1945年1月1日，记载了52名军医、49名技师、38名女护士、1117名卫生兵等的实名、级别和联系方式。西山等人的团队称，七三一部队军医的学位论文"有可能基于人体实验"。这是日军当年留下的又一个罪证！

据石井四郎供称，除了在哈尔滨设立细菌战研究所外，还"在中国华南以中山大学为中心，由内而外逐步设立了研究所，最终设立了324个研究所"。哈尔滨的研究所演变为第七三一部队（1935年）；同时在长春（时称"新京"，即伪满洲国首都）设立了"关东军军马防疫部队"，即第一〇〇部队（1936年），还设立了第五一三部队；在北京设立了"防疫给水部"，即北支甲第一八五五部队（1939年）；在齐齐哈尔设立了关东军化学研究所，即关东军化学部第五一六部队（1939年）；在南京设立了"防疫给水部"，即"荣"字第一六四四部队（1939年）；在广州中山大学的研究所演

---

① 《前日本陆军军人因准备和使用细菌武器被控案审判材料》（以下简称《伯力审判材料》），（莫斯科）外国文书籍出版局印行1950年版，"预审文件"第10页。

变为"防疫给水部"，即"波"字第八六〇四部队（1939年）；日军侵占新加坡后，也设立了"防疫给水部"，即"冈"字第九四二〇部队。日军还设立了18个"师团防疫给水部"。上述这些防疫给水部，加上在东京的总部（防疫研究室），被统称为"石井机关"。

日本在中国研究细菌武器，手段残忍，毫无人性。据关东军医务处处长梶冢隆二（中将）供称："我很熟悉第七三一部队内为探求最有效的细菌武器，经常对活人进行试验的情形。"①川岛清供认："第七三一部队中广泛地拿活人来做检查各种致命细菌效用的实验。用来做这种实验的材料，就是日本反侦探机关确定要加以消灭中国爱国分子和俄国人。"②

在伯力审判时，梶冢隆二供称："日本准备细菌战主要是为了反对苏联、蒙古人民共和国、中国、英国和美国的。"③据日本关东军总司令山田乙三、军医中将梶冢隆二、关东军兽医处处长兼兽医中将高桥隆笃和七三一部队总务部部长兼军医少将川岛清等供认，日军细菌部队用活人体进行细菌实验，至少残杀了3000人以上（实际远不止此数）。同时捉老鼠、跳蚤等培养繁殖细菌，利用牛、马、猪、狗等牲畜进行实验。通过人和牲畜实验，培养了伤寒菌、副伤寒菌、霍乱菌、炭疽热菌、鼠疫菌、赤痢菌、鼻疽菌、斑驳病菌、牛瘟菌、羊痘菌等大量细菌。

日军把这些细菌散播到中国东北、华北、华中、华东、华南等20多个省区和中苏边境以及东南亚国家和地区。有关专家仅从档案资料中做了不完全的统计，日军细菌战残杀中国民众达27万人，④而中国军方被害死亡人数和一些省区报载或未报载的死亡人数未计在内，还有细菌经年传染致死者更不计其数。2017年8月13日，日本官方电视台日本广播协会（NHK）播放了纪

---

①　《伯力审判材料》，第32页。

②　《伯力审判材料》，第17页。

③　《伯力审判材料》，第50页。

④　参见郭成周、廖应昌著：《侵华日军细菌战纪实》，北京燕山出版社1997年版，第3页。

录片《七三一部队的真相》，通过史料和亲历者供述，以铁证揭露了侵华日军进行细菌战的罪行，震惊整个日本和国际社会，再一次揭开了那段被刻意掩盖的历史真相。

日军在违反《日内瓦议定书》的国际公约，进行细菌战的同时，还大量制造化学武器，使用瓦斯毒气弹、芥子毒气弹、达姆弹等和施放各种毒气，遍及16个省区，大量残杀中国军人和无辜平民。据有关部门调查，仅日本战败后遗弃在中国境内的化学武器就达200万件，埋在吉林省敦化哈尔巴岭的毒气弹就达33万枚。[①]至2017年5月，在中国90多处地点发现的约5.6万枚毒气弹中，才销毁4.6万枚，未被发现的未列其中。[②]日本的细菌、化学武器至今仍在害人。

据不完全统计，由于日本对中国和亚洲国家的侵略，致使中国军民伤亡3500多万人。按照1937年的币值折算，中国直接经济损失1000多亿美元，间接经济损失5000多亿美元。[③]还有日本侵略造成其他亚洲国家无辜死亡人数，印尼400多万人，越南200多万人，菲律宾110多万人，印度150多万人，新西兰1万多人，澳大利亚2万多人。另有修筑"死亡铁路"（泰缅铁路）死亡74000多人（包括马来西亚、爪哇、泰国、缅甸等）。[④]在此期间，日军先后制造了新加坡大屠杀、印尼西加里曼丹活埋惨案、菲律宾马尼拉大屠杀等。日军仅在印尼爪哇一地就强征劳工50多万人，被送往国外的30多万人中就有23万人命丧异国，同时掳掠印尼30多万人送往缅甸、新几内亚充当炮

---

① 据新华社消息，见《羊城晚报》2002年10月10日。

② 据共同社布鲁塞尔2017年6月22日电，见《参考消息》2017年6月23日。

③ 据习近平：《在纪念中国人民抗日战争暨世界反法西斯战争胜利69周年座谈会上的讲话》（2014年9月3日），新华社北京9月3日电，见《羊城晚报》2014年9月4日。

④ 据新加坡《联合早报》1995年4月6日文章。转引自赵剑：《日本右翼势力的"大东亚之梦"》，香港《镜报月刊》1995年8月号，第84页。参见〔日〕不破哲三著，中国社会科学院日本研究所译：《历史教科书与日本的战争》，世界知识出版社2003年版，第6页。

灰，结果90%的人死在热带丛林。[①]日军强迫美国和菲律宾战俘在菲律宾3天的"巴丹死亡行军"，死亡1.6万人，包括在集中营中死亡的达2.3万人。[②]日本侵占朝鲜半岛期间，残害200多万人，抢夺的财物按当时币值计算超过100亿日元。[③]日军在新加坡屠杀了四五万人。[④]

日本对外侵略的罪证，俯拾即是，罄竹难书。仅上述举例，就完全撕开了日本右翼势力的"侵略有功"的假面具，粉碎了所谓日本"解放亚洲"的无耻谎言。

---

① 据《人民日报》1995年8月8日。
② 据法新社泰国桂河大桥2005年8月7日电，见《参考消息》2005年8月8日。
③ 据《人民日报》1995年8月8日。
④ 参见〔新加坡〕卓南生著：《日本的政治斗争》，第205页。

第二节

正义的判决与日本的翻案

一、东京审判

日本右翼势力为侵略战争翻案的一项重要内容就是极力否定东京审判。那么，东京审判是怎么回事？这里简要做一些阐述则知其来龙去脉。

第二次世界大战的轴心国德国、日本相继投降后，赢得世界反法西斯战争胜利的同盟国分别在德国纽伦堡和日本东京设立了国际军事法庭。设在德国纽伦堡的正式名称为"国际军事法庭"，通称为"纽伦堡国际法庭"或"纽伦堡法庭"，主要审判德国的战争罪犯，故也称"纽伦堡审判"。设在日本东京的正式名称为"远东国际军事法庭"（常设地址在原日本陆军省大厦），通称为"东京国际法庭"或"东京法庭"，主要审判日本的战争罪犯，故也称"东京审判"。

"远东国际军事法庭"的"远东"二字，不仅仅是为了区别于纽伦堡的"国际军事法庭"，而且是"非常强烈地给人留下了审判是全世界性的印象，而强调彻底的'军事审判'性质，也意义重大"①。参加东京审判的中国法官梅汝璈指出："对于这类主要战犯或甲级战犯由正式组织的国际法庭依照法律手续加以审讯和制裁，是第二次世界大战后国际生活中的一件大事，也是人类历史上的一个创举。在这以前，一个战败国的领导人物，即使他们是发动侵略战争的罪魁祸首，一般都是逍遥法外的，从来没有受过法庭

---

① 〔日〕《朝日新闻》东京审判记者团著，吉佳译：《东京审判》，河北人民出版社1988年版，第22页。

的审判和法律的制裁。"①

这就是说，东京审判是国际法庭依法对日本战犯的公开审判、正义审判、文明审判，并做出了公正的判决，严惩了战争罪犯，为国际社会树立了范例，伸张了国际正义，维护了人类尊严，代表了全世界所有爱好和平与正义的人民的共同心愿。

为了对日本主要战争贩子进行审判，首先要逮捕主要战犯。盟军总部对日本主要战犯（甲级战犯）分四批发出逮捕令，指名实行逮捕。第一批（1945年9月11日发出）逮捕前日本国务总理大臣（首相）东条英机等39名（其中有非日本人12名）；第二批（1945年11月19日发出）逮捕日本陆军大将、实施南京大屠杀的罪魁松井石根等11名；第三批（1945年12月2日发出）逮捕前国务总理大臣广田弘毅等59名；第四批（1945年12月6日发出）逮捕前国务总理大臣、侵华战争的主要策划者和领导者近卫文麿等9名；总共118名。在这118名中，第一批逮捕的12名非日本人，如果与日本的主要战犯（甲级战犯）比较，并非全部够格称为"甲级战犯"。在四批逮捕令中指名逮捕的118人中，有的日本战犯在逮捕前已自杀，如近卫文麿、本庄繁（陆军大将）、桥田邦彦（文部大臣）、小泉亲彦（厚生大臣）；有的被引渡到国外去受审，如驻菲律宾日本派遣军司令官、陆军中将本间雅晴被引渡到菲律宾，1946年4月在马尼拉被处死。还有的被捕不久就被盟军总部以各种借口而擅自释放，如梨本宫守正王（陆军元帅）、上田良武（海军中将）、乡古洁（财阀巨头、三菱重工业社社长）等。而非日本籍的12名战犯被全部遣送回国。所以，1946年初实际羁押在监狱里的甲级战犯只有100多名。但是，如果以日本高层的军国主义骨干所犯下的罪行和《远东国际军事法庭宪章》所规定的"三种犯罪"来衡量，日本的甲级战犯远不止这100多人。还有那些全力为日本侵略战争服务的大军火商、大财阀、大企业家等所犯下的罪行，本也当属主要战犯，却被免予起诉而不被追究。

---

① 梅汝璈著：《远东国际军事法庭》，法律出版社2005年版，第4页。

东京审判是根据中国、美国、英国三国于1943年12月1日签署的《开罗宣言》、1945年7月26日在德国波茨坦签署（后苏联也附署）的《波茨坦公告》，及同年12月26日在莫斯科签署的苏、美、英外长会议决议等有关文件，授权驻东京盟军最高统帅部设立的远东国际军事法庭而进行的。《波茨坦公告》（共十三条）的第十条称："吾人无意奴役日本民族或消灭其国家，但对于战争罪犯，包括虐待吾人俘虏者在内，将处以法律之严厉制裁。"[1]1945年9月2日，由日本外务大臣重光葵代表日本天皇和日本政府、日军参谋总长梅津美治郎代表日本大本营签订并向同盟国九国受降代表麦克阿瑟等所呈递的《日本投降书》（1945年9月2日签于东京湾）的第一条中称："余等兹对合众国、中华民国及大英帝国各国政府首脑于1945年7月26日在波茨坦宣布及而后由苏维埃社会主义共和国联盟参加之公告条款，根据日本天皇、日本帝国政府及日本帝国大本营之命令，代表接受。"在第六条中称："余等为天皇、日本国政府及其后继者承允忠实履行《波茨坦宣言》之条款。"[2]1946年1月19日，驻东京盟军最高统帅麦克阿瑟经与各受降盟国磋商后，颁布了"设置远东国际军事法庭的特别通告"（即"东京盟军最高统帅部特别通告"第一号）。通告申明了设立远东国际军事法庭的缘由后，在第一条中宣布"设立远东国际军事法庭，负责审判被控以个人身份或团体成员身份，或同时以个人身份兼团体成员身份，犯有任何足以构成破坏和平之罪者"[3]。并于同日颁布了《远东国际军事法庭宪章》，任命盟军总部国际检察处处长约瑟夫·季楠为检察长，担负"对属于本法庭管辖权内之战争罪犯的控告负调查及起诉之责"[4]。这一宪章与《纽伦堡国际军事法庭宪章》的内容基本相同。1946年12月11日，联合国大会第一届会议全体一致认可国

---

[1]　世界知识出版社编：《国际条约集（1945—1947）》，第78页。

[2]　世界知识出版社编：《国际条约集（1945—1947）》，第112—114页。

[3]　梅汝璈著：《远东国际军事法庭》，第12页。参见中华学艺社编译：《日本研究资料》（第1册），第27—28页。

[4]　《远东国际军事法庭宪章》第八条。

际军事法庭宪章和判决所体现的原则，包括管辖权的原则为现行国际法准则。也就是说，《纽伦堡国际军事法庭宪章》和《远东国际军事法庭宪章》是得到了联合国庄重确认的国际法准则。

《远东国际军事法庭宪章》第五条对法庭的管辖权做了明确规定，法庭有权审理三种犯罪行为："（甲）破坏和平罪：指策划、准备、发动或执行一种经宣战或不经宣战之侵略战争，或违反国际法、条约、协定或保证之战争，或参与上述任何罪行之共同计划或阴谋。""（乙）普通战争犯罪：指违反战争法规或战争惯例之犯罪行为。""（丙）违反人道罪：指战争发生前或战争进行中对任何和平人口（指集体的、成群的平民）之杀害、灭种、奴役、强迫迁徙，以及其他不人道行为……""凡参与上述任何罪行之共同计划或阴谋之领导者、组织者、教唆者与共谋者，对于任何人为实现此种计划而做出之一切行为，均应负责。"①

东京国际法庭比纽伦堡国际法庭的规模更大。纽伦堡法庭是由苏联、美国、英国、法国各派一名法官和一名预备法官组成，审判时间为10个多月（1945年11月20日—1946年10月1日）。②东京法庭由中国、苏联、美国、英国、法国、荷兰、加拿大、澳大利亚、新西兰、印度、菲律宾11国各派一名法官组成。原来的法官人选是从在《日本投降书》上签字的中、苏、美、英、法、荷、加、澳、新等9个受降国所提出的候选人名单中任命9人。而印度和菲律宾并不是《日本投降书》上的受降签字国，后由于它们取得独立而被允许参加设在华盛顿的盟国对日管制的最高决策机关——远东委员会。为了使东京法庭和远东委员会（11国）的成员国相一致，故法庭就增加了印度和菲律宾各一名法官。11名法官姓名如下：

---

① 《远东国际军事法庭宪章》，见梅汝璈著：《远东国际军事法庭》（附录一），第279页。

② 参见汤宗舜、江左译：《国际军事法庭审判德国首要战犯判决书》，世界知识出版社1955年版。

澳大利亚法官兼庭长（审判长）　威廉·韦伯爵士（Sir William Webb）

美国法官　约翰·P.希金斯（John P.Higgins）〔任职三个月后辞去，由密朗·C.克拉默将军（Gen.Myron C. Cramer）继任〕

中国法官　梅汝璈（Mei Ju-ao）

英国法官　帕特里克勋爵（Lord Patrick）

苏联法官　柴扬诺夫将军（Gen.I.M.Zaryanov）

加拿大法官　爱德华·斯图尔特·麦克杜格尔（E.Stuart McDougall）

法国法官　亨利·贝尔纳（Henri Bernard）

荷兰法官　罗林（B.V.A.Roling）

新西兰法官　艾瑞玛·哈维·诺斯克罗夫特（E.Harvey Northcroft）

印度法官　帕尔（R.M.Pal）

菲律宾法官　德尔芬·哈那尼拉（Delfin Haranilla）

中国派梅汝璈（博士、教授）担任法官的同时，还有倪征燠（博士）（以国际检察组成员和中国检察官首席顾问的身份）、向哲浚（上海高等法院检察长，以中国检察官身份）、鄂森（上海律师）、桂裕（上海律师）、吴学义（中央大学法学教授，以顾问身份）以及其他人员参加了审判工作。

据曾参加过东京审判的苏联公诉人斯米尔诺夫和国际法专家、记者扎伊采夫记述当时审判的场面："11位法官坐在高高的审判席上，他们身后是本国的国旗（苏、美、中、英、法、澳、荷、印、加、新、菲的国旗，这11国都参加了抗日战争）。稍低一些的地方是公诉方代表、辩护方代表、速记员和译员的席位。大厅的另一面也有一个不太高的平台，上面有两条长椅，坐着一些被告人，由身强力壮的美国宪兵看押。""右边是200个记者席位，记者有外国的，也有日本的。他们的上方是楼座，有300名盟国代表、200名日本代表。"①

根据《远东国际军事法庭宪章》，东京审判从1946年5月3日开始，至1948年11月12日结束，历时约两年半，开庭共818次，记录48000多页，出庭做证的人达419名，书面做证的人有779名，受理证据4300余件，判决书长达1213页。这是世界历史上空前的大审判。

远东国际军事法庭从1948年11月4日开始宣读判决书，一直到12日，长达9天时间，才于12日庄严宣判：东条英机、土肥原贤二、广田弘毅、板垣征四郎、木村兵太郎、松井石根、武藤章7人被判处死刑；荒木贞夫、桥本欣五郎、畑俊六、平沼骐一郎、星野直树、木户幸一、小矶国昭、南次郎、冈敬纯、大岛浩、佐藤贤了、岛田繁太郎、铃木贞一、贺屋兴宣、白鸟敏夫、梅津美治郎16人被判处无期徒刑；东乡茂德被判处有期徒刑20年；重光葵被判处有期徒刑7年。第一批受审的甲级战犯总共28名，除了上述被判处罪刑的25人，另有松冈洋右、永野修身2人于审判过程中病死，大川周明因装疯而躲过审判。

无论是被判罪刑的25人，还是未被判刑就病死的2人，或是装疯躲过审判的1人，都是罪行累累、恶贯满盈的大罪犯。现将《远东国际军事法庭判决书》对其所判罪行摘录若干：

东条英机罪行（绞刑）——"东条在1937年6月任关东军参谋长，自此以后，几乎在所有的阴谋者活动上，他都以首谋者之一而与他们互相勾结。""在他任陆军大臣及总理大臣时，他一贯支持征服中国政府，为日本而开发中国的资源，为巩固日本对华战争的成果及驻军于中国的政策……"②

小矶国昭罪行（无期徒刑）——"自1932年8月他被任命为关东军参谋长起，他在日本对外扩张计划的发展中担任了指导的任务。""1944年7

---

① 〔苏〕Л·Н·斯米尔诺夫、Е·Б·扎伊采夫著，李执中等译：《东京审判》，军事译文出版社1987年版，第5—6页。

② 张效林译：《远东国际军事法庭判决书》，第565页。

月，小矶解除朝鲜总督的职务，做了总理大臣。以这种地位，他主张并指导了对西方各国的战争的实行……"①

板垣征四郎罪行（绞刑）——"板垣自1931年起以大佐地位在关东军参谋部参加了当时以武力占领'满洲'为直接目的之阴谋。""1938年6月他做了近卫内阁的陆军大臣。在他的主持下，对中国的进攻更为激烈扩大。""他一方面进行了对中国、美国、联合王国、荷兰及苏联实行侵略战争的阴谋，同时明知这些战争是侵略战争还在其实行中担任了积极而重要任务……"②

广田弘毅罪行（绞刑）——"在1936年，由广田内阁计划和采用了向东亚及南方地区扩张的国策。这个具有广大影响的政策，终于引起了1941年日本和西方各国间的战争。同时在1936年，还重申并推进了日本对苏联侵略政策，其结果就是'防共协定'……"③

土肥原贤二罪行（绞刑）——"土肥原是日本陆军大佐，1941年4月升到了将官阶级。在'九一八事变'前约18年间居住在中国，被视为陆军部内的中国通……日本军部对中国其他地区所采取的侵略政策，土肥原借着政治的谋略、武力的威胁、武力的行使，在促使事态的进展上担任了显著任务。""他不仅曾参加对中国的侵略战争的实行，并且也参加了对苏联以及对各国，即1941年至1945年日本曾对其实行侵略战争的各国、除法国以外的侵略战争的实行……"④

仅从以上简要择列的5名战犯的罪行，则可窥日本其他战犯罪行之一斑。这里需要特别指出的是，日本的战犯数以千万计，东京审判的25名甲级战犯只能说是对日本战犯的"代表性"审判，或者如中国法官梅汝璈所说

---

① 张效林译：《远东国际军事法庭判决书》，第549页。
② 张效林译：《远东国际军事法庭判决书》，第542—543页。
③ 张效林译：《远东国际军事法庭判决书》，第539页。
④ 张效林译：《远东国际军事法庭判决书》，第533—534页。

的："只能被认为是对战犯们的一种'象征性'的惩罚。"①而免予起诉和逃避罪责的战犯还不计其数。

东京审判虽然对日本25名战犯做出了正义的审判，但也存在不足之处，主要是：第一，东京审判一次而终，没有对大批甲级战犯进行第二批（次）、第三批（次）……审判，让大批甲级战犯逍遥法外。第二，日本对外侵略的罪魁祸首裕仁天皇没有被列入甲级战犯进行审判，却被免除战争责任。第三，公然违反国际法的日本七三一部队的首领石井四郎等，没有被列为甲级战犯，没有对其依法惩处；七三一部队未被追究战争责任。第四，量刑过宽，审判时间过长，如对重光葵只判刑7年，审判时间长达2年半之久，如此等等。梅汝璈在回顾东京审判的法庭审讯程序的缺点时指出："首先，必须指出，审讯程序对被告辩护方面是过分宽大的，甚至可说是宽大无边的。""第二个缺点是对出庭证人名单没有进行过严格认真的审查。""第三个缺点是没有充分利用'受命法官'的'庭外审讯'（日本人称之为'临床审讯'）制度。""另一个缺点是对证人执行反诘的人数太多，漫无限制。"②

尽管存在不足，但东京审判无疑是值得肯定的。这次审判以铁的事实揭露了日本策划、准备、发动对外侵略战争的滔天罪行，对阴谋发动对外侵略的战争贩子起着警示作用，在国际社会上产生了重大的积极影响。

在东京审判甲级战犯的同时，盟军最高统帅部也授权驻日美军在横滨设立军事法庭审判日本乙级、丙级战犯（1945年12月—1949年10月），审判了近千名战犯。但是，美国为了本国的利益而重新武装日本，以对抗中国、苏联等社会主义国家，于1950年3月7日，由麦克阿瑟颁布了所谓日本战犯可以"宣誓出狱"的"第五号指令"，非法释放日本战犯。这一指令立即遭到中国和苏联的反对。1950年5月15日，中国政府外交部部长周恩来发表声明：

---

① 梅汝璈著：《远东国际军事法庭》，第168页。

② 梅汝璈著：《远东国际军事法庭》，第271—275页。

"中央人民政府认为驻日盟军最高统帅麦克阿瑟违法越权的行为，不仅破坏了第二次世界大战中远东同盟国关于设立国际军事法庭的协议，而且破坏了远东国际军事法庭惩治日本战犯的庄严判决，同时，这种狂妄行为，必然严重损害了中国人民以八年血战换来的制裁日本战犯的基本权利，损害中国人民防止日本法西斯侵略势力复兴的基本利益。因此，中华人民共和国中央人民政府对于麦克阿瑟以单方面命令擅自规定提前释放日本战犯一事，绝对不予承认。"①但美国无视中国和苏联的抗议，不顾信义，竟于1950年11月21日非法释放了刑期未满的甲级战犯重光葵。重光葵原本就属于轻判，仅入狱2年就被美国释放了，并在出狱不久就出任要职。随后，日本吉田政府串通美国将日本战犯全部释放。

在东京审判之前，1945年9月，驻菲律宾联合国军在马尼拉设立特别军事法庭，对日本战犯进行审判（马尼拉审判）。1945年12月至1949年初，当时中国政府分别在南京、北平（北京）、上海、汉口、广州、太原、徐州、济南、沈阳、台北等地也设立军事法庭审判日本战犯。1949年12月25日至30日，苏联滨海军区军事法庭在伯力城对准备和使用细菌战的12名日本战犯进行审判（伯力审判）。中华人民共和国成立后，1956年6、7月间，中国最高人民法院特别军事法庭分别在沈阳、太原对日本战犯进行审判。同年下半年，最高人民检察院对1062名日本战犯分别做出了起诉和免予起诉的决定，其中起诉审判的45名，免予起诉而宽大分批遣返的1017名。被释放的日本战犯都分批遣返日本。这充分体现了中国政府和中国人民宽容大度的胸怀！

二、日本右翼对东京审判的否定

20世纪中叶，远东国际军事法庭和中国、苏联、菲律宾等国法庭对日本甲级战犯的判决已有定论，对数千名乙级、丙级日本战犯的罪行也早已定谳，并且许多罪犯也伏法认罪，表示"洗心革面"，重新做人。但是，为什

---

① 张效林译：《远东国际军事法庭判决书》"译者的话"，第3页。

么日本的右翼势力一直对东京审判横加攻击、极力否定呢？其目的在于：妄图通过否定东京审判，进而全盘否定日本的对外侵略罪行。

日本的右翼政客和极端右翼分子针对东京审判，炮制了许多蛊惑人心的论调，诸如"战犯无罪论""违法论""复仇论""胜者审判败者论""日美同罪论"等等，不一而足。这里仅择一二，则可看出其居心。

（一）"战犯无罪论"

"战犯无罪论"源于东京审判时的日本甲级战犯。日本的右翼政客和极端右翼分子鼓吹的"战犯无罪论"实际上是拾其牙慧、继其衣钵而已，然后再蓄意发挥编造各种遁词。东京审判时，当审判长韦伯向被告（战犯）发问"你主张有罪还是无罪"时，战犯均回答"无罪"。按日本人正常的思维，如果罪孽深重，还在认罪传讯时宣称"无罪"，就会被人视为无耻之尤。但这些战犯为了保命或有意抵赖，或深知罪不可赦，也宁愿充当无耻之徒了。东条英机、南次郎等还辩称日本的对华侵略是"正当的自卫"。所以，在东京法庭对东条英机的判决书中，特别指出：东条英机"把这类攻击（指对华侵略等）称为正当的自卫措施，竟厚颜无耻地对这一切进行辩护。对于这种抗辩，我们早已充分论证过了，这都是完全没有根据的"①。

如果说，日本甲级战犯辩称"无罪"、甘当无耻之徒，那么，日本的右翼为战犯辩护，当属于徒子徒孙了。由美国策划的于1951年9月8日签订的《旧金山对日和约》的第十一条写明："日本接受远东国际军事法庭与其他在日本境内或境外之盟国战争罪法庭之判决，并将执行各法庭所课予、现被监禁于日本境内之日本国民之处刑。"但是，这一条约签订后，日本则认为可以"重返国际社会"了，在国内就开始刮起一股"大东亚战争肯定论"的妖风。至二十世纪七八十年代，日本右翼更以"大东亚战争史观"（"大东亚战争肯定论"）去批判"东京审判史观"（认定日本战犯有罪论）。如日本右翼杂志《诸君》于1983年12月号就刊登了志水速雄的论文《排除东京审

---

① 张效林译：《远东国际军事法庭判决书》，第566页。

判史观的咒语束缚》。1988年，日本讲谈社出版了前日本海军少佐富士信夫的《我所见到的东京审判》（上、下卷）。1994年3月27日，由日本遗族会和神社总厅组成的"英灵报答会"在《产经新闻》上登载广告书《日本不是侵略国家！》。从1993年10月起，日本自民党"历史研究委员会"组织19名日本政界、舆论界和学术界的"主讲人"做了20次关于历史问题的演讲。1995年将其结集成书，名为《大东亚战争的总结》，并于同年8月10日在东京都的一家饭店举行该书的出版纪念会。该书的主旨就是美化侵略战争、鼓吹"战犯无罪论"、妄图篡改历史。而那些日本右翼所谓的"杰出的权威人士"的"大东亚战争史观"、反"东京审判史观"、推崇"皇国史观"等在书中暴露无遗。在出版纪念会上，那些右翼"杰出人士"，如自民党"终战50周年国会议员联盟"会长（原日本法务大臣）奥野诚亮、拓殖大学校长（原行政管理事务次官）小田村四郎等，更是为日本侵略扩张和日本战犯辩护做了充分的表演，使纪念会弥漫着一股"赞美侵略战争的'黑潮'"。

尤为严重的是，2005年日本政府竟然要为日本战犯翻案。10月25日，日本政府在回答日本民主党国会对策委员长野田佳彦的质问时，在内阁会议上的一份答辩书明确表示："日本的战犯，是远东国际军事法庭以及联合国其他战争罪犯法庭所判的刑罚，而不是根据国内法做出的判决。"[1]据此，日本《产经新闻》立即做了阐释和发挥，称："日本内阁会议决定的答辩书表明，所谓的日本甲级、乙级和丙级'战犯'在国内不能被称作战争犯罪者，日本没有战犯。"[2]这种辩词不仅有悖于客观历史事实，而且也是对东京审判及其他审判的公然否定，也是对受害国和国际公义的严重挑衅。

"战犯无罪论"的缘起也与东京审判印度籍法官帕尔有极大的关系。在东京审判的11名法官中，唯独帕尔主张"日本战犯无罪论"。帕尔利用法官的权力，无视日本所犯下的滔天罪行，不顾被害国所遭受的损失和磨难，公

---

① 《环球时报》2005年10月31日。

② 《环球时报》2005年10月31日。

然为日本战犯辩护，完全丧失了一个法官所应具备的公正和道义。帕尔的这一主张，使日本右翼势力如获至宝，犹如捡到一根救命稻草，并把他奉若神明。2007年8月，日本首相安倍晋三访问印度时，于23日特地乘专机专程从印度首都新德里飞往印度东北部港口城市加尔各答，拜会了帕尔的后人（长子）。安倍晋三称赞帕尔在远东国际军事法庭上表现出"高贵的勇气"，"至今赢得许多日本人的尊敬"。安倍晋三对帕尔的吹捧，实际上就是为日本甲级战犯喊冤叫屈。殊不知帕尔的这种"勇气"伤害了多少被日本野蛮践踏的受害国，伤害了多少被日本侵略者杀害的无辜冤魂！这种为战犯开脱的"勇气"，是对受害者的再一次肆虐，是对公平正义的亵渎，是对人类良知的公然背叛！

（二）"违法论"

本来，东京国际法庭和纽伦堡国际法庭对甲级战犯审判的公正合法性早已得到国际公认。为什么日本右翼却炮制出一个东京审判"违法论"呢？这主要是：第一，日本右翼是把日本国内法（尤其是军国主义时期的国内法）凌驾于国际法之上，或用国内法取代国际法；第二，"违法论"一旦成立，则可推翻东京审判的结论，东京国际法庭判决的甲级战犯和其他法庭判决的乙级、丙级战犯则可免除罪责，恢复名誉，进而全盘肯定日本的对外侵略战争。

日本政府对外公开宣称接受东京国际法庭的判决，但实际上已多次对战犯进行"从宽"变通处理。早在1952年，日本法务省通过对国内法进行解释，就给予已死战犯普通战争死难者待遇。1953年，日本总务省制定了《对战争伤亡者遗属援助法》，并经国会修改通过。随后，日本国会又将1923年制定的、被战后驻日盟军总司令部批评为"世界上最恶劣的制度"的《恩给法》进行两次修改，向"二战"战犯遗属发放抚恤金。这表明日本政府已将战犯与普通战争死难者同等对待，一视同仁，已经在国内法上为战犯"平反"，难怪日本右翼势力鼓吹"违法论"毫无顾忌，愈加放肆。

　　1994年1月18日，日本青山学院大学法学系教授佐藤和男就宣称"'东京审判'是违法的"，并做了强词夺理的辩解。①2005年5月26日，日本厚生劳动省政务官森冈正宏称，"远东国际军事法庭审判是战胜者对战败者单方的审判"，"甲级战犯在日本国内不是战犯，甲级、乙级和丙级战犯都是远东国际军事法庭界定的"。②森冈正宏抛出这一谬论后，遭到反对党的大加鞭挞，甚至遭到自民党和公明党执政联盟内一些人的批评。但是，也有一些政客大加附和，时任日本首相小泉纯一郎和厚生劳动大臣尾辻秀久就表达了相同的论调，称森冈正宏是以议员身份表达自己的想法。当时执政的自民党高官国会参议院干事长片山虎之助更为森冈正宏辩护称："有许多人和森冈先生的观点相似，对历史的理解没有唯一正确的，我们需要接受不同的观点。"③这就是说，第一，许多日本右翼分子认为日本战犯都是东京国际法庭定的，不是根据日本国内法定的，因此违反日本国内法；第二，对历史的"理解"可以随意篡改和捏造，为己所用，因为历史"没有唯一正确的"；第三，所谓"需要接受不同的观点"，就是要接受东京审判"违法论"的观点，接受战犯"无罪论"的观点。可见，日本政客发表的这些荒谬言论，是肆意对国际正义和人类良知的公然挑衅。正是日本政要的鼓动和纵容，才使日本右翼势力为战犯开脱达到了肆无忌惮的地步。

　　如果说，所谓东京审判"违法论"成立的话，那么，岂不是说日本的对华、对亚洲国家侵略是"合法"的吗？这是问题的要害！日本右翼势力就是妄图通过鼓吹东京审判"违法论"来反证日本侵略战争的"合法性"，为侵略战争全面翻案制造舆论。

　　与其说所谓东京审判"违法"，不如说日本发动的侵略战争才是真正的

---

① 参见〔日〕历史研究委员会编：《大东亚战争的总结》，第288—289页。

② 据《环球时报》2005年10月31日，另见《羊城晚报》（新华社特稿）2005年5月28日。

③ 《环球时报》2005年10月31日，另见《羊城晚报》（新华社特稿）2005年5月28日。

"违法"。日本主持正义的有识之士早就指出这一点。日本著名历史学家家永三郎教授于1968年8月在《思想》杂志发表的《试论远东审判》一文中指出："十五年战争（指日本侵华战争）绝不只是违反国际法的国际性犯罪，它同时还是违反日本国内法性质犯罪的累积。日本人民被侵略战争所动员，而成为对邻邦各民族的加害者，而另一面也是国内法意义上的受害者。历史的可能性且不论，单从纯理论上来说的话，本来是必须根据国内法追究战争犯罪问题的。"这一论断明确地指出了问题的实质，真正的违法者是日本侵略战争的发动者，是日本的战争罪犯，绝不是东京审判。而把矛头指向东京审判、为日本战犯翻案、攻击东京审判"违法"的右翼分子，本身就是违法者。

日本右翼所谓的东京审判"违法"，无非是指国内法和国际法。以日本国内法而论，最高的应是日本国的宪法。"二战"前，日本有一部1889年颁布的《大日本帝国宪法》。"二战"后，这部宪法已被废除。1947年5月3日，日本施行了《日本国宪法》，其中第九十八条规定："日本国缔结的条约及已确立的国际法规，必须诚实遵守之。"根据这一宪法规定，对照日本右翼的所作所为，真正违法的是日本右翼势力。如在前面提到的日本签署的《旧金山对日和约》的第十一条，"日本接受远东国际军事法庭与其他在日本境内或境外之盟国战争罪法庭之判决"。日本右翼所谓的东京审判"违法论"，显然是不接受东京法庭对甲级战犯的判决，这不是公然违抗日本宪法提出的"必须诚实遵守"的法规吗？

再以国际法而论，对日本甲级战犯的审判是依据1946年1月19日颁布的《远东国际军事法庭宪章》进行的。这一宪章与《纽伦堡国际军事法庭宪章》的内容基本相同。1946年12月11日，《纽伦堡国际军事法庭宪章》被联合国大会第一届会议认可成为国际法准则。依据联合国认可的国际法准则对日本甲级战犯进行审判，有何违法呢？很明显，日本右翼势力图谋用东京审判"违法论"来否定东京审判，为战犯翻案，这只能说明日本右翼才是违反国际法的真正肇事者。

日本右翼还炮制了"复仇论""胜者审判败者论"等，完全出于为日本战犯、为侵略战争翻案的卑鄙目的，不值一驳。但是，对于日本右翼篡改历史、颠倒黑白、混淆视听、欺骗舆论的丑恶行径，也不能等闲视之，务必把真相告诉世人，不能让阴风浊浪污染国际社会。正如参与东京审判的中国首席大法官梅汝璈说："我不是复仇主义者。我无意于把日本帝国主义者欠下我们的血债写在日本人民的账上。但是，我相信，忘记过去的苦难可能招致未来的灾祸。我觉得，为了充实历史和教育人民，我国的历史工作者对于像轰动全世界的南京大屠杀一类的事件，似乎还应该多做些调查研究和编写宣传的工作。"①

---

① 中国人民政治协商会议文史资料研究委员会编：《文史资料选辑》（第22辑），中华书局1962年版。

第三节
篡改教科书事件的真相

一、日本对教科书的篡改

日本教科书问题是由日本右翼势力蓄意挑起的一个国际性政治事件。为什么日本教科书的编写、审定和修改会引起国际社会的关注和抨击呢？这主要是日本右翼势力对反映历史真相的教科书的篡改，并存心隐瞒、歪曲历史。这个问题的要害主要在于：日本右翼一是通过修改教科书篡改历史，重新祭起"皇国史观"；二是通过修改教科书，回避日本对外侵略战争的责任；三是通过修改教科书，重新肯定日本军国主义的历史；四是通过修改教科书，蒙蔽国内民众，欺骗国际社会；五是通过修改教科书，为日本侵略战争全面翻案。

日本的教科书制度有一个由"自由编写"到"国家编写"再到"国家审定"的过程。明治维新初期，日本教科书可自由编写。进入20世纪至日本战败，教科书由国家编写（即"国家教科书"）。日本战败后，经过短时"国定"与"审定"并存的阶段，就开始实行教科书审定制度。1947年3月31日，日本国会颁布实施《教育基本法》（包括序言、11条、附则）和《学校教育法》（共9章108条），基本否定了战前和战时军国主义教育方针政策，标志着战后日本教育改革的开端。但是，1952年底，吉田茂政府文部省制定的《1955年版改订学习指导要领》（社会科编）就提出教育基本方针为"增进对天皇制的信念，培养爱国心"。及至2006年12月22日，日本又颁布实施新的《教育基本法》。这部新的《教育基本法》对1947年3月的《教育基本法》做了全面的修订，强调"尊重公共精神""热爱培育传统和文化的我国和乡土"的新理念。这种"新理念"实际上是推行日本"传统和文化"的国家主义教育理念。这里所指的日本"传统和文化"，应该包含战前的"传统和文化"，其意蕴是耐人寻味的！

战后的日本教科书根据1947年实施的《教育基本法》制定："①教育不为错误的政治服务，应该直接对全体国民负责。②教育行政在这一认识的基础上，为实现教育的目的，一定要完善建立必要的各种条件。"① 于是，从1949年开始，教科书交由民间编写，并制定了教科书审定制度。但是，当时不是审定教科书的内容，而主要检查教科书的错字和审核统计数字的错误等。在这个阶段，日本的教育曾在一定程度上体现了民主主义和和平主义精神。

日本没有"国家版"教科书，教科书均由各出版社牵头组织编写委员会自由编写，或由民间学者、教育工作者自由编写，即由民间撰写。文部科学省对教科书大约每隔4年审定一次。审定合格后，文部科学省就给有关出版社发出"合格"通知书。而学校使用哪一种教科书则由校方决定。但是，文部科学省对教科书的审定起着导向性的作用，甚至可以对教科书的历史事实进行公开的篡改。

早在20世纪50年代，日本的右翼势力就对反映历史真相的社会科教科书以"审定"的名义进行篡改了。1955年8月，日本民主党教科书问题特别委员会（牧野良三、中曾根康弘分别任正、副委员长）在社会上发行了一本题为《值得忧虑的教科书问题》的小册子，列举了若干种反映历史事实的社会科教科书，并将其作为"有问题"的教科书大加攻击，肆意诽谤。此事一时在社会上沸沸扬扬，成为人们议论的话题。

据"日本声援'教科书审定诉讼'全国联络会"披露的资料，当时日本

---

① 〔日〕依田熹家著，雷慧英等译：《近代日本的历史问题》，上海远东出版社2004年版，第199页。

右翼势力第一次对教育界和教科书"进行反动攻击"的，是以下四种类型的教科书：

（1）无条件地支持教师工会运动和日本教职员工会，积极推进政治活动的类型。（如官原诚一等编：高校《一般社会》，实教出版）

（2）为日本劳动者的悲惨处境摇旗呐喊，推进激进的破坏性、革命性的劳动运动型。（如宗像诚也编：中学校《社会的构造》，教育出版）

（3）赞美苏联、中国共产党，贬斥祖国日本的类型。（如周乡博编：小学校《光明的社会》，六年级用，上册，中教出版）

（4）试图向儿童灌输马克思、列宁的原版共产主义思想类型。（如长田新编：中学校《模范中学社会》，三年级用，下册，实教出版）①

"日本声援'教科书审定诉讼'全国联络会"指出："以上四种类型，实际上完全没有应被指责、中伤之处，然而该小册子对其恶毒诽谤，贬责道：'其中尤为过分的是中教出版的《光明的社会》，犹如与日本共产党同出一辙，为苏联与中共高歌礼赞。'如此种种，恶语中伤，肆意诽谤。"②日本右翼势力对这些教科书的恶意诽谤中伤，遭到了日本劳动者工会、民主团体和新闻媒体等的据理反击和驳斥。

但是，日本文部省却抓住这一机会，不仅多次修订"学习指导要领"，而且更强化了教科书的"审定"。如：1955年，有一本教科书写到日本侵

---

① 日本声援"教科书审定诉讼"全国联络会：《"家永教科书诉讼"小史》，见〔日〕家永三郎著，石晓军、刘燕、田原译：《家永三郎自传》（附录二），新星出版社2005年版，第187页。

② 日本声援"教科书审定诉讼"全国联络会：《"家永教科书诉讼"小史》，见〔日〕家永三郎著：《家永三郎自传》（附录二），第188页。

略中国时，"日军陆续占领北京、南京、汉口、广东等地，把战线扩展至中国本土"。而文部省的审查意见却要求："应改为'中国本土成为战线'。"①这样一改，就完全混淆了侵略者和被侵略者的关系。该教科书还如实写了日本战时的穿着："男人戴战斗帽，扎绑腿，女人穿农村劳动裤，到处一片战时色彩。"文部省的审查意见又对"到处一片战时色彩"加以反驳和指责。

1957年，日本文部省在审定一本高等中学《新日本史》教科书时，竟然指责该教科书对过去日本侵略战争的反省。审查意见称："作者依据过去的史实，谋求反省的热情显得有些过剩。"因此，"该书稿作为高等中学社会课程的日本史教科书是不合适的"。②

本来日本的"和平宪法"就是基于对侵略战争的反省而制定的。日本的《教育基本法》（1947年）第十条也规定："教育对全体国民直接负责，不受不合理的控制。"可是，文部省不但不对侵略战争进行反省，而且还指责该教科书"反省过剩"，并且对该教科书实行"不合格的控制"，审定为"不合格"。真是岂有此理！

至二十世纪六七十年代，随着日本经济的迅速发展和日美关系的日趋紧密，日本文部省对教科书的审定更加右倾化。1963年，日本著名历史学家家永三郎的《新日本史》，就被文部省审定为不合格的教科书。后来，虽非他所愿，但仍是按文部省的审定意见做了若干修改，再向文部省申请审定。文部省附加了323项修改意见后，才成为附带条件的合格教科书。文部省的审查意见，有的是以"皇国史观"来"审定"历史，有的是用战前和战时的观念来"审定"新编教科书，有的是滥用权力有意刁难等。如：关于"明治宪法"，教科书中是将其与"和平宪法"相比较，肯定了"和平宪法"。而审定意见却指责称，把"明治宪法""与今日之宪法相比较而全面否定的写

---

① 〔日〕家永三郎著：《家永三郎自传》，第127页。

② 参见〔日〕家永三郎著：《家永三郎自传》，第128页。

法，令人困惑"，要求"应从宪法（指'明治宪法'）为亚洲最初的宪法等积极因素方面考虑"。关于太平洋战争，审定意见指责："只让日本背负战争责任，过于残酷，从教育的意义上吟味（斟酌），应予删除。"审定意见还指责"何以不表现武士的形象""劳动者创造历史的提法不妥"等。①从这些审定意见可以看出，审定者顽固坚守"皇国史观"，极力回避日本的战争责任，这对战后初期日本的民主主义和和平主义教育是一种严重的倒退，是遗患后代的误导。

由于日本文部省对家永三郎编写的教科书做强制性的不合格审定，于是，引发了一场家永三郎起诉教科书审定制度的长达32年的"家永教科书诉讼"。1965年6月12日，家永三郎向东京地方法院提出"教科书诉讼"（第一次诉讼），明确指出教科书审定制度是违反《日本国宪法》和《教育基本法》的。1967年6月，家永三郎又向东京地方法院提出诉讼，要求取消文部省的审查意见（第二次诉讼）。1984年1月19日，家永三郎提出"第三次教科书诉讼"。1997年8月29日，东京最高法院对"第三次诉讼"做了终审判决。判决指出，文部省要求在教科书中删除有关七三一部队的记述是违法的，而家永教科书中关于南京大屠杀、日军暴行的记述是合法的。这一判决使家永教科书诉讼取得部分胜诉。至此，长达32年的"家永教科书诉讼"降下帷幕。"家永教科书诉讼"虽然只取得部分胜诉，但却成为社会关注的政治事件，促使日本公民提高了充分利用宪法所赋予的权利的法制观念，对国际社会产生重大影响。

20世纪70年代后，日本一部分教科书开始记述南京大屠杀和日本发动侵略战争的历史事实。但是，随着日本成为经济大国，在国际舞台上扮演着重要的角色，日本右翼势力感到已经有了为侵略战争翻案的底气和时机。1979年11月，日本《世界与日本》旬刊发表了题为《新的值得忧虑的教科书问题》，对小学国语教科书大加攻击。当时，日本文部省在审定教科书时明确

---

① 参见〔日〕家永三郎著：《家永三郎自传》，第194页。

要求，要把教科书中日本"侵略"一词改为"进出"。

20世纪80年代后，日本右翼势力对教科书的篡改达到了猖獗的程度。1982年6月25日，日本文部省公布了对1983年4月起使用的高中社会科教科书的审定结果。文部省仅对日本史教科书的修改意见就有600多条。主要有：要求将"占领"改为"派遣"，将"日本对中国的侵略"改为"日本对大陆的进出"，将"南京大屠杀事件"改为日军"遭到中国军队的激烈抵抗，日军的损失也大。因而激昂的日军在占领（南京）时屠杀了众多的中国军民"；还要求对天皇一律用敬语，对帝国宪法（即"明治宪法"）要突出民主性等。

日本文部省蓄意歪曲侵略历史的行径，遭到了中国、韩国、朝鲜、印尼等国和日本国内的强烈谴责。迫于事态的严重性，1982年8月26日，日本政府发表了宫泽喜一（时任铃木内阁官房长官）的谈话，表示："日本政府负责修正被中国等国批判的审定的教科书。"虽然没有提出具体纠正措施，但教科书问题由此成为外交问题，并引起国际社会的关注。

但是，日本右翼篡改教科书的行径并未收敛，且越加放肆。诸如：

1986年6月，"保卫日本国民会议"送审的高中教科书《新编日本史》，把日本发动的太平洋战争，说成是从欧美列强统治下"解放"亚洲的战争。7月，日本文部省无视中、朝、韩等亚洲各国和日本国内的强烈不满，竟然将该书定为合格。

1996年12月2日，日本右翼学者为了删除1996年在日本全部版本（7个）的中学历史教科书中出现的关于日本侵略和"从军慰安妇"等的记述，成立了"新历史教科书编撰会"。会员超过1万人，在日本全国设有48个支部（后发展到日本49个都道府县都有分会）。该会的发起人是日本右翼漫画家、《台湾论》的作者小林善纪。该会认为现行教科书是宣传"自虐史观"，丧失了日本的民族尊严，所以要重新编撰教科书。

2000年4月，右翼团体"新历史教科书编撰会"通过扶桑社出版其编撰的教科书，并将样书与原有的7家出版社的样书一并提交文部省审定。2001

年3月，文部科学省曾对"新历史教科书编撰会"编写的样书提出137处明显与历史事实不符的记述，并要求其进行修改。但是该会对其记述美化侵略战争、歪曲和篡改历史的内容并没有做实质性修改，只做了一些应付式的非实质性的修改。尽管如此，文部科学省于4月3日宣布包括"新历史教科书编撰会"编写版本在内的8家初中历史教科书审定合格。文部科学省这一审定，实际上是纵容和肯定了"新历史教科书编撰会"歪曲篡改历史的行径，为右翼势力篡改教科书张目。

日本文部科学省审定合格的由"新历史教科书编撰会"编写、扶桑社出版的《新编历史教科书》（2002年开始使用的初中历史教科书），是如何美化侵略、歪曲历史的呢？这里仅择几例。

例一：把当年日本蓄谋发动对外侵略战争的所谓"ABCD包围圈"的谬论（见本章第一节）重新塞进教科书。称：

> "日本为了谋求石油进口地，曾与统治着印度尼西亚的荷兰谈判，但遭到了拒绝。这样，就形成了美国（America之A）、英国（Britain之B）、中国（China之C）、荷兰（Dutch之D）等国共同在经济上封锁日本的ABCD包围圈。"

这一表述就把日本蓄意发动的侵略战争描绘成"自存自卫"的战争，完全改变了侵略战争的性质。因此，日本有识之士将其称为"强盗逻辑"。[1]

例二：毫不掩饰地宣扬日本偷袭珍珠港事件，赞颂"日本取得了巨大战果"。称：

> "日本的海军机动部队空袭了停泊于夏威夷珍珠港的美国太平洋舰队。美国的军舰一艘接一艘地沉没，舰上的飞机一架挨一架地起火，

---

① 参见〔日〕不破哲三著：《历史教科书与日本的战争》，第19页。

日本取得了巨大战果。这一战况报道出去以后，日本国民的情绪骤然高涨，因长期日中战争而笼罩在心头的阴云为之一扫。第一次世界大战以后增强了实力的日本，终于可以同美国一决雌雄了。"

时隔半个多世纪，日本右翼仍对日本偷袭珍珠港的丑恶行径如此炫耀，喜庆之情溢于言表。真不知道美国对日本这个盟友的这段"溢美之词"做何感想？！

例三：力图否认日军南京大屠杀和否定东京审判。称：

"东京审判认定日军在1937年（昭和12年）日中战争期间占领南京时杀害了大量的中国民众（南京事件）。然而，有关这一事件的实情在资料上还有疑问，见解不一，时至今日其争论仍在持续。"

例四：有意回避和否认日本对中国和亚洲国家所发动的战争是侵略战争。

在教科书中，凡涉及日本对中国及亚洲国家所采取的大小规模军事进攻，一概不写上"侵略"一词，而涉及德国所发动的战争，如1939年德国对波兰、1941年德国对苏联等，都写上德国"侵犯"这些国家。可见，这本教科书的执笔者是极力掩盖日本对外侵略的历史事实，心怀鬼胎！

这本教科书出炉后，遭到中国、韩国、朝鲜、新加坡、加拿大等国和日本国内有识之士和民间团体的强烈谴责和批判。中国《人民日报》发表评论员文章指出："像这样一本有着严重问题的教科书最终被审定通过，日本政府负有不可推卸的责任。"日本右翼势力"打出反对'民族自虐'、恢复民族自尊的旗号，煽动狭隘的民族主义情绪，妄图将日本重新拖入军国主义的泥潭，这一险恶用心和危险动向，应当引起包括日本人民在内的全世界爱好和平人士的高度警惕"。①

这本《新编历史教科书》虽然遭到国际社会和日本国内的抨击，但日本右翼已是病入膏肓，不时旧病复发，痼疾难医。

2005年4月5日，日本文部科学省又正式审定通过了"新历史教科书编撰会"编写的《新历史教科书》。日本扶桑社对右翼文人编写的教科书情有独钟，与"编撰会"沆瀣一气，这本教科书也由其出版。

这本《新历史教科书》的出炉，得到了日本各界右翼人士的支持。如2004年1月29日由现任自民党议员组成的"考虑日本前途与历史教育议员之会"（简称"教科书议联"，领导人为时任自民党干事长安倍晋三和中川昭一）、1997年成立的右翼团体"日本会议"等，都在为"编撰会"和教科书的出炉鸣锣开道。

这里值得注意的是，这本教科书是在日本投降60周年前夕出炉的。其目的很明显，就是对"二战"战胜国纪念抗日战争胜利的公然挑衅，拒绝反省和清算日本的罪恶历史，为军国主义招魂。

日本文部科学省和日本右翼对教科书的"审定"和篡改已经到了肆行无忌、绝不回头的地步。2017年3月24日，文部科学省公布了对2018年4月起使用的教科书的审查结果。在高中《日本史》等教科书中，将南京大屠杀写为"南京事件"，对于死者人数则加上了"人数不确定"的记述。在战后补偿方面也加上了"国家间已解决"。在涉及领土问题上，将中国钓鱼岛及其附属岛屿原先的表述"中国主张拥有主权"，改为日本"固有领土"，不存在领土问题，等等。

对此，中、韩等国做了严正批驳。中国外交发言人指出，日本政府有关部门在教科书中有意淡化、否认甚至篡改侵略历史，是极其错误和不负责任的行为；还指出，南京大屠杀是日本军国主义在侵华战争期间犯下的严重罪行，铁证如山，早已得到国际社会公认，南京大屠杀死难人数也早有定论；

---

① 据《人民日报》2001年4月6日。

并表示，中方敦促日本政府本着对本国人民、对历史、对邻国负责任的态度，以正确的历史观教育国民，不要以错误的历史观误导下一代。①

日本右翼势力从20世纪50年代以来对教科书篡改的实质，主要是三点：一是否认日本对外侵略战争的侵略性质；二是否认日军在侵略战争中的滔天罪行；三是为侵略战争全面翻案。日本右翼把"侵略"改为"进出"，就是力图掩盖侵略本质。查遍日本的《国语大辞典》《广辞苑》②《学研国语大辞典》《新选汉和辞典》等，对"侵略"的解释都是"侵入他国掠取财物和领土等"之意，而对"进出"的解释都是"前进、向前方前进"之意。显然，"侵略"与"进出"是有本质区别的。日本右翼一再否认南京大屠杀或在数字上做文章，否认"随军慰安妇"或改变"慰安妇"的性质等，就是力图否认日本的丑恶罪行。

"欲知大道，必先为史。"这是中国清末启蒙思想家龚自珍的一句名言。日本右翼深知历史教科书的重要性。然而，龚自珍所谓的"大道"，主要指"人道"和"治国安邦"之道，而不是指邪门歪道。"为史"，就是要了解、总结本国、本民族乃至世界历史的经验教训，从中吸取有益养分。日本右翼却以错误的历史观篡改历史教科书，用这种教科书去教育培养后代，对后代推行所谓"爱国教育"，由此会产生什么效果呢？不少日本国民已表示深深的担忧。

二、"军国主义教典"的复活

日本的右翼势力在肆意篡改教科书的同时，也开始起用《教育敕语》，复活这部"军国主义教典"，以此教育日本的后代，把日本引入"尊皇""神道"的国家。

据日本媒体报道，2017年3月31日，"安倍内阁在内阁会议上通过的政

---

① 据新华社2017年3月25日电。
② 日本大辞典刊行会编：《国语大辞典》；〔日〕新村出编：《广辞苑》。

府答辩书，允许'在不违反宪法和《教育敕语》的情况下'，把以往国会废除或认为失效的《教育敕语》作为教材使用"①。4月4日，日本官房长官菅义伟在记者会上，就学校使用《教育敕语》作为教材一事再次强调："对不违反宪法及《教育基本法》，并经妥善考量后使用的情况不应予以否定。"文部科学大臣松野博一也在记者会上表示："本着通过各种资料教授历史背景等的意图使用（《教育敕语》），从这个观点出发用作教材没有问题。"②在此之前，即同年3月9日，时任日本防卫大臣的稻田朋美在参议院外交防卫委员会上也吹捧《教育敕语》中"日本应立志成为全世界尊敬的道义国家的思维方式是核心"③。日本政客和右翼势力对《教育敕语》如此依恋不舍、奉为"教典"是何缘故呢？

《教育敕语》是1890年10月30日日本明治天皇颁发的教育规章。其主旨是训诫臣民忠于君主、为君主效命，贯穿了以天皇为中心的国家观。《教育敕语》曾经是"二战"前和战时日本教育的基本理念，被视为"军国主义教典"。④日本战败投降后，在盟军（美军）占领期间，1948年6月，《教育敕语》因"提倡主权在君和神话国体观，损害了基本人权"，被众议院通过决议将其废除，参议院也通过了确认其失效的决议。从此，《教育敕语》就"寿终正寝"了。

《教育敕语》约200字，贯穿了以天皇为中心的国家观。其内容大致有四：第一，表明"克忠克孝，亿兆一心"是日本"国体之精华"；第二，罗列了孝、友、和、信、学习等十大德行；第三，强调德育要"义勇奉公""扶翼皇运"；第四，要求臣民对"皇祖皇宗之遗训"，要"拳拳服膺"。其中罗列的十大德行，与战前和战时日本的所作所为相对照，恰恰相反，《教育敕语》熏陶出来的日军在被占国所实施的是杀人放火的兽行、

---

① 日本《朝日新闻》2017年4月4日报道，见《参考消息》2017年4月5日。

② 共同社东京2017年4月4日电，见《参考消息》2017年4月5日。

③ 日本《朝日新闻》2017年4月1日报道，见《参考消息》2017年4月2日。

④ 据新加坡《联合早报》2017年3月28日。

勾当。《教育敕语》中称，"一旦缓急则义勇奉公，以扶翼天壤无穷之皇运"。这一点确实做到了。《教育敕语》颁布仅4年，日本就发动了侵略中国和朝鲜的甲午战争。至二十世纪三四十年代，又发动了全面侵华和侵略亚洲各国的战争。日本天皇的臣民用飞机、大炮、刺刀指向被侵国的无辜平民，以此来"扶翼""皇运"，并为军国主义而献身。仅凭《教育敕语》颁发以来到日本战败之间的日本对外侵略扩张行径，就充分说明《教育敕语》是推动和助长了军国主义，是日本军国主义的教典。

那么，日本右翼政客为何极力推崇《教育敕语》？新加坡《联合早报》的文章指出：日本"战后右翼中的绝大多数是战前右翼的因袭。战后右翼的一个重要政治诉求，是反对雅尔塔体制，认为其破坏了日本国家'精神'特质的历史传统"[①]。因此，企图从本源上恢复军国主义的"精神特质的历史传统"。日本《东京新闻》刊文指出："《教育敕语》与战前战时的军国主义教育有关"，"《教育敕语》所代表的教育的本质在于，培养不能用自己头脑思考的、不反抗体制的顺民"[②]。也就是说，日本政客和右翼势力力图通过《教育敕语》恢复战前的皇国教育体制，培养信守"八纮一宇"、忠于天皇的"顺民"，"重发皇威"。日本《每日新闻》刊文指出，安倍晋三利用《教育敕语》，旨在鼓吹"新国家主义"，动员国民参加战争。[③]这就是问题的本质。

日本政客和右翼势力在复活《教育敕语》的同时，还为军国主义教育还魂采取了一系列措施。

（一）试图再掀"明治热"

2017年1月12日，日本《东京新闻》发表了一篇题为《随同改元回归战

---

① 吕艳宏：《〈教育敕语〉复活声中看日本走向》，新加坡《联合早报》2017年3月28日。

② 据《森友学园案暴露出的爱国教育本性》，日本《东京新闻》2017年4月6日。见《参考消息》2017年4月7日。

③ 据《环球时报》2017年4月19日。

前》的文章。文章开头发问："安倍政权和保守派为何执着于明治时代？"接着引述了右翼组织"日本会议"的记者的看法，称："这些人视（明治时代）为日本近代经历过的最大成功。'在欧美列强推行殖民地帝国主义过程中，日本是唯一与列强对抗且参与解放亚洲战争的亚洲国家——这个故事对保守派来说是值得大书特书的昔日荣光。或许明治时期的日本就是他们眼中理想国家的样子。'"日本右翼之所以对明治时代深怀眷念，主要是明治以后日本对外侵略连续取得了中日甲午战争和日俄战争的胜利，成功吞并韩国，占领中国台湾省等，成为他们"胜利与跃进的时代"。而今，他们还想通过"明治热"来恢复当年的"荣光"。

据了解，第一次"明治热"始于1927年，即裕仁继位日本天皇、改大正为昭和的第二年（昭和二年）。这一年，日本出版了《明治大帝》一书，鼓吹明治的"功绩"。这一年，日本田中义一内阁召开了"东方会议"，制定了侵略中国的方针政策，其后采取了一系列对华侵略军事行动。

日本战败后，虽然明治维新的光环暂时暗淡了，但是，1968年"明治维新"100周年成为"明治热"的一个契机。在此之前的1967年，当时的佐藤内阁就发表了《明治百年纪念庆典实施纲要》，称："明治时代是值得怀念的出色时代，战后日本取得惊人的复兴，是因为明治以来培养的国民潜在力量俨然存在，因此，要回顾和再探讨那段历史，展望未来。"1968年，日本政府主办了"明治百年纪念庆典"，为明治大唱赞歌。这一年，被视为日本历史小说巨匠的司马辽太郎撰写的《坂上之云》描述了甲午战争、日俄战争的场面，将日俄战争写成是"将日本逼入窘境后实施的防御战"，博得日本右翼的喝彩。随后，日本右翼就将反映历史事实的教科书称为"自虐史观"而横加攻击，文部省则强令修改教科书，突出"皇国"，"神化"教育。

2018年是明治维新150周年。日本安倍政府又利用这一时机掀起一股"明治热"。安倍晋三在"明治维新150周年纪念大会"上致辞称，"我们要面向新时代学习明治人精神"。京都、大阪、山口、鹿儿岛、高知、福岛等府县市都纷纷举办纪念明治博览会、纪念会、文艺演出等活动。这次"明治热"是全盘肯定明治的"伟大贡献",为明治"礼赞",根本没有指出明治维新后日本对外侵略扩张的斑斑劣迹。因此,中国外交部发言人希望日本正确、客观地认识那段历史,坚持走和平发展道路。

（二）强制升"日之丸"旗、唱《君之代》歌

"日之丸"旗和《君之代》歌不论是"明治宪法"还是"和平宪法",都没有将其定为国旗、国歌,没有被赋予"国家象征"。"二战"期间,日军就是举着"日之丸"旗、唱着《君之代》歌武装侵略亚洲各国,使其成为日本军国主义的象征。

"日之丸"旗和《君之代》歌在日本流传已久。据传,早在日本"文武天皇"统治时期,在举行朝拜天皇仪式时,会场就挂有"太阳图像"标志的旗帜,这就是"日之丸"的最初原型。1870年（明治三年）,明治政府允许将"日之丸"旗作为日本船只的标志,但并没有法定为正式的国旗。

《君之代》歌,歌词源于10世纪编撰的《古今和歌集》,原词为:"君王的时代,一千代,八千代,直到长出小岩石,带着青苔。"1880年（明治十三年）该歌词被加工谱曲,作为歌颂天皇的赞美歌。歌云:"吾皇盛世兮,千秋万代;砂砾成岩兮,遍生青苔;长治久安兮,国富民泰。"但这首歌也没有法定为正式的国歌,只是作为代国歌。

由于"日之丸"旗和《君之代》歌在"二战"结束前曾为军国主义起过"摇旗呐喊"的作用,被遭受日本侵略的国家视为军国主义的象征。因此,战后至20世纪末,日本历届政府都不敢将"日之丸"旗和《君之代》歌在宪法上确定为国旗、国歌。但是,日本的某些政客和右翼势力却不甘心,极力把"日之丸"旗和《君之代》歌推向至高无上,强制学校的师生向其致敬。1970年6月,福冈县教育委员认为,该县柳川市县立传习馆高中日本史和地理教师丰田隆夫、伦理社会和政治经济学教师山口重人在教学过程中,背离文部省颁发的《学习指导要领》,不让学生升"日之丸"旗、唱《君之代》歌,便以此为由给予免职处分。但丰田隆夫和山口重人不服,认为该县教

委违反宪法，侵犯教育自由，于同年12月上诉至福冈地方法院，1978年7月胜诉，1983年福冈高等法院维持一审判决。可是，1989年1月，文部省在修改后的《学习指导要领》中，规定中小学举行重要仪式时，要升"日之丸"旗、唱《君之代》歌。1月18日，日本最高法院竟用当时修改的《学习指导要领》，将20年前被判胜诉的丰田隆夫和山口重人改判为"有罪"，由此遭到日本有识之士的批评和谴责。[①]

1990年，日本文部省硬性规定，所有中小学在开学及毕业礼上都要升"日之丸"旗、唱《君之代》歌。1999年3月2日，日本政府（小渊内阁）开始讨论制定法律，把"日之丸"旗和《君之代》歌作为国旗、国歌。接着，向国会提出国旗国歌法案。同年8月，日本国会通过了《国旗国歌法》。

《国旗国歌法》通过后，日本的右翼势力更加有恃无恐，强迫学校师生向"日之丸"旗敬礼和唱《君之代》歌。如2003年10月，极右翼政客、东京都前知事石原慎太郎通过东京都教育委员会发布通告，要求所有公立学校在入学、毕业仪式上必须升"日之丸"旗和唱《君之代》，违者将严惩。随后，东京都教委还派出几百名工作人员到各校监督落实情况。结果，拒绝起立唱《君之代》的200多名教职人员遭到"惩戒"，10名被解除返聘合同。

但是，许多学校师生并不为这种高压政策所屈服。2004年10月28日，针对东京都教委的做法，日本明仁天皇表示，由于日本的国旗和国歌曾与日本军国主义历史有着紧密的联系，而这段历史仍存在着极大的争议，因此，强迫学校的师生们在庆典上升国旗、唱国歌是没有必要的，也是不合时宜的。[②]同年12月20日，60多名教师和和平主义者控告石原慎太郎，称石原慎太郎强迫他们向被日本军国主义历史玷污的国旗和国歌致敬。日本许多学校师生也表示抗议升"日之丸"旗和唱《君之代》歌，以此回应右翼的强制手

---

① 参见王俊彦著：《日本天皇与皇室内幕》，第347—348页。

② 据《文汇报》2004年11月1日。

段。但是，日本政客和右翼势力继续向右转的趋势，还是十分令人忧虑！

（三）明令必修"枪剑道"

2006年修订后的日本《教育基本法》中，就将武道作为学校必修课的内容。2017年3月31日日本文部科学省公布的中学新版《学习指导要领》中，明确将刺枪道列入体育课的武道必修科目选项。也就是说，"刺枪术""枪剑道"成为日本中学的必修课，要教孩子们"拼刺刀"。

"枪剑道""刺枪术"是日本旧军队训练的内容。1882年明治天皇颁布的《军人敕谕》中，就强调"军人当尚武勇""求尽己之武职"。这份《军人敕谕》和《教育敕语》，是构成战前和战时日本军国主义教育的两大"神器"，是日本军国主义军事、文化教育的指导方针。当今，安倍政府又把这两大"神器"抬出来，要求日本的孩子"拼刺刀"，其目的何在呢？日本武道家、思想家内田树对将武道列入学校必修科目就持怀疑态度。他说："国家曾经全盘否定武道。这是因为联合国军司令部曾经将武道作为日本军国主义的罪恶之源加以禁止。但是占领一结束，剑道、柔道就被冠以体育之名引入课堂，而不再称为武道。""现在为了礼仪、爱国等原因将武道引入学校教育，但是却让我感受到意识形态化的、恶意的政治目的。"①在这里，内田树已经敏锐地嗅出了把武道引入学校所隐藏的"恶意的政治目的"！

对于日本政府把"枪剑道"引入学校，中国新闻媒体更明确指出："从'加贺号'（指日本海上自卫队最大航母级直升机驱逐舰）到'拼刺刀'，从军事领域到教育领域，从破坏和平宪法到海外军事野心膨胀，安倍政府的种种举动都指向复活日本军国主义的野心。但这注定是一种阴暗的'还魂'，一种危险的'复活'。"②

---

① 《体育课教授刺枪术是对武道的政治利用？》，日本《东京新闻》2017年4月5日。见《参考消息》2017年4月6日。

② 新华社2017年4月4日电，见《羊城晚报》2017年4月4日。

（四）把希特勒《我的奋斗》引入教材

德国法西斯头子阿道夫·希特勒的《我的奋斗》曾被称为"当代蛊惑人心之杰作""20世纪灭绝人性的罪行录"，堪称法西斯主义的一部"经典"。

《我的奋斗》是希特勒于1923年因为领导所谓"啤酒屋暴动"而被判"叛国罪"入狱，在狱中时，由他口述、由鲁道夫·赫斯记录而成书的。1925年7月出版上册，次年12月出版下册，1928年后出版合集。"二战"前，该书曾有德、法、英、西班牙语等多个版本，在多个国家出版。"二战"后，德国巴伐利亚州政府宣布没收希特勒的一切财产，包括《我的奋斗》的版权，并宣布禁止出版德语版。因此，出版该书德语版均为非法。捷克曾有出版商因出版该书被判3年徒刑。从2005年起，在波兰出版该书也属于非法。2010年4月，俄罗斯政府宣布该书为禁书。奥地利一直将该书列为禁书，至今未解禁。

然而，曾被许多国家列为非法和禁书的《我的奋斗》，却被日本安倍内阁引入作为教材，实在是说怪不怪！2017年4月14日，日本政府在内阁会议上通过一篇答辩书，称："按照《教育基本法》的宗旨以及相关注意事项，在校长和学校创办人负责并判断是有益且适当的情况下，可予以使用。"①这实际上是日本政府官方正式推行《我的奋斗》作为学校教材。当一些日本民进党议员对这种做法表示质疑时，这份答辩书辩解说，有些学校已经将《我的奋斗》的一部分内容引入教材中，作用是让学生理解该书创作时的历史背景。真是好一个"历史背景"！

安倍内阁一做出这项决定，便引来了日本国内外的质疑和抗议。中国外交部发言人指出：日本政府偏偏同意将《我的奋斗》这样一本书的内容引入青少年学生的教材中，引起日本国内的高度关切，"法西斯主义和军国主义

---

① 《环球时报》2017年4月19日。

思想是引发'二战'的祸根，必须得到彻底清算和根除"。①日本札幌市律师猪野亨在博客上发文指出："无论是《教育敕语》，还是《我的奋斗》，都是安倍政权想要跳起来，把过去负面的历史给予肯定的评价。日本在过去经历的亚太战争对于安倍来说就是圣战，因此他无法贬低日本与纳粹德国结盟这事件。"②

日本的舆论指出：安倍政府之所以敢于打破禁区，把纳粹的"宝典"《我的奋斗》充当教材，"这是在宣布放弃日本战后的民主发展"③，值得高度警惕！

（五）在"森友学园"实施军国主义教育

"森友学园"是一个什么机构？据《日本时报》2017年3月12日报道称："森友学园是大阪市的一个私立教育机构，宣扬战前民族主义价值观。"

一个普通的私人教育机构"森友学园"怎么引起了一场政治风波呢？起因主要有三：一是涉及安倍晋三的夫人安倍昭惠（曾任森友学园小学名誉校长）给"森友学园"捐款（"捐款门"）；二是涉及大阪市学校法人"森友学园"为何能够以极低价格买到国有土地（"地价门"）；三是涉及"森友学园"实行战前军国主义教育。这三个问题都聚焦在"森友学园"，除了是否存在黑幕交易外，其中一个原因就是该学园实施的极右教育引发社会质疑。

澳大利亚有媒体指出："森友学园的理念似乎是大踏步回归长期令人不齿的战前教育道德。"④事实确实如此！如：该机构属下的塚本幼儿园，办公室挂满日本"日之丸"国旗，连厕所也不例外；还挂有昭和天皇肖像和昭和天皇与院童的合影。幼儿园要求学生每天背诵《教育敕语》，灌输"八纮

---

① 据新华社2017年4月19日电。

② 《环球时报》2017年4月19日。

③ 《环球时报》2017年4月19日。

④ 澳大利亚东亚论坛网站2017年3月13日报道，见《参考消息》2017年3月14日。

一宇"思想，齐唱《君之代》和军歌。学生统一身穿海军衫到神道寺庙参拜和高唱军歌。还引导学生高喊"大人们应该保卫尖阁诸岛（日本人称中国的钓鱼岛及其附属岛屿为尖阁诸岛）、竹岛（韩国称独岛）和北方领土（俄罗斯称南千岛群岛）！"等等。

这里令人意想不到的是，甘当日本"皇民"、鼓吹"两国论"的"台独"首要李登辉与日本极右翼同流合污，为日本军国主义教育"摇旗助威"，竟然为塚本幼儿园亲笔手书"创造儿童新天地"，被该园园长挂在塚本幼儿园办公室墙壁中央，与昭和天皇像并排。李登辉还书写了他自创的拗口格言"我是不是我的我"，赠给森友学园理事长笼池泰典及其夫人。因此，台湾的媒体称："其实李登辉、安倍和笼池的关联，源于政治理念皆倾向极右"，"与日本右翼关系密不可分"。①

从《教育敕语》的复活到在校园实施军国主义教育，向世人提出一个严肃的问题：日本究竟在培养什么样的"接班人"？日本究竟走向何方？这是值得人们深思和关注的！

---

① 据台湾《时报周刊》第1期，2017年3月30日。

第七章

"和平主义"：偷换的战争概念

第一节

战后德、日的区别与"积极和平主义"

一、战后德、日对战争罪行的迥异态度

德国和日本都是第二次世界大战的发动者和罪魁祸首，都犯下了不可饶恕的血腥罪行。德国的法西斯主义和日本的军国主义，都是集极端的民族主义、专制的极权主义和残暴的独裁主义于一体的具有共通性的军事帝国体系。但是，德国和日本对在"二战"中所犯的罪行却持截然不同的态度，采取大相径庭的做法。德国在战后深刻反省侵略战争的历史，对被害国做出巨额赔偿，表示真诚的道歉。日本在战后拒不反省侵略战争的历史，还一味篡改、歪曲历史，不做赔偿，拒不谢罪和道歉。德、日截然不同的态度和做法，引发了战后以来国际社会不同的审视和评价。

2016年，美国将一项"2016最佳国家"的民调结果发布在瑞士达沃斯世界经济论坛上。这项有1.6万人参与调查的、对60个国家分别在75个领域进行24个类别的评比打分，德国获"最佳国家"称号。德国之所以获得这个称号，一个最重要的原因就是："德国对战争罪行的反省。"①

"二战"结束以来，德国历任总统和总理都在不同场合代表德国人民对侵略战争历史进行反思、忏悔和道歉。1949年，时任联邦德国总统特奥多尔·豪斯在谈到纳粹对犹太人的罪行时说，认为这段历史，现在和将来都是我们全体德国人的耻辱。

---

① 德国之声电台网站2016年1月21日报道，见《参考消息》2016年1月23日。

1951年9月27日，西德总理康拉德·阿登纳公开发表声明，承认德国对被侵略国家造成"不可估量的苦难"，并表示"新的德意志国家及其公民只有感到对犹太民族犯下了罪行，并且有义务做出物质赔偿时，我们才算令人信服地与纳粹的罪恶一刀两断了"。

1970年12月7日，在大雪过后最寒冷的这一天，西德总理维利·勃兰特（时年57岁）在访问波兰时，站在犹太人遇难者纪念碑前，面对600万犹太人的亡灵，献上花圈后，双膝跪下，为德国曾犯下的罪行谢罪，并发出祈祷："上帝宽恕我们吧，愿苦难的灵魂得到安宁。"这惊世一跪，被誉为"欧洲约一千年来最强烈的谢罪表现"。①当时媒体曾评论："跪下去的是勃兰特，站起来的是德意志！"这惊世的一跪，代表着德国敢于直面过去的侵略历史，勇于承认历史罪责，虔心忏悔，真诚谢罪，获得了被害国的谅解，赢得了世界的尊重。当时西德总统赫利也向全世界发表了赎罪书，被世界各国爱好和平的人们高度称赞。1971年12月，勃兰特因此获得了"诺贝尔和平奖"。随后，波兰在犹太人遇难者纪念碑附近建了一座镌刻勃兰特下跪的黄铜浮雕纪念碑，以示纪念"惊世一跪"。1977年11月，时任德国总理的赫尔穆特·施密特前往波兰奥斯维辛集中营旧址向受害者表示道歉。他说："不认识过去，就看不到未来。"他认为，忘掉历史上对本国不利的事件是不道德的，年轻的德国人不能忘记过去德国犯下的错误。②

1985年5月8日，是"二战"纳粹德国战败40周年的投降日（战败日）。当时西德总统里夏德·冯·魏茨泽克发表讲话，呼吁德国直面纳粹历史，宣布纳粹德国投降日为"解放日"。他说："我们所有人，不论是否有罪，不论老幼，必须面对过去。过去影响着我们，我们对它负有责任。无视过去就看不见现在。"他还说："5月8日是解放日"，"这一天我们所有人摆脱了德国国家社会主义工人党（即纳粹党）暴政"。③

---

① 据《参考消息》2014年4月14日。

② 据《参考消息》2016年1月28日。

③ 据《羊城晚报》（新华社特稿）2015年2月1日。

　　本来，魏茨泽克年轻时曾在纳粹军队中上过前线，并获得铁十字勋章，可称得上"纳粹余孽"，但德国投降后，他深刻认识到纳粹的历史罪恶，变成"德国良心"。1985年10月，他到以色列访问受到隆重欢迎。2015年1月31日他逝世后，波兰《选举报》对他的评价是："波兰有史以来最伟大的朋友。"

　　1995年1月，德国总统罗曼·赫尔佐克前往波兰奥斯维辛集中营旧址向受害者表示道歉，成为第一位到该集中营反省道歉的德国总统。6月，德国总理赫尔穆特·科尔在访问以色列期间，到以色列犹太人殉难者纪念碑前双膝下跪，代表德国向受害者道歉。这一跪，堪比1970年西德总理勃兰特在华沙犹太人遇难者纪念碑前的"惊世一跪"，令人动容！正是由于有勃兰特、科尔这样的德国领导人不断悔罪的态度，加上战后历届德国政府认真履行赔偿责任，最终博得了以色列等受害国的谅解。

　　2004年6月6日，德国总理格哈德·施罗德出席了包括17个国家元首和政府首脑参加的纪念盟军诺曼底登陆60周年庆祝仪式。他说："在德国，我们知道是谁发动了战争，我们承认自己的历史罪责，并严肃地承担这一历史责任……作为德国人我们更不会回避这一责任。"[①]

　　2005年11月1日，第60届联合国大会一致通过设立"缅怀大屠杀遇难者国际纪念日"，时间定在每年1月27日。这是因为1945年的这一天，纳粹德国修建在波兰的奥斯维辛集中营得到解放（1947年奥斯维辛殉难者纪念馆建成并对外开放）。2011年1月27日，是奥斯维辛集中营遇难者66周年纪念日。当天到波兰访问的德国总统克里斯蒂安·武尔夫参观了奥斯维辛集中营旧址，并献了花圈。2012年6月，德国足球队前往波兰参加欧锦赛。赛前，德国足协主席、国家队主帅、领队率领国脚参观了奥斯维辛纪念馆，表达了对死难者的哀悼之情。

　　2005年4月10日，德国总理施罗德前往德国东部城市魏玛附近的布痕瓦

---

① 《光明日报》2004年6月9日。

尔德集中营旧址为集中营遇难者纪念碑献花，表示悼念。5月8日，施罗德应邀参加在莫斯科举行的欧洲反法西斯战争胜利纪念日仪式，在仪式中"以德国人的名义"向俄罗斯人民道歉，并请求世界人民原谅德国对他们所造成的伤害。他还在《南德意志报》上撰文表示："牢记纳粹时期，牢记战争、种族灭绝和各种罪行已经成为我们民族认同的一部分。这是永久的道义责任。"①

2013年9月4日，德国总统约阿希姆·高克前往法国奥拉杜尔大屠杀遗址参加纪念活动。他在演讲中表示："作为德国总统，我能体会到法国人及其幸存者的感受，我以德国人的名义将永世铭记这一切。"②2014年1月27日，高克致信俄国总统普京，说："想到纳粹德国针对苏联发起的歼灭战，我只有深深的悲痛与羞愧。"并表示德国"负有历史责任"。③同年8月3日（第一次世界大战德国正式向法国宣战的日子），高克到法国与法国总统弗朗索瓦·奥朗德在"一战"战场遗址主持活动，共同纪念"一战"一百周年，被媒体称赞：法、德从世仇到伙伴的历史堪称榜样。

2015年3月9日，德国总理安格拉·默克尔访问日本在东京发表演讲时说，"正视历史"和"宽容态度"是修复国家关系的正解。她指出，德国之所以能在第二次世界大战结束后重新被国际社会接受，正是由于德国能正视历史。她还说，战争是德国的沉痛记忆，德国永远不会忘记历史。默克尔在这里是提醒日本要正视历史。同年5月，由于乌克兰危机，默克尔未接受出席俄罗斯纪念卫国战争胜利70周年庆典，但她表示，虽然德国和俄国存在分歧，但赴俄向"二战"死难者敬献花圈非常重要。因此，她于10日抵达莫斯科后，首先与普京一同向无名烈士墓敬献花圈，悼念"二战"死难者。

1941年6月22日，纳粹德国突袭苏联。2016年，德国官方和民间举行了多种活动来悼念苏方在这场战争中的2700万死难者。2016年6月21日，名为

---

① 《新京报》2005年5月9日。

② 《国际先驱导报》2013年9月13—19日。

③ 据新华社2014年1月28日电。

"侵苏灭绝战争"展览在柏林市中心的波茨坦广场开幕。22日，德国联邦议会全体议员默哀悼念这场战争中的死难者。德国总统约阿希姆·高克发表演讲，肯定苏联红军为战胜纳粹所做出的"巨大的、无可替代且不能忘却的"贡献。①

以上所列举的，只是"二战"后德国领导人所代表德国政府和人民对侵略战争坦诚认罪和承担战争责任的态度。实际上，德国对反省历史、记取教训，还采取了许多具体措施。诸如：

其一，立法禁止为纳粹辩解和美化纳粹。通过《德国基本法》《德国刑法典》《反纳粹和反刑事犯罪法》等法律，明确规定凡为纳粹大屠杀辩护、损害大屠杀受害者尊严的言行者，可视情节轻重被处以徒刑或罚金。德国联邦议会还通过决议，取消对纳粹大屠杀罪行的追诉时效限制，在法律上限制纳粹的死灰复燃，并在行动上不断追捕潜逃的纳粹战犯。2013年7月，在柏林、科隆、汉堡的街头，就贴满海报，通缉在世的纳粹战犯。

其二，给予纳粹受害者赔偿。1956年，德国联邦议会通过了《纳粹受害者赔偿法》，实行对受害者赔偿。先后向波兰、苏联、捷克斯洛伐克等国和受害犹太民族进行了巨额赔偿。至20世纪末21世纪初，就有400万人获得赔偿。2001年6月，德国联邦议会批准成立资金为45亿美元的基金，用来赔偿纳粹时期被迫为德国企业当苦力的劳工。到2002年，德国赔偿金额达到1040亿美元；并每年还继续向10万受害者赔偿6.24亿美元的养老金。

其三，设立纪念设施揭露纳粹罪行。除了前面提及的将布痕瓦尔德集中营作为受害者纪念地并竖立纪念碑外，1995年，德国政府在柏林市中心修建了"恐怖之地"战争纪念馆，专门揭露纳粹的种种罪行。2005年，又在柏林修建了大屠杀纪念馆和纪念碑，目的是使人们认清纳粹的罪行，牢记历史教训。2007年，德国在柏林以北的拉文斯布吕克妇女集中营举办一个展览，揭露纳粹设立所谓"特别区"，控制女囚徒在德国、波兰、奥地利等地的集中

---

① 据《参考消息》2016年6月24日。

营充当"慰安妇"的丑恶罪行。而纳粹头子希特勒在德国没有坟墓，没有任何纪念物，他和他的助手们在德国只留下骂名。

其四，举行各种纪念活动，控诉纳粹的罪行和纪念死难者。随着岁月的流逝，在"二战"中遭受纳粹浩劫的见证人越来越少。为了防止人们淡忘纳粹的罪恶史，自20世纪90年代以来，德国每年都要在集中营旧址、主要战场遗址、博物馆、西方盟军和苏军的墓地等，举行各种各样的纪念活动，使人们正确认识纳粹德国的侵略史，力求避免历史重演。

其五，编撰和合编历史教科书教育后代。"二战"后，由于德国在历史问题上彻底反省、忏悔和道歉，反映在历史教科书上就不存在否认、隐瞒德国对外侵略的问题，不存在篡改、歪曲历史，并通过教科书教育学生正视纳粹罪恶史。2004年9月，法国、德国两国内阁决定各派5位历史学者，组成编撰委员会，共同编撰历史教科书。2006年合编的高中历史教科书的法文、德文版先后于5月、7月出版。法、德是"二战"时的老对手，能在历史问题上达成共识，合编教科书教育后代，的确是树立了一个范例。

其六，开放纳粹大屠杀档案。1996年，德国就将有关集中营条件和受奴役劳工的资料向历史学家公开。2006年7月26日，德国与7个国家签署协议，向历史学家开放1700万名纳粹受害者个人档案资料，约有5000万件，把纳粹的罪行暴露在光天化日之下。

"二战"时的轴心国意大利，在"二战"后也禁止成立任何法西斯性质的政党。"二战"前竖立的墨索里尼纪念碑（刻有"墨索里尼元首"[①]字样），虽然战后仍保留作为反面教材，但不允许膜拜。一些偏右的政党，甚至连当选为议员的墨索里尼的亲孙女也不敢去参拜。所以，意大利并不因墨索里尼纪念碑还竖立在街头而挑起事端。

1989年，英国历史学家戴维·欧文在奥地利两次发表演讲，否认纳粹屠

———————

① 贝尼托·墨索里尼（1883—1945），意大利人，意大利国家法西斯党党魁，法西斯主义创始人，第二次世界大战的元凶之一。1945年4月被意大利反法西斯游击队捕获并处决。

杀600万犹太人的种族灭绝行为，被奥地利当局发出抓捕通缉令。1992年，戴维·欧文公然声称奥斯维辛集中营的纳粹毒气室只是一个"骗局"，被德国一个法院判处罚款6000美元。2006年2月，他被奥地利维也纳法庭判处3年监禁。

由上可见，作为战败国的德国、意大利，在战后能勇于面对侵略历史，敢于承担战争责任。尤其是德国，采取了一系列有力措施和具体做法，博得了国际社会和爱好和平人们的高度赞赏和尊重，得到了被害国的谅解和促进了周边国家的和解，为融入国际大家庭做出了不懈的努力。

反观日本，对待侵略战争历史问题，采取了与德国截然相反的态度和做法。"二战"后，日本的历任首相和历届政府（除个别的以外）都不敢理直气壮地承认日本对外侵略的历史，并设法回避、力图隐瞒日本的罪恶史；拒绝向被害国谢罪和道歉；没有给受害国、受害者做出合理的赔偿；放任或怂恿军国主义余孽和右翼势力造谣生事，为罪行翻案；否定国际法庭对日本战犯的正义审判，对战犯顶礼膜拜；篡改教科书，歪曲历史事实，蒙骗后代和国际社会。哪怕是像细川护熙、村山富市这样极个别的首相，敢于承认日本侵略历史和向受害国道歉，也遭到了日本右翼势力的多方阻挠和横加攻击。

日本的右翼政客和右翼分子，为了篡改侵略历史，为军国主义翻案，煞费苦心，施展了各种伎俩和卑劣的手段。除前面几章所阐述的有关内容外，尚有以下若干手法：

其一，打着"自由主义"旗号，推行"自由主义史观"。所谓"自由主义史观"，实际上是"皇国史观"的变种。"自由主义史观"派，是由"皇国史观"派生出来的怪胎，是妄图摆脱"自虐史观"的篡改历史派。这一怪胎降世于20世纪90年代中期。1995年4月，以日本东京大学教授藤冈信胜为首成立了一个"自由主义史观研究会"，提出要"自由地"编撰历史。1996年6月，文部省公布的一部分1997年度中学教科书中，出现了"随军慰安妇"等记载。藤冈信胜却说这是"强逼自虐与正义的、错误的、充满恶意的历史观"。8月，该研究会发出了"要求从教科书删除'随军慰安妇'记载"的"紧急呼吁"。①

这个"自由主义史观研究会"与"保卫日本会""保卫日本国民会议""日本会议"等右翼团体都是气味相投、一脉相承的。其精神支柱都是"皇国史观"，其终极目的都是为侵略战争翻案。

其二，利用国会和地方议会等场所做蛊惑人心的宣传。日本的右翼政客抱着陈腐的历史观和战争观，只顾及日本国内少数人的利益和感情，罔顾事实，给受害国和人民造成第二次伤害。2005年5月，日本厚生劳动省政务官森冈正宏公然说，东京审判是"任意以反和平罪和反人类罪进行单方面审判""甲级战犯不是罪人"等。这些谬论遭到曾在远东国际军事法庭担任检察官的美国法律专家罗伯特·多尼海博士的严正驳斥，他指出：森冈发表的否定远东国际军事法庭审判结果的言论是企图掩盖日本在第二次世界大战期间及之前所犯的暴行。日本中国友好协会也向森冈正宏发出抗议书，坚决要求其辞职。

其三，极力打压左翼政党、团体和有识之士，为右翼张目。"二战"后，始终坚持反对日本军国主义的左翼政党日本共产党，在朝鲜战争爆发后曾一度被打入地下，至1956年才得以公开合法活动。该党在国会中的席位从最高的40多位跌至10多位。随着日本右翼势力的嚣张和打压，维护日本和平宪法的左翼力量已日渐式微。日本的有识之士诸如日本动漫大师、导演宫崎骏因拍摄反战电影《起风了》，竟遭到右翼的攻击。著名学者、日本国际大学校长北冈伸一在2015年3月的一次学术研讨会上说："日本当然实施了侵略，希望总理大臣（指安倍晋三）能够亲口说出'侵略'一词。"北冈伸一的发言竟遭到右翼的痛骂。稍后，他在日本《中央公论》月刊2015年9月号发表文章说："战前的日本无论基于什么样的标准，都是明确无疑的侵略。"又遭到日本右翼的攻击。

---

① 据日本《创》1997年3月号。

其四，召开各种演讲会和利用网络散布歪曲侵略历史的谬论，蒙蔽群众。日本的"自由主义史观"派右翼团体仅在1999年间就在国内400多处召开各种演讲会，美化战犯和歪曲历史。2013年5月13日，日本大阪市市长桥下彻在一次街头演讲中在表明"慰安妇"是"必要的"，同时还表示支持安倍晋三关于"侵略"的观点，说"入侵"一词没有"学术定义"。而日本执政的自民党政务调查会会长高市早苗于5月12日则说，如果因为中、韩两国的反对而停止参拜靖国神社，那么日本的政治就要完蛋，还说："如何祭拜那些为国捐躯的人，是内政问题。"她竟然把中、韩等国反对参拜日本战犯说成是"干涉日本内政"。更早在1999年12月，中、日、美、韩、德、加等国学者在东京举行"战争责任和战后赔偿国际市民研讨会"时，右翼分子竟开多辆宣传车到会场周围叫嚣："南京大屠杀是虚构的！""大东亚战争不是侵略战争！"等等。其嚣张气焰令人发指。

其五，出版书刊和发表文章为侵略战争翻案。日本右翼势力出版为侵略战争翻案的书籍和发表的文章实在难以准确统计。仅1999年一年中就出版50种书籍。21世纪以来，日本右翼出版和发表歪曲历史的著作更是有增无减。这里尤须一提的是极右翼的日本APA酒店老板元谷外志雄（笔名：藤诚志，是日本首相安倍晋三的后援会"安晋会"副会长、日本李登辉友人会理事）。他竟然在酒店的房间里放置他所写的《真正的日本历史——理论近代史学》等右翼书籍，肆意歪曲事实，为侵略战争辩护。据统计，在日本各地有370家APA连锁店，有66950个房间，在每个房间里放置右翼书籍，可使谬误扩散，流毒社会。此事被揭露后，名古屋市市长河村隆却公开为APA酒店站台，说"是个好事儿"。真是气味相投！APA酒店长期陈列的书中其中有一篇是日本前航空自卫队幕僚长（相当于空军司令）田母神俊雄写的、在2008年APA赞助的比赛中获奖的文章。田母神俊雄在文中称：日本1941年袭击美国珍珠港是因为中了圈套，而这个圈套是富兰克林·罗斯福政府中的共产党人设下的。田母神俊雄此文和一系列言论，引起日本各界的强烈不满，迅即被撤职。

其六，通过文艺、影视、网络等形式为战犯招魂，歪曲历史。1998年，日本出版连环漫画《战争论》，将日军描绘成亚洲抗击西方殖民主义者的"卫士"。拍摄电影《自尊：命运的瞬间》，为甲级战犯东条英机歌功颂德。2005年，极右翼分子、时任东京都知事的石原慎太郎亲自担任制片人和编剧，耗资18亿日元（约合1500万美元），由日本著名电影公司东映公司拍摄的电影《我这是为君而死》，于2007年5月在日本上映，为臭名昭著的"神风特攻队"招魂。还有《永远的零》《男人的大和》等日本影视剧，都是宣扬日本右翼的战争史观和极端民族主义。

此外，日本右翼还利用报刊、影视等媒介刊登广告，歪曲侵略历史，甚至以司法的威权为"自由主义史观"做出有利判决，如此等等，无所不用其极。

德、日两相对照，则可看出两国对侵略战争历史问题截然相反的认识和态度。"二战"后，德国政治家敢于直面历史，反省过去，尊重史实，博得尊重。而日本右翼政客的居心不良，狭隘短视，拒不反省，掩盖史实，玩弄手法，何以取信国际社会？！

二、所谓"积极和平主义"是打仗

日本首相安倍晋三在日本战败70周年的谈话和在访问美国珍珠港时，都没有向受害国表示真诚的道歉，绝口不提谢罪，但他为什么却反复提出"积极和平主义"的口号？这"积极和平主义"究竟隐藏着什么"玄机"？

2013年9月17日，日本首相安倍晋三提出了"引起国际舆论哗然的'积极和平主义'这一概念"。①这一概念，也称为"集体自卫"。10月23日，安倍晋三在日本共同社的一次联谊会上又说："今后将对世界和平与稳定进

---

① 据美国《时代》周刊2013年10月7日（提前出版）一期文章，见《参考消息》2013年10月4日。

一步负起责任。积极和平主义才是21世纪日本的招牌。"①随后，安倍晋三还反复强调了"积极和平主义"这一概念。

但是，安倍的"积极和平主义"概念一经提出，就引起社会的热议。日本《朝日新闻》发表社论称："（集体自卫）与日本战后采取的基本安全策略原则背道而驰，而且严重背离日本的和平主义信条。"②日本《东京新闻》报道说，"积极和平主义"这一提法的背后隐藏着鹰派思想。该报于2014年2月17日发表社论，对"积极和平主义"的内涵做了深刻剖析，明确指出现在的日本政府试图实现由"非军事贡献"到"军事贡献"的重大转变。还有舆论说，"积极和平主义"糟蹋了"和平"这个好词，所兜售的不是什么"积极和平主义"，而是好战主义、军国复活主义，如此等等。

实际上，"积极和平主义"这一概念并非安倍晋三首创，而是他拾人牙慧而已。曾有论者称："'积极和平主义'这个词并非安倍首创，它是20世纪90年代日本著名政治家小泽一郎的'创造'。"③其实，"积极和平主义"这一概念，同样不是小泽的"创造"，小泽也只不过是引用别人的概念。

那么，"积极和平主义"这一概念是谁最先提出的？它的基本内涵是什么？"积极和平主义"是挪威政治学家、被誉为"和平学之父"、"英迪拉·甘地"奖获得者和诺贝尔和平奖被提名者约翰·加尔通于1969年最先提出的。加尔通1930年生于挪威首都奥斯陆，1959年在奥斯陆创办了"国际和平研究所"，后创办了《国际和平研究》刊物，其代表作有《用和平的方式实现和平》（中译本名为《和平学》）等。2014年4月，加尔通应邀到南京参加"南海周边国家问题研讨会"，并参观了"南京大屠杀死难同胞纪念馆"。在这里他看到日军犯下的罪行，感到十分震惊。

---

① 中国新闻网2013年10月23日。

② 美国《时代》周刊2013年10月7日（提前出版）一期文章，见《参考消息》2013年10月4日。

③ 华丹、赵潇：《防卫基本法的根本转向》，《世界军事》2015年第18期第25页。

1969年，加尔通在他的著作中将单纯没有战争的状态称为"消极的和平"，将没有贫困、贫富差距等"结构性暴力"的社会状态定义为"积极的和平"（Positive Peace）。这一定义对后来的世界和平研究产生了重大影响，直接推动了和平学的确立。①2015年8月19日，加尔通访问日本并接受日本《东京新闻》记者专访时，对安倍晋三多次使用"积极和平主义"一词的含义表示质疑。他说："恐怕安倍首相说的'积极和平主义'是以日美军事同盟为基础，一起打仗。与我所说的'积极和平主义'完全不同。""安倍首相所说的'积极和平主义'是以日美军事同盟为基础的，没有包括我提出的没有结构性暴力这一概念。"②在这里，加尔通一语点破了安倍晋三"积极和平主义"的实质：日美同盟，一起打仗。

安倍的"积极和平主义"究竟是为了"和平"还是为了"打仗"（战争）呢？这里仅将安倍自任首相以来推行的所谓"积极和平主义"的一系列措施择要摘录，则可一目了然。

（1）2006年9月，安倍晋三首次担任日本首相第一次组阁后，就出版了《走向美丽国家》一书，提出"建设美丽国家"的设想，包含三大支柱：重振教育、行使集体自卫权③、修改"和平宪法"，并提到"摆脱战后体制"仍是日本"最大的课题"。三大支柱的后两项显然不是为了真正的和平，故而遭到反对，直至他2007年9月下台都未能实现。但在其任内，2007年1月9日，他将日本防卫厅升级为防卫省。防卫省成立后，日本《读卖新闻》2007年1月14日报道称，"日本政府13日开始研究放宽对自卫队在海外的武器使用限制，修正此前关于禁用武力的宪法解释"④。这就使日本"和平宪法"

---

① 据《和平学之父：应将九条的理念推广到全世界——专访挪威政治学家约翰·加尔通》，日本《东京新闻》2015年8月20日。见《参考消息》2015年8月21日。

② 《和平学之父：应将九条的理念推广到全世界——专访挪威政治学家约翰·加尔通》，日本《东京新闻》2015年8月20日。见《参考消息》2015年8月21日。

③ 所谓"集体自卫权"，是指与日本关系密切的其他国家在遭到武力攻击的时候，把这种攻击看作是对日本的攻击，因而日本就可以进行反击。（日本的"和平宪法"规定是不容许行使这种"集体自卫权"的）

④ 《羊城晚报》（新华社特稿）2007年1月15日。

中有关禁止使用武力的条款受到严重的冲击。同时，日本政府还要求美国升级部署在日本的导弹防御系统武器。这些都并非是为了"和平"所为。

（2）2012年12月26日，安倍晋三第二次担任日本首相，公布了日本内阁（第二次组阁）人员名单。在由19名成员组成的内阁中，有14人属于"大家一起参拜靖国神社国会议员会"，13人属于反对日本为其战争罪行采取"道歉外交"的右翼团体"日本会议"。因此，这一内阁被英国《经济学家》周刊称为"这是一个极端民族主义的内阁"，"对该地区而言是个凶兆"。①

（3）2013年2月，安倍晋三访问美国时在华盛顿发表演讲称："日本回来了！"随即，美国《时代》周刊于同年10月7日发表一篇题为《武士归来》的文章，寓意深长，向世人警示日本正在复活"二战"前的武士道精神，指出"日本的立场变得日益强硬——不再谦卑地鞠躬"。同年8月，日本防卫省提出2014年国防预算增加3%，为20多年来日本国防预算最大增幅。12月4日，日本政府建立了"国家安全委员会"，加强了首相对"国家安全"的一元化领导。12月13日，日本政府颁布了侵害国民"知情权"的《特定秘密保护法》，引发了日本广大民众的抗议。12月17日，日本政府首次通过了《国家安全保障战略》，提出要放宽"武器出口三原则"，使战后高举和平主义旗帜的日本安保政策发生了质变。

（4）2014年4月1日，安倍政府在内阁会议上通过了"防卫装备转移三原则"②，以取代原有的"武器出口三原则"③，解除了近50年的武器出口禁令，大幅放宽对外输出日本武器和军事技术装备，使日本能与盟友联合开发

---

① 据英国《经济学家》周刊2013年1月5日，见《参考消息》2013年1月11日。

② "防卫装备转移三原则"的内容为：（1）明显妨碍维护国际和平与安全的情况下不出口；（2）只限在批准出口的情况下，进行严格审查；（3）如果用于目的之外和向第三国转移，只限在确保适当管理的情况下进行。

③ 日本政府于1967年4月提出的"武器出口三原则"，即"不向共产主义阵营国家出口武器""不向联合国实施武器禁运的国家出口武器""不向发生国际争端的当事国出口武器"。其目的是专守防卫，不对他国造成威胁。

新武器。并且，删除了原来"武器出口三原则"中关于禁止向"发生国际争端的当事国出口武器"等内容。日本共同社在此前获取这一内容后就指出：日本新武器出口方针，"或将为日本武器和技术应用于国际争端开路，成为动摇和平主义理念的重大政策转变"①。

（5）2014年7月1日，安倍内阁重新解释"和平宪法"第九条（第九条主要内容为："永远放弃以国权发动的战争、武力威胁或武力行使作为解决国际争端的手段。""为达到前项目的，不保持陆海空军及其他战争力量，不承认国家的交战权。"），通过了解禁集体自卫权的内阁决议，使日本能行使集体自卫权，首次准许日本自卫队在国外与盟友一起战斗，实现了日本战后防务政策的重大调整。这就是说，日本完全突破了宪法第九条的限制，日本自卫队可以到外国打仗了。

（6）2015年6月24日，在自民党总部的"学习会"上，多名自民党议员扬言，应该"惩罚"反对安保法案的媒体，搞垮冲绳主要媒体《冲绳时报》和《环球新报》，因为这两家报纸报道反对安保法案和驻冲绳美军基地迁址计划。这种威胁新闻媒体、压制言论自由的言论，遭到社会舆论和在野党的强烈抨击，也使人们联想到战前日本政府对反战派所采取的各种专制措施。这是否是"积极和平主义"在日本国内的推行呢？！9月初，安倍晋三"一人独大"无投票连任自民党党首后，在野党纷纷批评安倍晋三未经投票直接连任。甚至连右翼在野党维新党的一位代表都说："自民党给人的印象是无法表达多种意见的政党。仿佛看到以前的密室政治和派阀的压迫，让人觉得又回到了过去黑暗的派阀政治中。"②日本社民党干事长又市征治表示，"这是一个靠派阀施压不让竞选对手出现的独裁政党。不得不说，（安倍政权）有成为独裁政权的严重危险。"③由此也可看出"积极和平主义"在日

---

① 日本《东京新闻》2014年2月25日报道：《政府转变武器禁运原则》，见《参考消息》2014年2月26日。

② 日本《产经新闻》2015年9月8日报道，见《参考消息》2015年9月9日。

③ 日本《产经新闻》2015年9月8日报道，见《参考消息》2015年9月9日。

本国内的表现。

（7）2015年4月，日、美在纽约联合发布了新修订的《日美防卫合作指针》。9月6日，日本首次派遣"后方支援部队"赴美参加两栖登陆作战训练。这里所谓的"后方支援"，实际上与"前方"没有根本区别。连参加训练的陆上自卫队队员都说"前线和后方真的很难分清"。也就是说，日本自卫队已经不顾忌和平宪法"永远放弃以国权发动的战争"等的约束，可以上前线甚至到外国打仗了。

（8）2015年9月19日，以日本自民党为首的执政联盟控制的国会参议院，不顾在野党和广大民众的强烈反对，强行通过了安倍内阁提交的"新安保法"。据当时日本民调显示，近七成民众反对通过该法案。这一法案于2016年3月29日零时实施。实施当天，安倍晋三压抑不住内心的兴奋，大发议论说："日、美变成了可以互相帮助的同盟。如果废除安保法，会极大地损伤日美同盟的纽带。"①为什么安倍对这个"新安保法"的通过兴奋不已呢？因为有了这个"新安保法"，日本可以随时根据需要向海外派遣自卫队；即使日本没有直接受到武力攻击，只要与日本有密切关系的他国受到武力进攻、日本遭到威胁时，自卫队可以行使武力；自卫队的活动范围和武器使用标准得到扩大和放宽；突破了"日本周边"的地理限制，把中国南海都纳入自卫队"后方支援"范围，使自卫队可以援助美国和其他国家军队。一句话，日本自卫队到外国打仗已有了"法律根据"。因此，"新安保法"的通过，引起国际社会和日本国内的高度关注和警惕。中国国防部新闻局指出，"新安保法"使日本军事安全政策出现了前所未有的变化，突破日本"和平宪法"的限制，违背和平发展合作的时代潮流。韩国、印度尼西亚、新加坡、澳大利亚、巴西、柬埔寨等国舆论都强烈批评安倍政权强推"新安保法"，都担忧日本军国主义的复活。日本各界更表示强烈抗议，称"新安

---

① 日本《东京新闻》2016年4月19日报道，见《参考消息》2016年4月20日。

保法""将葬送战后70年的和平"①，把"新安保法"称为"战争法"②。

（9）日本防卫研究所（1952年8月成立，称"保安研修所"，1985年4月改为现名）是日本防卫省下属智库。在日本刻意渲染东海、南海紧张局势和所谓"中国威胁"的气氛下，2016年4月，该所新设立了"中国研究室"，"目的是强化有关中国的军事动向和安保问题的研究体制"③。这是该研究所首次针对特定国家专设的机构，矛头就是对准中国。与此同时，日本在中国东海各岛建立一整套雷达网络，并派自卫队驻守和操作，启动与那国岛雷达站和设立"沿海监视部队"基地，加紧打造"防御壁垒"，对付中国。

（10）2016年8月，安倍晋三在肯尼亚首都内罗毕举行的第六届东京非洲发展国际会议上提出了"自由开放的印太战略"。据日本媒体称，"印太战略""旨在强化从亚洲横跨印度洋再到非洲的广大区域的联系。在安保层面也有牵制发动援建攻势帮助印度洋国家进行基础设施建设的中国的目的"④。安倍晋三提出的这一战略，让人们清晰地看到：第一，这一战略比当年"大东亚共荣圈"范围更广，内涵更深；第二，主要目的是牵制中国，制衡中国。

（11）2017年1月中旬，安倍访问了菲律宾、澳大利亚、印度尼西亚和越南四国。这次访问的目的是什么？日本《产经新闻》1月16日报道点明："安倍此行除了在经济上谋求与各国发展合作之外，也希望加强日本在海事领域发挥的作用，巩固日本在亚太的地位，抗衡中国……"安倍游走亚太的目的，又是"抗衡中国"！因此，中国外交部发言人严正指出："在中国和有关东盟国家的共同努力下，南海局势正趋稳向好，已经重回谈判协商解决的正轨。而日方领导人仍在不遗余力、处心积虑地挑拨离间，渲染所谓地

---

① 新华社2015年9月20日电，见《羊城晚报》2015年9月20日。
② 日本《赤旗报》2016年4月18日报道。
③ 日本《产经新闻》2016年3月26日报道，见《参考消息》2016年3月27日。
④ 《日本经济新闻》2016年11月12日报道，见《参考消息》2016年11月13日。

区紧张，日方这种做法居心叵测，心态极不健康。"①由此也可看出安倍的"积极和平主义"，实则是唯恐天下不乱！

（12）修改日本"和平宪法"第九条是安倍晋三不懈的追求。如前所述，安倍晋三在第一次担任首相时，就以修改"和平宪法"为己任，并提出要"摆脱战后体制"。据日本《朝日新闻》2015年5月20日文章称，安倍晋三的修宪思想源自他的外祖父、甲级战犯、前日本首相岸信介。正如日本前文部科学大臣下村博文所说："安倍先生很在意岸信介没能完成的那些事情，比如修宪。"于是，安倍晋三在第二次担任首相后，就着力在修宪问题上寻求突破。首先，在自民党内成立"修宪委员会"，设立"修宪推进本部"。其次，设法获得参、众两院三分之二以上议员批准提出修宪议案。第三，降低修宪门槛。2014年5月，日本众、参两院已通过了《国民投票法》，将修宪公投的投票年龄从20岁下调到18岁。第四，大量散发宣传修宪的卡通小册子等宣传品。第五，提交宪法修正案。第六，通过修改党章，延长自民党总裁任期（实际是延长安倍亚晋三的任期，将"最多两届六年"延长至"最多三届九年"），为安倍晋三的长期执政成功修宪。2015年2月3日，安倍晋三在参议院预算委员会会议上称："自民党已经提交了对宪法第九条的修正案。"2016年9月26日，安倍晋三在众议院全体会议上发表施政演说时大谈修宪，说"向国民提出（修宪）草案是我们国会议员的责任"。2017年是日本"和平宪法"实施70周年。3月5日，安倍晋三在自民党第84次党大会上发表演讲再次强调："为提议修宪，将主导具体的讨论。这是作为日本脊梁的自民党的历史使命。"5月3日（"和平宪法"实施70周年纪念日），安倍晋三在接受日本《读卖新闻》专访时，首次明确修宪的具体路线，表示"将2020年作为新宪法实施之年"。总之，安倍是铁了心要修改"和平宪法"，特别是宪法第九条关于"放弃战争"和"不保持战力"的条款。

但是，安倍的修宪企图遭到了日本广大民众的反对和社会舆论的抨击。

---

① 中国外交部网站2017年1月16日。

据日本《朝日新闻》从2017年3月中旬至4月下旬进行全国舆论调查，89%的受访者认为"和平宪法"对日本有益，50%的受访者认为"没有必要修改宪法"，只有41%的受访者认为"有必要修改宪法"，有63%的受访者认为"最好不修改"宪法第九条。

朝日新闻社于2018年春实施全国舆论调查，反对修宪的达58%，赞成修宪的仅30%。日本《东京新闻》5月3日发表社论指出：安倍政府修改宪法第九条，"要把日本变成可以进行战争的国家"。《朝日新闻》5月9日社论称：安倍的修宪主张"可能会改变日本作为和平国家的形象。对此，我们不能容忍"。5月3日，更有数万名日本民众在东京举行集会，抗议安倍政府的修宪企图。

（13）安倍政府对网络战也极为重视。2014年3月26日，日本自卫队正式成立了网络防卫队。在日本《中期防卫力整备计划》（2014至2018财年）中就网络攻击能力写明："将拥有阻碍对方利用网络空间的能力之可能性纳入视野。"并认为持有网络"反击能力""与专守防卫的原则不矛盾"。于是，当今日本自卫队正在以网络防卫队为中心，加紧学习和训练网络攻击的知识和技能。

（14）据日媒披露，至今日本正跨越"专守防卫"底线。实际上，自日本参议院强行通过"新安保法"之日起，日本已突破"专守防卫"底线。在组织上，2018年3月，日本陆上自卫队总队正式成立，并成立了水陆机动团，同时成立了"海军陆战队"。陆上总队与海上自卫队的自卫舰队和航空自卫队的航空总队，由日本防卫省直接管辖，加强一元化领导，旨在提升对华遏制力和对外作战力。在行动上，"新安保法"通过后便赋予自卫队"驰援护卫"的新任务。2017年5月，海上自卫队的"出云"号直升机驱逐舰（准航母）就向在日本近海活动的美军补给舰提供了"武器等防护"。同年下半年，航空自卫队也向飞临日本周边的美空军轰炸机提供了"武器等防护"。在军费上，2017年度日本防卫预算为5.1万亿日元，2018年度升至5.19万亿日元，2019年度升至5.26万亿日元（约合488亿美元），创历史新高。

与此同时，还加快把"出云"号直升机驱逐舰改装为航母，重金购买美国的F-35B战机。所有这些，完全超越了"专守防卫"的需求，而跃升为对外攻击的能力，并全方位加大了抗衡中国的军事实力。

仅从以上若干摘录，则可看出安倍晋三"积极和平主义"的实质。因此，日本早稻田大学教授水岛朝穗指出，安倍政权"解禁集体自卫权，以武力和财力突出自己的真实意图，'和平国家'的招牌就这样砸了"①。美国媒体称安倍晋三是"亚洲最危险人物"②。日本《东京新闻》社论称，安倍政府修宪"要把日本变成可以进行战争的国家"③。

---

① 日本《东京新闻》2015年10月14日文章，见《参考消息》2015年10月15日。
② 日本《东京新闻》2014年5月20日报道，见《参考消息》2014年5月21日。
③ 日本《东京新闻》2017年5月3日社论，见《参考消息》2017年5月4日。

第二节

"中国威胁论"是一个伪命题

一、日、美炮制的所谓"中国威胁论"

所谓"中国威胁论"，是日、美等国家蓄意炮制出来的一个伪命题。其目的在于妖魔化中国，抱团围堵中国，全方位遏制、打压中国，阻扼中国的快速发展，乃至图谋改变中国的"颜色"。

"中国威胁论"的源头可以追溯到19世纪欧美帝国主义者炮制的所谓"黄祸论"。从所谓"黄祸论"到所谓"中国威胁论"，大致经历了三个阶段：（1）19世纪下半叶至20世纪初叶，欧美帝国主义国家首先炮制出所谓"黄祸论"。以德国皇帝威廉二世炮制的"黄祸论"为标志，沙皇尼古拉二世呼应鼓吹，由此延伸被西方帝国主义国家所接受，成为欧美和日本等帝国主义国家侵略瓜分中国的借口。因此，"黄祸论"实际上是"中国威胁论"之本源。对此，1904年8月，中国民主革命的先行者孙中山在美国纽约用英文发表了《中国问题的真解决——向美国人民的呼吁》一文，批驳了"中国威胁论"的实质"黄祸论"，指出所谓"黄祸论"，"不论从任何观点去衡量，它都是站不住脚的"。（2）20世纪上半叶至70年代，日本和西方国家的反共反华势力先后炮制了"赤祸论""中国威胁论"，初始妄图除掉中共，继而图谋把初生的中华人民共和国扼杀在摇篮里。（3）自20世纪80年代以来，日、美等国家炮制"中国威胁论"，企图以此为借口，麇集国际反华势力，采取各种手段制裁、围堵、打压中国，遏制中国的前进步伐。

20世纪中叶，中华人民共和国诞生以后，"中国威胁论"就甚嚣尘上。这里值得一提的是，原驻日美军总司令、在朝鲜战争中担任所谓"联合国军总司令"的麦克阿瑟，被免职后于1951年4月19日在美国参、众两院联合会上发表演说称："共产党威胁世界的安全，如让它在一个地区得势，其他地区将受到毁灭的威胁，在亚洲决不可采取姑息妥协的主义，以免损害我们在欧阻止赤祸泛滥的努力。"①因此，他"认定在任何环境情势之下，台湾决不可陷入共产主义的控制，这是军事上迫切的问题"②。于是，他主张："对中共的经济，加紧封锁；封锁中共海岸线；取消空军侦察中国大陆的限制；取消在台湾军队的限制，加强军事援助成为有效的战斗力量。"③他甚至辱骂新中国是"共产主义黄祸"。

麦克阿瑟的上述主张，不仅为美国政府和军方所接受，并且在实践中基本照此施行。美国政府坚持敌视中国的立场，拒绝承认中华人民共和国，还阻挠其他国家承认，并阻挠恢复中国在联合国的合法席位，坚持在政治上孤立、在经济上封锁、在军事上包围中国。1950年6月25日，朝鲜战争爆发，美国就加紧对中国实行封锁和禁运。6月27日，美国总统杜鲁门命令美海军第七舰队"协防"台湾海峡，直接参加对中国东南沿海的封锁。1951年5月18日，在美国的操纵下，联合国大会通过了对中国的"禁运"案。1952年9月，美国又操纵专对社会主义国家实行封锁和禁运的"巴黎统筹委员会"设立"中国委员会"，作为对中国禁运的专门机构，列出500多种所谓"战略物资"，严禁输入中国，妄图困死中国。

在美国的支持、怂恿下，日本也不甘落后，勇当封锁、禁运、包围中国的"马前卒"。为了阻止中国解放自己的固有领土台湾，日本竟然由前日本华北派遣军司令、战犯根本博等募集日本空军、海军人员4100多人组成所谓"志愿军"，开赴台湾，以阻止人民解放军解放台湾。与此同时，美国还派

① 〔美〕道格拉斯·麦克阿瑟著：《麦克阿瑟回忆录》，第254页。
② 〔美〕道格拉斯·麦克阿瑟著：《麦克阿瑟回忆录》，第256页。
③ 〔美〕道格拉斯·麦克阿瑟著：《麦克阿瑟回忆录》，第258—259页。

遣高级军官到东京，与驻日美军总司令部谍报组组长威洛贝和前日本中将樱井密谈，主要密谋如何利用前日本官兵实施美国的军事计划、如何对付中国的问题，等等。

20世纪中叶，美、日以"中共威胁""中国威胁"为借口，所干的诋毁、损害中国的事情远不止以上所列。但仅凭上述事例绝不是什么"中国威胁"。恰恰相反，是美、日等反华势力通过各种明的、暗的卑劣手段威胁中国，妄图扼杀中国，只不过"蚍蜉撼树谈何易"，反落得个向隅而泣而已。

随着中国的发展，特别是改革开放以后直至进入21世纪，中国的综合国力日益提升，中华民族凝聚力和国家凝聚力不断增强，国际地位空前提高。对此，日、美炮制的"中国威胁论"更大行其道，四处泛滥。他们最初鼓噪的是"中国崩溃论"，接着是"中国威胁论"，随后是"中国责任论"。所谓"中国威胁论"，实际上包含"政治威胁""经济威胁""军事威胁""文化威胁""生态威胁""网络威胁""太空威胁"等。所有这些所谓"威胁"，都是强词夺理、恶意编造、自欺欺人的妄言。所谓"中国威胁论"，实际上是"黄祸论"在当今时代的变种，其要旨是遏制中国，核心是扼杀中国。

20世纪80年代末，东欧剧变、苏联解体后，国际上的反华势力就把矛头集中指向中国。1990年8月，日本防卫大学副教授村井友秀在《诸君》（月刊）杂志上发表了《论中国这个潜在的威胁》一文，把中国视为"潜在的敌人"，提出了"中国威胁论"这一荒谬的论调。1992年，美国费城外交政策研究所亚洲项目主任罗斯·芒罗发表了《正在觉醒的巨龙：亚洲真正的威胁来自中国》一文，认为中国将对美国构成很大威胁。1999年2月3日，美国国防部向美国国会提交的一份不公开报告中，声称中国是"潜在的威胁"，第一次把中国作为战区导弹防御系统设想对象国。而后，日本和欧美一些政客、学者和评论家便搬弄是非，应声鼓噪。2001年6月14日，美国科罗拉多州共和党籍众议员唐克瑞杜在众议院发言称，"美国目前正面临内外两大威胁：外在的威胁是中华人民共和国，内在的威胁是不受控制的合法与非法移民大量涌入"①。2005年7月30日，美国《洛杉矶时报》发表迈克尔·奥汉隆的文章称，中国会对美国造成三种"战略威胁"：首先，中国可能会获得尖端技术，极大地提高其军事实力；其次，中国会成为一些关键商品的重要生产地，从而形成对美国的影响力；最后，中国会逐步与美国建立一种特殊的经济关系，这种关系导致美国的国际地位逐渐下降，中国的地位相对上升，等等。总之，中国从军事到经济等都会对美国造成威胁。于是他提出了三条对策，以图在军事技术、经济实力、国际贸易等方面遏制中国。2005年7月，美国国防部正式发表的《中国军力年度评估报告》认为，从长远角度看，中国是亚洲地区"确实存在的威胁"。

在日本，2004年12月，日本政府出台新《防卫计划大纲》，第一次把"中国威胁"的字样列入官方文件。2005年8月，日本防卫厅发表2005年度《防卫白皮书》，在渲染所谓中国海军"战略空间扩大"等的同时，还用国防预算数字的演绎手法暗示"中国威胁"。同年9月，被日本媒体曝光的日本防卫厅和自卫队制定的最高机密的"防卫警备计划"中，把中国认定为"威胁对象国"，明确提出了"中国威胁论"。日本《朝日新闻》同年9月26日报道称："'防卫警备计划'的矛头指向中国，也是与美国战略相呼应的结果。"同年12月，日本外务大臣麻生太郎在一次新闻发布会上再次就中国军费问题大放厥词说：中国"正在成为相当程度的威胁"。2006年4月2日，麻生太郎在接受日本媒体采访时又诬蔑中国增强军备"这给周边国家造成一种威胁的感觉"②。日本前防卫厅防卫研究所第三研究室主任平松茂雄于2006年3月出版了《中国吞并日本》一书，更是编造了耸人听闻的论调。日本右翼杂志《SAPIO》仅2006年春就发表了大量反华文章，尤为荒诞的是称"中国在不久的将来将吞并日本和朝鲜半岛"，"20年以后日本就会消

---

① 中央社华盛顿2001年6月15日电，见《参考消息》2001年6月17日。

② 《羊城晚报》（新华社特稿）2006年4月3日。

失"等。这完全是为了恶毒地攻击中国而编造的哗众取宠的奇谈怪论。日本2006年度《防卫白皮书》更认为"军备激增、装备不断现代化的中国军队正在成为日本的'现实威胁'"①。

最近几年，美、日政客鼓吹"中国威胁论"更是花样百出，调门越来越高。2016年在美国总统大选中，参选人唐纳德·特朗普（后当选为总统）在一次辩论中说："中国在贸易上剥削我们。他们让自己的货币贬值，从而扼杀我们的企业。"②2017年7月，时任美国中央情报局局长迈克·蓬佩奥（2018年4月任美国国务卿）在接受媒体采访时说，从中长期来看，美国最大的安全挑战是中国而非俄罗斯构成的威胁。③同年9月，美国商务部部长威尔伯·罗斯在中国香港对记者说，中国机器人革命或威胁美国。他还称，北京推出的"中国制造2025"计划，是对"美国天才"的攻击。④美国前参谋长联席会议主席约瑟夫·邓福德称：眼下朝鲜对美国构成最大的威胁，俄罗斯在整体上仍是美国最大的威胁，而到2025年中国则成为美国最大的威胁。⑤同年10月5日，华盛顿智库传统基金会公布第四个《美国军力指数》年度报告称，朝鲜不是美国最大威胁，中国和俄罗斯才是美国最担心的威胁。⑥所有这些都是美国政客肆意编造的一派胡言！

这里需要提及的是，"中国威胁论"的炮弹输送者——美国兰德公司。该公司成立于1948年，取名于英文"研究与发展"的首个字母缩写，其成立宗旨号称为"促进科学、教育和慈善事业的进一步发展，唯公众福利与美国国家安全是瞻"。该公司是美国著名的智库，曾被称为"白宫第一智囊"，在美国国防战略与政策研究中具有无可替代的重要地位。特别是对中国的研

---

① 日本《产经新闻》2006年8月1日报道，见《参考消息》2006年8月2日。
② 美国世界政治评论网站2016年2月17日文章，见《参考消息》2016年2月22日。
③ 据美国华盛顿自由灯塔网站2017年7月26日报道，见《参考消息》2017年7月28日。
④ 据英国广播公司网站2017年9月27日报道，见《参考消息》2017年9月29日。
⑤ 据美国之音电台网站2017年10月6日报道，见《参考消息》2017年10月7日。
⑥ 据美国之音电台网站2017年10月6日报道，见《参考消息》2017年10月7日。

究尤为重视，涵盖了中国的政治、经济、军事、文化、环境、知识产权、外交战略、对外关系等几乎所有重大领域。2015年，兰德公司发布了一份涉华研究报告，题为《中美军事记分卡：军力、地理与变化中的均势》，提出"尽管中国实力落后于美国，但中国如今已能对美国的军事行动形成重大挑战"。2018年3月27日，兰德公司高级国防事务分析师戴维·奥克马内克在美国国会就兰德公司关于美国军力和战力分析的最新报告进行说明时，发表了"中国威胁"的惊人之论。他把中国列为"美国的五大潜在敌对力量"之一。他声称：美军如不提升军备，到2025年或是2030年，恐怕很难在西太平洋战胜中国。他说，一旦爆发重大冲突，中国可以对美国产生如下威胁：中国具有精准打击能力的弹道导弹和巡航导弹可以袭击关岛以及更远的美军海上和陆上基地；中国有相当大的防空体系，可以捍卫自己的领土和海岸线，特别是台湾海峡的上空；中国可以干扰美国的情报、监视、侦查、通信和定位卫星；中国可以利用网络干扰美国的指挥控制系统；中国还能威胁到美国的潜艇。①同年4月，兰德公司在一份报告中称：中国海外安全布局损害美国利益，对美国利益构成挑战。②据媒体披露，兰德公司迄今已发表涉华报告近200份，与对俄国、日本、印度的关注度比较，对中国的研究报告最多，关注程度名列第一。可见，兰德公司不愧为"中国威胁论"的"智囊"。

美、日政客和有关机构鼓吹"中国威胁论"真是不遗余力。2018年5月，美国众议院情报委员会就大肆渲染中国军事威胁。美国退役海军上校詹姆斯·法内尔在会上称："（中国的）军舰质量今天在亚太地区已经构成一种可信的威胁。"③同年8月7日，美国总统特朗普在一场晚宴上诬蔑中国留学生说，在美国大学留学的"几乎每一个（中国）学生"都是间谍。④8月9日，美国副总统彭斯在五角大楼演讲中称："俄罗斯和中国正在太空进行极

---

① 据美国之音电台网站2018年3月28日报道，见《参考消息》2018年3月29日。
② 据美国之音电台网站2018年4月26日报道，见《参考消息》2018年4月27日。
③ 《今日美国报》网站2018年5月18日报道，见《参考消息》2018年5月20日。
④ 据英国《泰晤士报》网站2018年8月9日报道，见《参考消息》2018年8月11日。

其复杂的试验，可让他们的卫星和我们的卫星之间的距离变得很短，这将给美国的天基系统造成新的威胁。"他把中、俄视为"敌人"。[①]2018年8月13日，特朗普签署了国防支出总额高达7160亿美元的2019财年国防授权法案。这个法案以"中国威胁"为名，多项条款瞄准中国。特朗普还"提醒警惕来自中国和其他地方的威胁"[②]。美国联邦调查局局长克里斯托弗·雷于2018年7月在阿斯彭安全论坛上首次公开点名"中国对美国构成最大威胁"后，于9月12日在接受哥伦比亚广播公司采访时又称：没有一个国家比中国对美国的观点、创新、经济安全甚至对美国人的日常生活构成更广泛和全面的威胁。[③]9月20日，美国国务卿迈克·蓬佩奥在接受福克斯新闻频道采访时称："就长期来说，如果要论及谁会威胁到美国人的收入，谁会真正威胁到美国的经济增长，那么中国肯定是美国的最大威胁。"[④]蓬佩奥上任以后，到处煽风点火，把矛头指向中国。2019年4月15日，中国外交部发言人指出：蓬佩奥对中国和中拉关系肆意诽谤、蓄意挑拨，我们强烈反对。并指出：一段时间以来，一些美国政客揣着同一个唱本，满世界污蔑中伤中国，到处煽风点火，挑拨离间，言行令人不齿。谎言就是谎言，说上一千遍还是谎言，蓬佩奥先生可以休矣！

在美国发出"中国威胁论"高调的同时，日本也不甘落后，遥相呼应。2018年8月28日，日本防卫省发表的新防卫白皮书《日本的防卫》，"着重描述中国威胁"，"继承了过去几年指责中国不透明的军事、军费用途的看法"，并指称"中国军事已加入'舆论战''心理战''法律战'的政治项目，与政治、外交、经济、文化、法律等对外斗争紧密呼应"等。[⑤]9月26日，美国总统特朗普在联合国安理会的一次会议上称："我们发现中国一

---

① 据俄罗斯卫星通讯社华盛顿2018年8月9日电，见《参考消息》2018年8月11日。
② 法新社美国德拉姆堡2018年8月13日电，见《参考消息》2018年8月15日。
③ 据美国之音电台网站2018年9月13日报道，见《参考消息》2018年9月16日。
④ 法新社华盛顿2018年9月20日电，见《参考消息》2018年9月22日。
⑤ 据美国之音电台网站2018年8月28日报道，见《参考消息》2018年8月29日。

直试图干预我们即将于11月举行的2018年选举，并反对我的政府。"①特朗普这种凭空捏造的妄论，立即遭到中国政府的严正驳斥。中国外长王毅在联合国安理会会议上说：中国"过去、现在和将来都不会干涉任何国家的内政"，"我们也不接受任何对中国的无端指责"。②10月4日，美国副总统彭斯也步特朗普后尘，在美国哈得孙研究所的讲话中对中国发起一系列攻击，荒谬指责中国采取"掠夺性"经济做法，在军事上咄咄逼人，"希望将美国挤出西太平洋"，干预美国11月选举及2020年大选，"干涉美国的民主"等。③彭斯的讲话，堪称"中国威胁论"空前之"代表作"。对于彭斯的诬蔑，中国外交部发言人公开痛斥，指出彭斯的指责是无中生有、"极其荒谬的"。

美、日渲染的"中国威胁论"，毫无事实根据，完全是荒诞无稽的捏造，是他们捕风捉影、凭空臆断、造谣惑众和有意中伤中国的梦呓。完全可以预言，今后这类荒诞的"中国威胁论"仍会利用各种机会以各种形式出现，但蹩脚的诡辩和谬论终究是虚假的，谎言绝不会变成真理。

二、谁是真正的威胁者?

长期以来，美、日等国家大肆鼓吹所谓"中国威胁论"，那么究竟是谁威胁谁呢？谁才给中国、给世界带来真正的威胁呢？还是让事实来回答吧！

历史证明，中华人民共和国自成立以来，无论是在政治、经济、文化、军事、外交，还是在生态、网络、太空等方面，都为世界的和平发展和人类文明做出了自己积极的贡献。

1949年9月，中国人民政治协商会议第一届全体会议通过的《中国人民

---

① 美国《外交政策》双月刊网站2018年9月26日报道，见《参考消息》2018年9月28日。

② 据德国新闻电视频道网站2018年9月26日报道，见《参考消息》2018年9月28日。

③ 据美国有线新闻电视网网站2018年10月4日报道，见《参考消息》2018年10月6日。

政治协商会议共同纲领》中就明确规定：中国联合世界上一切爱好和平、自由的国家和人民，共同反对帝国主义侵略，以保障世界的持久和平。

中华人民共和国诞生的第二天——1949年10月2日是"国际和平与民主自由斗争日"。这一天，中国就在北京召开了盛大的"中国保卫世界和平大会"。出席大会的有朱德、陈毅、李立三、林伯渠、董必武、陈云、邓小平等党和国家领导人以及各界、各地区团体代表共一千余人。大会宣言向全世界庄严宣告：中国人民坚决反对侵略战争，拥护世界和平。

1952年，美国正在不断武装日本，并在亚洲及太平洋地区到处建立军事基地，使亚洲和世界的和平与安全受到严重威胁。为了保卫世界和平，由中国发起于10月2日至13日在北京召开了"亚洲及太平洋区域和平会议"。出席会议的代表有亚洲、澳洲、美洲、非洲和欧洲的46个国家和9个国际民主组织共404人。会议通过了《告世界人民书》和《致联合国书》以及维护亚太地区和平的宣言和决议。其中《关于日本问题的决议》要求：由有关各国缔结全面的真正的对日和约；反对和制止日本军国主义复活；任何外国军队立即撤离日本本土，任何外国不得在日本保有军事基地；等等。这次会议促进了亚洲和太平洋地区人民的友谊，为维护世界和平发挥了积极作用。

国家新生，百废待兴，中国政府即宣布实行和平外交政策。1953年12月31日，中国总理周恩来在北京接见印度政府代表团时，第一次提出和平共处五项原则，即：互相尊重领土主权、互不侵犯、互不干涉内政、平等互利、和平共处的原则。1955年4月在印尼万隆召开的亚非会议，和平共处五项原则得到了大多数代表的赞扬。中国提出的和平共处五项原则不仅体现了中国的和平外交政策，而且为解决不同意识形态和社会制度的国家关系，为维护世界和平和发展做出了重大贡献。

1954年4月，中国总理兼外长周恩来在日内瓦会议上就指出：中国政府和人民一贯热爱和平，反对战争；中国没有侵略过别的国家，中国将来也不会侵略别的国家。事实正是如此！在此前后，虽然中国曾被迫投入了4次战争，但无论是抗美援朝战争还是中印自卫反击战，无论是珍宝岛自卫反击战还是中越边境自卫还击战，都不是中国挑起的。中国是站在自卫的立场，为维护国家主权和领土完整、为维护亚洲和平而进行的自卫战争。

远古姑且不论，仅从中华人民共和国诞生以来，中国没有侵略过任何国家，而是维护世界和平的主要力量。中国没有干涉过任何国家的内政，而是坚守和平共处五项原则的典范。中国没有私自派遣过军事武装驻扎别国、威慑别国，而是根据联合国有关决议和国际法准则，自1990年始，向联合国派遣军事观察员和维和部队执行维和任务。至2018年，中国已建立了一支8000人组成的维和待命部队，累计派出3.7万人次维和人员，是联合国安理会常任理事国中派出维和官兵最多的国家，为维和做出了杰出贡献，展示出中国军队"威武之师、文明之师、和平之师"的良好形象，受到联合国的赞誉。

中国的对外贸易、对外援助等都是相互尊重、公平交易、平等协商、互惠互利、合作共赢。如以非洲为例，中国坚持做到"五不"，即：不干预非洲国家探索符合国情的发展道路，不干涉非洲内政，不把自己的意志强加于人，不在对非援助中附加任何政治条件，不在对非投资融资中谋取政治私利。①请问：那些无端诬称"中国威胁"的国家和政客是否敢于对外宣言和切实做到这"五不"呢？！

自20世纪80年代以来，中国裁减军队员额170万。在此基础上，2015年9月，中国国家主席习近平郑重宣布，再裁减军队员额30万。这也叫作"中国威胁"吗？炮制"中国威胁论"的国家"裁减"了多少？有的国家不但不"裁减"，反而增加了军队员额。

在世界经济发展中，2016年中国对世界经济增长的贡献率为33.2%。2017年全球经济增长率为3%，中国对世界经济增长的贡献率高达34%。②难道这也是"中国威胁"？！

2013年秋，中国国家主席习近平先后提出建设"丝绸之路经济带"和

---

① 据习近平在中非合作论坛北京峰会开幕式上的讲话，新华社2018年9月3日电。
② 据德国《焦点》周刊网站2018年8月8日报道，见《参考消息》2018年8月10日。

"21世纪海上丝绸之路"重大倡议。2018年8月7日，美国总统特朗普公开攻击称，"中国的'一带一路'可能会干扰全球贸易，具有冒犯性"①。但是，截至2018年7月，全球已有100多个国家和国际组织同中国签署共建"一带一路"合作文件，签署范围自亚欧大陆扩展到非洲、拉美和加勒比海地区、南太平洋地区。并且，"一带一路"已写入联合国大会、安理会等重要决议。难道这100多个国家和国际组织同中国合作发展经济都"具有冒犯性"、都是"威胁"？显然，"冒犯论"者如果不是有意攻击，则是别有用心！

在向联合国缴纳会费配额中，中国均按联合国宪章规定，根据成员国GDP总值、人口、支付能力等分配的数额缴纳。尽管中国是最大的发展中国家，与发达国家比较，经济实力并不雄厚，但中国缴纳的联合国会费不断提高，是发展中国家中缴纳最多的国家。而在联合国维和行动预算分摊比例，中国居于第二位。难道中国对联合国的贡献也是"威胁"吗？！

大量铁的事实充分说明，中国是反对世界霸权主义和单边主义的坚强支柱，是捍卫世界和平的主要力量，是倡导和推动构建人类命运共同体的典范，是世界和平的建设者、全球发展的贡献者、国际秩序的维护者。中国在过去、现在、将来都没有也绝不会对世界构成任何威胁。

美、日到处渲染所谓"中国威胁"，那么，美、日对世界又干了什么呢？还是看事实吧！

（一）在对外战争方面

据美国之音电台网站2013年9月3日刊文称，粗略统计，过去50年中，美国共进行了50多次重要的对外军事行动，平均每年至少一次。所以有媒体称："哪里有战争，哪里就有美国兵。"这里仅举几例：

1983年10月25日，美国等国家发起代号为"暴怒"的军事行动，入侵格林纳达。

---

① 美国之音电台网站2018年8月9日报道，见《参考消息》2018年8月10日。

1989年12月20日，2万多名美军突袭攻占巴拿马，仅几小时内就俘虏了当时巴拿马的最高领导人曼努埃尔·诺列加。

2003年3月20日，美、英等国联军绕开联合国安理会，以伊拉克藏有大规模杀伤性武器为由，以伊拉克拒绝交出子虚乌有的生化武器为借口，开始用"战斧"导弹轰炸伊拉克首都巴格达并采取地面攻势。不到一个月，萨达姆政权垮台，稍后萨达姆也被美军抓获处死。

2011年3月，美、法、英等国开始轰炸利比亚卡扎菲政府部队，后通过设立禁飞区决议。10月，利比亚总统卡扎菲被枪杀。日本支持美、英、法对利比亚采取的军事行动。

2011年3月，叙利亚爆发内战危机后，美国就插手叙利亚内战。2017年4月，美国以"化武袭击"为借口，向叙利亚一空军基地发射50多枚巡航导弹。2018年4月，美国等以"叙利亚政府使用化学武器"为由对叙利亚实施"精确打击"，对大马士革和城外目标发射了100多枚导弹。

仅列举以上几项，凡秉持正义的人们都可以看出谁是真正的威胁者。意大利有媒体指出：美国是一个酷爱战争的国家，立国239年竟然打了222场战争。

（二）在国际秩序方面

美国是维护国际正常秩序还是扰乱国际秩序呢？远的不说，仅从特朗普担任美国总统以来，就语出惊人，动作惊世。

2017年1月20日，特朗普在就任美国第45任总统的就职演说中说："从今日起，只能是美国优先"，"美国优先"将成为政府组织的核心原则，"我们将遵循两条简单的原则：买美国货，雇美国人"。[①]此言一出，国际媒体惊呼："外部世界要小心了，特朗普计划打乱美国创造的全球秩序。他的就职演说将成为美国战后角色的转折点，甚至很可能是为其敲响的

---

① 据英国《每日邮报》网站2017年1月20日报道，见《参考消息》2017年1月22日。

丧钟。"①

《跨太平洋战略经济伙伴关系协定》（TPP）（2015年10月5日达成）是以美国奥巴马政府与日本安倍晋三政府为首的包括12个国家制定的新的自由贸易框架，被称为美国"亚洲再平衡"战略的核心。这个协定被认为是一个政治驱动的经济协定，其目标是遏制中国的地区实力和影响力。特朗普上台不久，便于2017年1月23日签署总统令，宣布美国正式退出TPP。特朗普退出TPP，并非放松对中国的遏制，而是为了推行其贸易保护主义，对中国实施更强有力的遏制。显然，无论是奥巴马还是特朗普，对遏制中国这一点是完全一致的，只是采取的手段不同而已。但是，特朗普已经下台，拜登政府对于TPP持什么态度，如何动作？还有待观察。

美国退出TPP后，2017年6月1日又宣布退出应对和管控全球气候变化的《巴黎协定》。同年10月12日宣布将于2018年12月31日退出联合国教科文组织。12月3日，宣布退出联合国主导的《移民问题全球契约》制定进程。2018年5月8日，美国宣布退出有中、美、俄、英、法、德六国与伊朗达成的伊朗核问题全面协议（2015年7月20日联合国安理会一致通过）。6月19日，美国又宣布退出联合国人权理事会。10月3日，美国又宣布终止1955年与伊朗签署的《经济关系和领事权利友好条约》，退出《维也纳外交关系公约》"关于强制解决争端之任择议定书"。10月17日，宣布启动退出万国邮政联盟程序。2019年2月2日，美国又宣布暂停履行《中导条约》义务并启动退约程序，并于8月2日正式退出《中导条约》。2020年5月21日，美国政府单方面宣布将退出《开放天空条约》。7月6日美国政府不顾新型冠状病毒肺炎在其国内和世界各国仍在肆虐的严峻现实，竟然正式通知美国国会和联合国退出世界卫生组织。在此期间，还扬言退出1995年成立的拥有150多个成员国的"世界贸易组织"（WTO）。特朗普连续退出这些国际组织，曾被互联网戏称为"退群瘾""超级退群王"。

———————

① 英国《金融时报》网站2017年1月20日报道，见《参考消息》2017年1月22日。

（三）在领土主权方面

台湾、钓鱼岛及其附属岛屿和南海诸岛（西沙、东沙、中沙、南沙群岛）自古以来是中国的固有领土。但是，新中国成立后，美国一直扶持台湾当局，提供武器。1950年至1978年，美国向台湾提供武器装备价值50多亿美元。1971年9、10月间，在恢复中华人民共和国在联合国和安全理事会（简称安理会）的席位问题时，美国和日本等国向联合国提出《关于代表权问题的决议草案》（后称"双重代表权决议草案"），企图在联合国制造"两个中国"。后经联合国大多数会员国反对，美、日等国的企图才未能得逞，最后第26届联合国大会通过了第2758号决议，恢复了中华人民共和国在联合国组织的合法权利。此举被合众社称"这是美国自联合国成立以来遭到的最惨重的失败"。但是，美国并未停手，继续打"台湾牌"，多次派军舰横闯台湾海峡，仅从2007年至2019年4月，美军舰就穿越台海达92次；并向台湾出售大量武器装备，从2010年至2019年4月，美售台武器超过150亿美元；美国还从各方面支持台湾当局。

自20世纪50年代台海危机以来，美国频繁派遣军用飞机、军舰在中国沿海地带收集军事情报，并曾经偷越中国领空。更有甚者，1999年5月，美国轰炸中国驻南斯拉夫大使馆，造成数十人伤亡，大使馆建筑严重损毁。2001年4月1日，美国派EP-3型侦察机飞抵中国海南岛东南海域上空侦察，与中国飞机（王伟驾驶）相撞，致王伟牺牲。美、日等国家相互配合，在中国东海钓鱼岛及其附属岛屿海域和南海联合演习，肆意挑衅中国。2018年9月13日，日本首次秘密派潜艇往南海，与长期在东南亚周边巡航的护卫舰编队举行反潜作战演习。9月27日，美国1架可搭载核武器的空军B-52战略轰炸机与日本16架航空自卫队战机在东海钓鱼岛空域演练，"被视为展现美日合作对抗中国的姿态"①。美国打着所谓"航行自由"的旗号，多次派军舰、航母到中国南海海域，并曾闯入12海里以内水域。本来，美、日、英、法、澳等国均

---

① 中央社东京2018年9月28日电，见《参考消息》2018年9月29日。

属域外国家，但它们却以"航行自由"为幌子，派军舰前来南海演习巡航，挑衅中国。所以，媒体曾把这种所谓"航行自由"称为"横行自由"。

（四）在经济方面

中华人民共和国诞生后，美国政府就祭起了"封锁"和"禁运"这两件"法宝"，妄图阻止中国从对外贸易中获得恢复国民经济的重要物资，破坏中国的建设，图谋以此摧毁新生的中国。美国这两件"法宝"延续至今，又增添了"禁售""制裁"等一些新花样，但本质不变。1978年中国改革开放后，与世界各国开展正常的贸易活动，平等竞争，互利互惠，合作共赢。但美国对中国所取得的瞩目成就，总是看不顺眼，多方挑起事端。

特朗普在竞选美国总统前夕（2016年4月）接受《纽约时报》采访时炮制了"美国重建中国论"。他说："是我们重建了中国，他们用从美国抽走的钱重建了中国。"①他任美国总统后，又多次重复了这一论调，还声称"中国在贸易方面占了美国多年的便宜"②，并指称美国的盟友也占了美国的便宜。于是，特朗普政府通过发布《对华301调查报告》等方式，对中国做出"经济侵略""不公平贸易""盗窃知识产权""国家资本主义"等一系列歪曲事实的无理指责。自2018年7月起，美国对中国340亿美元输美商品加征25%关税；8月，又对中国160亿美元商品加征25%关税；9月，又对中国2000亿美元商品加征关税。

对此，2018年9月24日，中国发布了《关于中美经贸摩擦的事实与中方立场》白皮书，以大量事实和翔实数据，指出：2017年新一届美国政府上任以来，在"美国优先"的口号下，抛弃相互尊重、平等协商等国际交往基本原则，实行单边主义、保护主义和经济霸权主义，对许多国家和地区特别是中国做出一系列不实指责，利用不断加征关税等手段进行经济恫吓，试图采

---

① 转引自《环球时报》2018年10月17日。
② 《今日美国报》网站2018年9月18日报道，见《参考消息》2018年9月20日。

取极限施压方法将自身利益诉求强加于中国。[①]美国政府的这一系列行为，对中国和世界许多国家和地区不是威胁又是什么呢？不过，2018年12月1日，美国总统特朗普与中国国家主席习近平在阿根廷首都会晤时，双方已同意停止加征新关税。

但是，中美经贸磋商正在进行之中，美国政府又宣布，自2019年5月10日起，对2000亿美元中国输美商品加征关税从10%上调至25%。针对美方对中国输美商品加征关税升级、滥用出口管制措施、将中国一些企业纳入出口管制实体清单、不断升级贸易摩擦等情况，2019年6月2日，中国国务院新闻办公室发布了《关于中美经贸磋商的中方立场》白皮书，全面介绍了中美经贸磋商的基本情况，阐明了中国对中美经贸磋商的政策立场，指出："美国采取的一系列贸易保护措施，违反世界贸易组织规则，损害多边贸易体制，严重干扰全球产业链和供应链，损害市场信心，给全球经济复苏带来严峻挑战，给经济全球化趋势造成重大威胁。"在此前后，美国一意孤行推行贸易保护主义和贸易霸凌主义，大搞极权施压，施行"长臂管辖"，炮制了所谓"美国吃亏论""中国盗窃知识产权论""对华文明冲突论"等一系列谬论；并且，以"国家安全"为幌子，突然发布针对中国华为等公司的限制交易令，对中国企业和产业实行"围堵"和"封锁"，无所不用其极。可以断言，美国今后仍会耍出各种花招，但无论耍什么花招，都无法阻挡中国的和平发展，更无法阻挡经济全球化的时代发展潮流。

（五）在军事方面

在军事方面，除了前面列举的美国对外战争若干事例外，这里再列几项事实：

1. 美国的"印太战略"。2017年11月，美国总统特朗普在越南岘港的讲话中明确提出了印度洋—太平洋的基本战略构想，称为"自由开放的印度洋—太平洋"。早在2007年安倍晋三在第一次任日本首相期间就曾提出"印

---

① 据新华社2018年9月25日电。

太"的概念。2016年8月，安倍正式提出了"自由开放的印度洋—太平洋战略"概念。特朗普与安倍的提法已经是不谋而合了。"印太战略"实际上是美国"重返亚太战略"的"新发展"。日本东洋大学教授药师寺克行称："'印太战略'的核心内容是日、美两国与印度、澳大利亚联手，囊括其他亚洲国家，构建地区性的合作框架。目的在于在共享和实现普世价值方面深化合作、促进地区经济发展，同时也包含与本地区取得飞跃发展的中国进行对抗的意味。""'印太战略'与'一带一路'构想可以被视为以东盟为舞台进行的日美与中国的'阵地争夺战'。"①药师寺克行在这里已点明"印太战略"的实质就是：构建"四国联盟"，遏制中国，与中国对抗，与"一带一路"构想争夺阵地。

2. 美国等国家的军费。这里仅以21世纪以来几个年度做个比较。2000年度，美国的军费是中国的20倍。2001年度，美国的军费是中国的近19倍。近年来，尽管中国的军费是有限而适度的增长，但仍不及美国的1/4。现据媒体公开的有关国家军费列表比较如下：

部分国家军费表（2016—2019年）

单位：亿美元

年份	各国军费				
	美国	中国	日本	俄国	印度
2016年	6220	1460	417	692	400.7
2017年	6190	1514	435	593	402.9
2018年	7000	1750	458	471	548
2019年	7320	1766	473.43	470	711

以上五个国家四年的军费比较中，每年美国的军费都超过后面四个国家

---

① 日本《东洋经济周刊》2018年第1期（提前出版）。

军费的总和。虽然美、日等媒体炒作2018年度"中国军费世界第二",但从比例看,中国国防费占GDP的1.26%,而美、俄占3%以上,世界多数国家占2.4%~2.5%,北约也要求不低于本国GDP的2%。从人均数分摊,中国国民人均国防费为118美元,美国为2210美元,日本为376美元,俄国为300多美元。按每名军人分摊军费,中国为8.2万美元,美国为51万美元,日本为20万美元。①可见,无论是从GDP占比还是从人均分摊,美国的军费都远远高于中国等国家。

3．美国的航母。美国航母的数量、质量均居世界第一。据统计,2017年,世界上拥有航母的国家有13个,各国数量为:美国12艘,英国3艘,印度3艘,意大利3艘,日本3艘(亦称准航母,实际已具一般航母战斗力),中国2艘,俄罗斯、法国、西班牙、韩国、巴西、泰国、阿根廷各1艘。

4．美国的核武器。据美国《原子科学家公报》等披露的资料,到2017年8月,全球有9个国家拥有核武器,数量为14995枚,美、俄两国约占90%。具体分列如下:美国约6800枚核弹头,俄罗斯7000枚,法国300枚,中国270枚,英国215枚,巴基斯坦140枚,印度130枚,以色列80枚,朝鲜60枚。②

5．美国的军事基地及外国驻军。美国拥有全球90%的海外军事基地,包括除南极洲外的六大洲、四大洋,辐射50多个国家,共约800个基地,其中122个在日本,83个在韩国。③这些军事基地"从关岛一直延伸至韩国,而这些军事设施恰恰对中国构成威胁"④。美国在亚太地区部署兵力30多万人,其中驻日美军4万多人,驻韩美军(含文职人员)3.3万人。

6．美国新设军事机构。仅2018年,美国就新设立了"陆军未来司令

---

① 据《环球时报》记者郭媛丹报道,2018年3月9日。

② 据阿根廷布宜诺斯艾利斯经济新闻网2018年1月3日报道,见《参考消息》2018年1月8日。媒体披露的有关国家公布的数字有所出入,这里仅为大约数。

③ 据俄罗斯卫星网2016年12月9日报道,见《参考消息》2016年12月11日。另见《参考消息》2016年11月29日。

④ 俄罗斯卫星网2016年12月9日报道,见《参考消息》2016年12月11日。另见《参考消息》2016年11月29日。

部"，重建海军第二舰队，计划创立"太空军"，并继续大力研制包括激光武器在内的各种先进武器。美国《防务新闻》周刊网站2018年5月4日载文称："此举是美国海军当前正将侧重点从反恐战争转向对付中、俄等主要竞争对手的最新迹象。"

（六）在网络方面

2013年6月，美国中央情报局前雇员爱德华·斯诺登通过英国《卫报》公开揭露了美国国家安全局（后简称"国安局"）有个代号为"棱镜"的秘密项目。美国国安局及其伙伴通过"棱镜"计划进入谷歌公司、微软公司、脸谱公司和苹果公司等网络巨头的服务器，监控、收集各国情报。美国国安局旗下还设有一个名为"定制人口行动办公室"（TAO），从事侵入中国境内电脑和通讯系统的网络攻击，借此获取有关中国情报。美国国安局不仅监视中国，而且连它的盟友也不放过。据德国《明镜》周刊援引秘密文件称："美国曾窃听欧盟办公室，并且入侵欧盟的内部电脑网络。"[①]还监听了时任联合国秘书长潘基文、德国总理默克尔等个人或公务活动。

本来是美国监视、窃听中国和其他国家的情报，但特朗普和彭斯等美国政客却反诬中国"对美国企业和政府机构发动网络攻击"。2018年10月4日，美国《彭博商业周刊》报道称，中国"秘密将监控微芯片植入了苹果和亚马逊等大型科技公司使用的服务器"。但该报道立即遭到苹果公司、亚马逊公司、超威公司等的公开否认。显然，美国政客和某些媒体的这些言辞，都是毫无根据的贼喊抓贼的手法。

这里要特别提及的是：据新加坡《联合早报》2019年3月27日报道，2019年3月25日，美国政府的一些前官员和顾问在华盛顿恢复了一个在冷战时期成立的机构，名为"应对中国当前危险委员会"，专门对付中国。这是把冷战思维变为实际行动，是对中国和平发展的真正威胁。

2020年7月23日，美国中情局头子出身的美国国务卿蓬佩奥跑到加利福

---

① 路透社柏林2013年6月29日电，见《参考消息》2013年7月1日。

尼亚州约巴林达市尼克松的家乡，在尼克松图书馆暨博物馆发表了题为《共产主义中国与自由世界未来》的演讲。蓬佩奥的这次演讲被美国媒体和国际社会人士称为是荒唐可笑的对华"冷战宣言""临战宣言""战斗号令"。这次演讲把矛头指向中国，通篇罔顾事实，造谣诬蔑，颠倒黑白，继续兜售"中国威胁论"，极力鼓吹和企图拼凑反华联盟，极尽栽赃诬陷之能事，凸显诽谤诋毁之根性。对此，中国外交部发言人指出，蓬佩奥这篇讲话对中国共产党和中国社会制度进行恶意攻击，对中国内外政策进行无端指责，充斥着意识形态偏见和冷战思维，是美国政府高官近期密集炮制涉华政治谎言的"大杂烩"，表示强烈愤慨和坚决反对。美国哥伦比亚大学教授杰弗里·萨克斯于2020年8月5日在世界报业辛迪加网站发表文章，对蓬佩奥的讲话做了这样的评述："美国国务卿蓬佩奥发动了一场福音派圣战，这次是针对中国。"但是这次是"美国毫无神圣感的对华圣战"，因为：第一，"他的演讲流于极端、过分简单化、富含危险，很可能会使美国走上与中国发生冲突的道路"。第二，"美国2019年的军费开支总额为7320亿美元，差不多是中国的4倍"。第三，"美国有大约800个海外军事基地，而中国只有一个（设在吉布提的一个小型基地）。美国在中国附近有许多军事基地，中国在美国附近一个也没有"。第四，"美国有5800枚核弹头，中国约有320枚"。第五，"美国拥有11艘航母，中国只有2艘"。第六，"美国在过去40年里发动了多场海外战争，中国一场也没有发动过"。第七，"美国近年来屡屡拒绝加入或退出联合国条约和联合国组织，包括……最近退出的世界卫生组织，中国则支持联合国进程和机构"。第八，"2019，中国的人均国内生产值（GDP）估计为10098美元，不到美国（65112美元）的六分之一，实难成为全球霸权的基础"。第九，"他（按：指蓬佩奥）没有拿出证据来支撑有关中国想称霸的说法。中国反对美国霸权并不意味着中国自己谋求霸权。事实上，在美国以外，几乎没有人认为中国想称霸全球"。第十，"蓬佩奥的狂热深深植根于美国历史"。冷战开始后，反共热潮导致美国在东南亚、中美洲发动了多场灾难性的战争。"9·11恐怖袭击"以后，"美国选择发动了4场战争，分别在阿富汗、伊拉克、叙利亚和利比亚，迄今为止全都一败涂地。突然之间，所谓的激进伊斯兰教切实威胁被抛诸脑后，新的圣战矛头指向中国共产党"。文章最后预言，如果特朗普继续掌权，"蓬佩奥的圣战大概就会继续下去，很可能会把世界引向他所期望乃至谋求的战争边缘"。这篇文章用具体数据和事例驳斥了蓬佩奥的谎言和谬论。

特朗普、蓬佩奥发起极力打压、围堵中国运动后，2020年9月中旬由美利坚大学教授戴维·瓦因牵头、美国布朗大学沃森国际与公共事务研究所进行的一份研究报告《战争的代价》。这份报告说：自"9·11事件"以来，美国"反恐战争"不仅造成了数百万人的伤亡，而且迫使阿富汗、伊拉克、巴基斯坦、也门、索马里、菲律宾、利比亚和叙利亚至少3700万人流离失所。报告指出，美国——而不是中国——是"连环战争贩子"。正如2019年6月美国前总统吉米·卡特在一次演讲中说，美国在建国后的240多年历史中仅16年没有打仗，堪称"世界历史上最好战的国家"。更有人士称："美国是无可争议的头号战争贩子"。

仅凭以上所列事例，不带偏见的明眼人则可看出谁是世界的乱源、谁是世界的真正威胁者。曾准确预测了2008年金融危机的美国经济学者鲁比尼于2018年10月指出："特朗普的政策引起了世界性的混乱，将扼杀美国和全球经济增长。"[①]美国耶鲁大学两位法学教授乌娜·哈撒韦和斯科特·夏皮罗认为，特朗普政府的行为和威胁正在危及全球稳定的环境。[②]日本御茶水女子大学名誉教授藤原正彦认为，"特朗普在英国人的眼里就是个从来没有读完一本书的人，是个典型的美国商人，是个没有教养的暴发户"，是日本的"反面教师"。[③]

---

① 《环球时报》2018年10月12日。

② 据美国《纽约时报》网站2018年9月21日报道，见《参考消息》2018年9月27日。

③ 据日本《呼声》月刊2018年11月号报道，见《参考消息》2018年11月28日。

第三节

维护和平的使命

一、警惕日本右翼的战争幽灵

日本是第二次世界大战的主要肇事国，罪行累累，恶贯满盈。但时至今日，日本右翼政客和极右势力仍在百般抵赖，拒不认罪。其目的就在于重温皇国旧梦，企图重树军国主义旗帜。日本长期追随美国，大肆鼓吹"中国威胁论"，实际是一种转移视线、蒙骗社会的伎俩。从它的历史到现实的言行中进行考察，可见其处处隐现军国的阴影和战争的幽灵。仅列若干实例为证：

（一）坚守战略目标，力图东山再起

20世纪末，日本《时报》发表了一篇题为《侵略野心的赤裸表露》的社论。社论称："日本自明治维新以后，一直有着明确的战略目标，这就是：（1）保有本土的中央政府及统一的军队；（2）控制日本各岛屿的近海；（3）支配邻近这些海洋的陆地；（4）维持南至台湾、东南至硫磺岛至西北太平洋海军霸权；（5）从中国大陆或东南亚取得矿产资源，为保证及维护其通路，要控制整个西太平洋，排除一切外国海军。"①

现在，虽然日本周边和国际环境已发生了重大变化，但日本仍力求按照这一战略路线图推行施策。诸如：日本右翼着力修改"和平宪法"第九条，一直没有放弃重建本国军队，一心打造"国防军"；解禁"集体自卫权"，

---

① 日本《时报》1999年1月18日，见《参考消息》1999年1月20日。

颠覆"专守防卫"，强化防卫力；修改"武器出口三原则"，允许武器出口；在日、美同盟基础上，力图联手东盟构筑对华包围网；与美国、澳大利亚、英国等国家签署提供弹药、燃料、食品等物资的《物资劳务相互提供协定》，推行"防卫合作外交"，从而牵制中国；如此等等。

（二）重建军事大国，一心准备再战

一方面，日本甘愿充当美国在亚太地区的"治安副手"，"充当美国军事司令部的一个支点"，"实质上将成为美国在亚太及以外地区的前线指挥所"，成为美国在亚洲的战略基地。[①]另一方面，日本以"中国威胁""朝鲜威胁"等为借口，以"专守防卫"为幌子，投入巨额军费，突破在国内生产总值（GDP）占比1%的红线，开发先进军事装备，借机重做军事大国。并且，日本自卫队已由驻守型向出击型转变，正在迈向"战时体制"。在20世纪80年代末，日本制造的优质高科技武器就已大大超出"防卫"程度。当时，一个跨国营销调查显示，如果允许日本对外出口武器，他们最终能够攫取45%的世界坦克和自行火炮市场份额、40%的军用电子设备销售额、60%的军舰建造合同。[②]可见，日本是有能力制造世界一流的武器装备的。因此，美国媒体曾引用美军工程师爱德华·墨菲提出的"墨菲定律"[③]，尖锐指出：日本"帝国为再度开战做准备"[④]。这对国际社会是一个极其重要的警示。由于日本加紧重建军事大国，连日本的亲密盟友和靠山美国都感到担忧。日本《外交学者》杂志网站2013年8月10日发表文章指出："华盛顿对日本重振军事实力的担忧日益加剧，这凸显美国在该地区处理盟友和战略合作伙伴关系时所面临的困境。……美国担心自身对这些盟友和伙伴的依赖可能鼓舞它们主动挑起事端。这有可能导致美国卷入冲突——尤其是与中国的冲

---

① 据英国《卫报》2005年4月19日，见《参考消息》2005年4月25日。

② 据美国战略之页网站2016年12月12日文章，见《参考消息》2016年12月14日。

③ "墨菲定律"的基本内容是：如果事情有变坏的可能，不管这种可能有多少，它总会发生。

④ 美国战略之页网站2016年12月12日文章，见《参考消息》2016年12月14日。

突——而美国在这其中并没有利益。"这表明美国既想利用日本，又担忧日本恢复军事攻击能力，把美国拉下水，甚至与美国分庭抗礼。

这里需要特别指出的是，2018年12月18日日本政府公布的新防卫计划大纲中，以中俄"威胁"为借口，大幅投入军费和增加军备，在未来五年加快对先进隐形战机、远程导弹、网络空间、人工智能技术、水下无人机及其他军事装备的资金投入，首次部署航母，使舰艇航母化，组建一支"多元化统合防卫力"。自2019财年起五年防卫费达27.47万亿日元（约合2430亿美元），仅2019年就达472亿美元（5.26万亿日元），创历史新高。

（三）编造"受害者"神话，试图做"核武梦"

日本投降后，日本右翼势力却把日本打扮成"受害者"，编造了连篇累牍的"受害者"谎言。日本在广岛建立了"原子弹博物馆""和平纪念资料馆""和平公园""和平钟""和平火炬""和平水池""原子弹牺牲者纪念碑""原子弹纪念山丘""儿童和平纪念碑""纪念世界和平大教堂"等，宣扬一种所谓"广岛精神"。但却没有真实反映日本的侵略历史，不敢交代被原子弹轰炸的"前因"，有意抹杀日本的战争责任。因此，德国《明镜》周刊（1995年8月7日）报道称："广岛精神"歪曲了历史，"历史是抹不掉的"！

日本把自己打扮成"受害者"，但日本在"二战"期间也在研究开发核武器，后因战败无果而终。战后至今，日本还在大量囤积核材料。据媒体披露，至2014年底，日本通过从核电站使用后的乏燃料中提取等方式共囤积了约48吨钚。2016年3月，归还美国的331千克高纯度钚，只是极少的一部分。此外，日本还拥有约1.2吨高浓缩铀。这些核材料大大超出日本民用核能的合理用量范围，并且今后每年还可能会增加4吨钚的存储量。有资料显示，日本生产钚9吨，就可制造2000件核武器。按此推算，日本所存储的钚，足以制造上万件核武器。美国前朝鲜问题谈判代表罗伯特·加卢奇称，日本具有年产300颗以上原子弹的潜力。难怪日本的右翼政客极力主张日本要拥有核武器。实际上，媒体早已把日本视为"一个不折不扣的隐性核大国"。

日本虽然是唯一遭受核武器打击的国家，但是，在2017年7月联合国主持禁止核武器谈判中，日本抵制谈判，拒绝参与投票通过《不扩散核武器条约》。日本留下这一手，不仅令人疑虑，更让人感到日本存在的核风险！

（四）重树海空优势，重组航母舰队

"二战"时，日本是海空强国，拥有25艘航空母舰（有的是新建造，有的是用其他船只改装）和6万架飞机，在亚太地区海空横行霸道。但它们在"二战"中大多被击沉和击落。日本战败后，航母舰队已不复存在，空中优势也成"明日黄花"，基本解体。

对此，日本右翼政客始终耿耿于怀，梦想有朝一日重振当年的"霸气"。跨入21世纪，日本就把"梦想"变为实际行动。2013年8月6日，日本"出云"号准航母（亦称"直升机航母"）在横滨市举行下水仪式。这是"二战"以来日本建造的最大军舰，排水量达1.95万吨，实际满载排水量可达2.7万吨，与"二战"前日本中型航母"加贺"号旗舰相当。它能搭载14架直升机，已具备轻型航母、反潜旗舰、夺岛移动基地、近远程作战的功能。据日本自卫队前航空幕僚长（相当于空军司令）田母神俊雄（上将）称，"出云"号的一大要务是针对中国海洋军事急速发展强化反潜和封锁。2017年春，日本政府又开始将"出云"号改造为可搭载战斗机的航母，成为不折不扣的"攻击型航母"。这是完全违反日本"和平宪法"条款的。

"出云"号入列前后，还有"加贺"号（"出云"号姐妹舰）、"日向"号轻型航母和可起降大型直升机的"伊势"号、"大隅"号等战列舰和登陆舰。应当指出，日本的这些轻型航母和战列舰的命名都隐匿传承着军国主义的基因。如"出云"号在战前曾为日本海军一艘装甲巡洋舰的名称，该舰参加过日俄战争和侵华战争，1945年被美军击沉。"加贺"号就是"二战"时日本一艘航母的名称。"日向"号、"伊势"号也是"二战"时日本军舰的名称，1945年被美机炸沉。现在，日本大力建造航母并把新建造的军

舰沿用军国旧名，究竟意欲何为？日本媒体人大内要三指出："拥有航空母舰等于宣称将攻击别国。自卫队将不再是'专守防卫'组织，而会变成远征军。"①

除航母外，日本还拥有最大规模的潜艇舰队和有实力的航空自卫队——据美国《国家利益》双月刊网站2017年1月26日报道，"日本战后潜艇舰队是世界上最优秀的潜艇舰队之一。日本海上自卫队的潜艇舰队总共有22艘潜艇，也是世界上规模最大的"。日本还拥有实力强大的航空自卫队——作战飞机约650架，巡逻机和远程预警机100多架。2016年，日本通过美国对外军售计划获得第五代隐形F-35A联合打击战斗机42架，至2018年达100架，并于2019年3月组建了首支F-35A战机中队，还将购置约40架可垂直起降的F-35B隐形战斗机充当舰载机。日本还研发了百余千米射程的ASM-3超音速空对舰导弹，与早已配备的导弹相配套。还有反导系统，包括在高度数百千米进行拦截的"宙斯盾"舰和在15千米高度拦截的"爱国者"-3地面部署型拦截导弹，并拟引进可在150千米高度进行拦截的"萨德"反导系统，构成三级防御体系。

日本所构建的海空战备架势，已远远突破"专守防卫"，大大强化了海空威慑能力，逐步重回"战前轨道"，危哉险矣！

（五）设立情报网络机构，加强谍报监视活动

日本明治维新后，就派遣大量间谍来中国开展谍报活动。至今，日本对华情报收集工作并未停止，仍是重点。"二战"后特别是朝鲜战争后，日本的情报工作逐渐脱离对美国的依赖，建立起一套相对独立的情报机构和体系。诸如日本政府的"内阁情报调查室"、外务省的"国际情报局"、防卫省的"情报保全队本部"、法务省的"公安调查厅"，还有通商产业省的情报机构和民间的商社情报网等。2013年12月，日本国家安全保障会议成立，翌年1月设立其事务机构国家安全保障局，下设"宏观""战略""情

---

① 日本《东京新闻》2018年12月7日，见《参考消息》2018年12月8日。

报""同盟友好国""中国·朝鲜""中东等其他"六大部门，全面开展对内外的情报工作。

本世纪初，日本防卫省为了加强提高情报效能，2003年3月，成立了日本自卫队"信息保全队"。2009年8月1日，成立了"情报保全队"，设置情报保全队本部、中央情报保全队、地方情报保全队、情报保全派遣队。各队还下设具体分管范围。这个"情报保全队"，为了"安全"，除了对外开展情报工作外，却对现职自卫队官员和退休官员也进行"监视"和"监听"，曾经发生过监听丑闻，充满着神秘色彩。

日本在对华开展谍报工作中，仅21世纪以来，就先后在中国北京、上海、新疆、江西、陕西、河北、辽宁等省市进行非法测绘和收集情报，被中国抓获的日本间谍达二三十人。

2013年春，日本建立了光学卫星、雷达卫星等"四星体系"收集情报，可每天一次监视全球任何地点。这不能不让人联想到战前日本的谍报阴影，何其相似！

在开展谍报工作的同时，2013年5月21日，日本"网络安全战略"草案出炉。2014年3月26日，日本正式成立了"网络防卫队"。这支"网络防卫队"具有两方面作用：一是防御自卫队内部网络安全，应对外来网络攻击；二是具有对外进行网络攻击的能力。为此，日本政府加快立法，将别国网络攻击视为"武力攻击"（即"有事"），借此启动实施所谓"自卫权"。

日本还在强化电子战能力，构建新的电子战系统，并主动投入美国"太空军"计划。日本的这些举措，绝不仅仅是为了"专守防卫"，显然具有对外攻击性质。

（六）将民间科技用于军事，推动学术界、产业界参与军事研究

"二战"前和"二战"期间，日本的民间科技曾纳入军事体制，为军国主义立下了"汗马功劳"。战后，日本的科学技术政策始终与军事防卫领域保持距离或回避。但是，安倍晋三担任首相后，由他领导的日本政府综合

科学技术革新会议便决定推进军民两用技术的研究，把民用科技纳入军事领域，突破战后划定的"红线"。这条"红线"是什么？是科研人员出于对曾经为侵略战争提供合作的反省，于1950年和1967年由日本学术会议做出决议，发表声明禁止参与以战争和军事为目的的研究，支持科学研究中的"和平原则"。而安倍晋三却反其道而行之，鼓动称："希望综合科学技术革新会议与防卫省等部门加强合作，努力推进有助于国家安全保障的技术研究。"①

在安倍的推动下，2013年12月在日本内阁会议上通过的今后10年外交和安保政策方针的"国家安全保障战略"中就提出，要集结产业界、学术界和政府三方之力，投入到安全保障领域。日本防卫省于2015年度设立向大学和企业的技术研究提供资金援助的制度，起初拨款3亿日元（约合261万美元），随后拨款大幅猛增。2016年日本内阁决议确定，从当年开始实施的"第五期科学技术基本计划"首次列入了有关安全保障项目，明确写有"针对国家安全保障上的诸多课题，推进必要技术的研究开发"等内容。对此，有研究人员指出，日本推动学术界和企业界从事军事研究"有可能进入被强制的时代"。这不能不引起人们的担忧！

（七）实施"购买钓鱼岛"侵权行径，强化钓鱼岛"防卫"

钓鱼岛自古以来是中国的固有领土，有史为凭，有法为据。但日本政府却依据所谓"先占"原则，声称1884年古贺辰四郎"首次发现"钓鱼岛。而事实真相是，中国早在1403年（明永乐元年）以前就发现、命名和利用钓鱼岛，并被纳入中国海防范围，进行管辖。这比日本早480多年。就是1561年（明嘉靖四十年）明朝驻防东南沿海的最高将领胡宗宪主持、地理学家郑若曾编纂的《筹海图编》卷一之《福建沿海山沙图》中标示的钓鱼岛及其附属

---

① 日本《每日新闻》2017年2月3日报道，见《参考消息》2017年2月4日。

岛屿，也比日本的"首次发现"早320多年。① 并且，1873年日本出版的《琉球新志》所附《琉球诸岛全图》、1875年出版的《府县改正大日本全图》、1876年日本陆军参谋局绘制的《大日本全图》等有关冲绳的地图均不含钓鱼岛。19世纪，英国、法国、美国等国的有关文献和地图也承认钓鱼岛属于中国。这是无可辩驳的铁的事实！

1894年日本发动甲午战争，于次年4月强迫清政府签订不平等的《马关条约》，将台湾及附属各岛屿（包括钓鱼岛）割让给日本。

"二战"日本投降后，根据《开罗宣言》和《波茨坦公告》，钓鱼岛作为台湾的附属岛屿本应与台湾一并归还中国。但是，1971年6月17日，美国与日本签署《归还冲绳协定》，竟然将钓鱼岛也划入"归还区域"。当即遭到中国的强烈反对。美国这种私相授受的非法行为，也遭到台湾当局和海外华侨华人的反对。美国被迫澄清，美国政府并没有因美、日之间的条约和协议承认日本对钓鱼岛拥有主权。

但是，日本政府仍然死抱着《马关条约》和《归还冲绳协定》的非法条款，于2012年9月10日，以政府名义从私人手中"购买"钓鱼岛。当天，中国外交部发表声明，坚决反对和强烈抗议日本政府的"购岛"行径，指出日本政府的所谓"购岛"完全是非法的、无效的。日本政府的这一做法，不仅是改变钓鱼岛现状，更是一种侵犯中国领土主权的行为。

日本所谓"购岛"后，中国坚持采取维权行动，对钓鱼岛进行海空立体巡航，以表明维护领土主权的决心。但是，日本却频繁抗议和干扰中国对钓鱼岛的正当巡航，不断追加钓鱼岛的警备预算，强化对钓鱼岛"防卫"，实施"西南诸岛不沉航母"战略。2016年4月，日本海上保安厅在位于那霸的日本第11管区海上保安总部建立起"尖阁专队体制"（日称中国钓鱼岛为尖阁诸岛），包括10艘1500吨级巡逻船和2艘可搭载直升机的巡逻船投入警备工

---

① 参见国家海洋信息中心编：《钓鱼岛——中国的固有领土》，海洋出版社2012年版。

作。2017年，日本大幅增加对钓鱼岛的警备预算，在原预算中又增加100亿日元（约合人民币6亿元），使海上保安厅预算达到历史新高（超过2100亿日元）。与此同时，日本文部科学省还指示在中小学社会科教科书中，称钓鱼岛是"我国（指日本）固有领土"，强化对学生的所谓"领土教育"。

日本的所作所为，不仅是军国意识的反映，更充分暴露了妄图永久霸占中国固有领土钓鱼岛的野心。

（八）对内压制民主，对外收买"枪手"

早在2001年5月22日，日本《经济学人》周刊就发表文章称："现在的日本酷似战前的德国。"指的是时任日本首相小泉纯一郎主政下的日本"酷似""20世纪最大恶魔"希特勒主政下的战前德国，从一定意义上反映了日本的社会现实。

其后，小泉的得意门生安倍晋三主政下的日本又如何？2016年5月27日，美国《外交政策》双月刊网站发表文章称，日本媒体遭安倍政府打压，"在日本，出现了令人忧虑的媒体自由恶化的迹象"。文章以《朝日新闻》为例，称《朝日新闻》曾发表过关于"慰安妇"的报道和对福岛核事故的调查，但"在遭到以安倍本人为首的右翼对该报某些文章中的失误猛烈攻击后"，被迫撤回这些报道和调查。安倍晋三攻击《朝日新闻》破坏日本声誉，"这严重破坏了日本的形象"。[①]在日本政府的打压下，日本监督型媒体被驯服日益引起国际社会人士的关注。2016年4月20日，总部设在巴黎的"无国界记者"组织称："安倍政府对媒体独立性的威胁、最近数月媒体人员调整以及主要媒体加强自我审查都在危及日本民主制度的基础。"

安倍晋三一方面攻击不听话的媒体，一方面又拉拢媒体。据日本早稻田大学教授加藤典洋调查的材料显示，自2012年12月安倍晋三再次出任首相至2014年6月的17个月中，就同著名的媒体人物在至少36个场合一起进餐，自2013年12月至2014年6月，"他似乎在所有重要的政治事件后都会同媒体人士

---

① 据《参考消息》2016年5月31日。

一起进餐"。仅2014年度用于媒体的预算就达6400万美元。[①]这完全是为了讨好和利用媒体为己服务。

日本政客对内压制不顺从的媒体，对外又收买智库、瞄上记者政客助阵反华。据英国《星期日泰晤士报》披露，日本驻伦敦大使馆于2016年雇佣英国智库亨利·杰克逊协会拟订"传播战略"方案，实施对华宣传战，每月支付报酬1.5万英镑。该协会曾联系《每日电讯报》等报刊，以图帮助日本鼓吹"中国威胁论"。[②]

（九）迷恋军国标志，肆意借尸还魂

在20世纪末，日本政府将战前具有军国主义特征的"日之丸"旗和《君之代》歌定为国旗、国歌。在此前后，将军舰（如前述）、军机等又以军国时代的名称命名，如"神风特攻队"曾驾驶的零式战斗机等。特别引人注目的是，2013年5月12日，日本首相安倍晋三前往日本宫城县松岛市航空自卫队基地视察特技飞行表演时，特地身穿飞行服，乘坐在"731"号战机驾驶舱，竖起右手大拇指拍照。日本731部队就是臭名昭著的细菌部队。这张照片曾在中国、韩国等报纸和网页刊登。韩国的《中央日报》称："安倍让731部队的恐怖复活。"

与此同时，日本还着力将战争遗物"复活"，复原军舰，打捞修复战斗机，收集整理零散武器装备，重新恢复战前的命名。2010年，日本商人就从美国购买一架战前的零式战机，并发起"零式回家"运动，试图让"零式"重返日本的天空。2005年，当地政府出资在广岛吴市（旧日本海军的大本营、联合舰队的母港）建立了"吴市海事历史科学馆"。馆内的核心展品是"二战"时号称最大的战列舰"大和"号的模型，很快该馆就被称为"大和

---

① 据美国《纽约时报》网站2014年6月13日文章，见《参考消息》2014年6月15日。

② 据英国《星期日泰晤士报》网站2017年1月29日报道，见《参考消息》2017年1月31日。

博物馆"，并陈列有零式战斗机、自杀式载人鱼雷、微型潜艇等"二战"时的武器装备原件。

更令人关注的还有2016年推出的日本陆上自卫队的新徽章，由升起的太阳、樱花标志和出鞘的武士刀组成。这"出鞘的武士刀"在日本对外侵略中曾残杀过多少无辜平民啊！而今日本自卫队又想把武士刀"出鞘"了。所以，英国《泰晤士报》网站2016年9月8日报道指出："采用武士刀作为新徽章图案的做法是为军国主义借尸还魂。"当时在日本国内也有2万多人签署请愿书，抵制和抗议这一徽章图案。

日本展现和复活军国主义幽灵的事例远不止以上所列举的，但仅凭这"冰山一角"，不能不引起爱好和平的人们和国际社会的高度警惕！

二、祈冀世界永久和平

当今世界，正面临百年未有之大变局。在这极其复杂的国际环境下，人类的和平发展面临严峻的考验。在东亚，日本右翼势力为侵略战争翻案的活动，更是对世界和平的一大挑战。因此，揭露日本右翼的翻案行径，制止军国主义和法西斯主义复活，严防东亚重起战祸，共创世界永久和平，这是全世界爱好和平人们的庄严使命。

"二战"后，随着日本经济的迅速发展，日本的社会政治也发生了重大变化。这种变化主要有：由战后"和平民主体制"向"摆脱战后体制"转变；由经济大国向军事政治大国转变；由"和平宪法"向"可战宪法"转变；由防卫体制向"战时体制"转变；由"专守防卫"向"外向作战"转变；由"驻守型"自卫队向"出击型"自卫队转变；由"武器出口三原则"向"防卫装备转移三原则"转变，等等。本质上，就是由"和平国家"向"可战国家"转变。也就是说，日本所追求的是别国拥有的日本拥有、别国能做的日本能做的"正常国家"。日本的这些转变，实质上是一路向"右"的转变。这就给人们提出一个"日本向何处去"的问题。这个问题正在引起日本国内和国际社会的高度关注。

日本战败初期，和平民主力量曾盛极一时，后来随着日本的转变，这股进步力量已日渐式微。但是，仍有一股不可忽视的社会力量和有识之士坚守着和平民主的道路。在这里仅列举若干。

在政界，如前日本首相村山富市（1924—）、海部俊树（1931—）、鸠山由纪夫（1947—）等，前日本众议院议长土井多贺子（1928—2014）、河野洋平（1937—），前参议员、日中友好协会会长宇都宫德马（1906—2000），日本自民党前干事长加藤纮一（1939—2016），日本民主党前党首海江田万里（1949—），等等。如前所述，村山富市曾主持日本内阁通过"不战决议"，并与海部俊树、鸠山由纪夫先后分别参观过"侵华日军南京大屠杀遇难同胞纪念馆"，向遇难者默哀。鸠山由纪夫表示："我为当年日本兵犯下的罪行道歉，真心希望历史悲剧不再重演。"[1]还亲笔写下了"友爱和平"四个大字。土井多贺子曾任日本社会民主党党首，主张要认真反省日本军国主义的侵略罪行，吸取历史教训，积极推动中日友好事业。河野洋平曾在官房长官任内（1993年8月）代表日本政府发表"河野谈话"，承认"二战"期间日军强征"慰安妇"，对此表示反省和道歉，主张对中国友好。海江田万里于2014年4月访美期间曾痛批"安倍政府已经超过了'健康的民族主义'的界线"，表示："我越来越怀疑安倍首相是一位历史修正主义者"，"我明确否定历史修正主义，并为此而战斗"。[2]

在学界（包括教育文化、文艺、新闻等），如日本著名历史学家井上清（1913—2001），曾著有《日本军国主义》（四卷本）、《关于钓鱼岛等岛屿的历史和归属问题》等，公开批评日本天皇，反对天皇制度，反对日本军国主义，考证认定钓鱼岛是中国的，曾被日本学者称为"日本最勇敢的人"。日本著名教育家家永三郎（1913—2002），曾任东京教育大学教授，

---

① 新华社2013年1月18日电，参阅《国际先驱导报》2013年1月25—31日。

② 据共同社华盛顿2014年4月8日电，见《参考消息》2014年4月10日。

勇于坚持正义，在其编写的《新日本史》教科书中如实将日军制造南京大屠杀等罪行表述出来（参见此书第六章第三节）。著名反战运动作家宫本百合子（1899—1951），曾发表《播州平原》等反战小说，积极开展民主主义文学运动，被称为战后民主主义文学旗手。著名反战作家鹿地亘（1903—1982），"二战"时曾在华发表一系列反对日本侵华的作品，战后返回日本，致力于日中友好活动。著名作家村上春树（1949—），2017年发表了《刺杀骑士团长》（上、下册）长篇小说，直言不讳承认日军南京大屠杀的罪行，敢于面对日本侵略历史，彰显现实主义反思批判精神。日本杰出动漫大师宫崎骏（1941—），曾创作公映了《起风了》等动画片，于2013年7月12日在日本《热风》杂志发表《修宪是荒谬的》一文，斥责日本"为什么要侵略周边国家、发起那种战争呢？就没有其他的路径了吗？"他公开反对修改"和平宪法"，认为"不管怎样都还是不应该发动战争"。南京大屠杀历史学者、日本铭心会会长松冈环（1947—），从1988年以来，曾到访南京90多次，每年坚持组织带领日本市民访问团前往南京参观纪念馆，收集了250名日本老兵以及300多名中国受害者的证言，拍摄了《太平门消失的1300人》等3部南京大屠杀纪录片，还准备继续制作第4部。她主张日本应该反省侵略历史，曾被中国媒体称为"日本的良心"。

2014年3月4日，日本知名作家和学者在东京成立了"反战千人委员会"。该会由诺贝尔文学奖得主大江健三郎和冲绳县前知事大田昌秀等16人发起，旨在反对安倍政府解禁集体自卫权和企图修改"和平宪法"。该会发起人之一、纪实作家镰田慧警告称，日本临近"战争前夜"，需要联合一切力量，扩大反战运动。[①]在日本学界，还有著名历史学家远山茂树、藤原彰、今井清一、小野贤二、缬缬厚等，知名新闻记者本多胜一、武野武治等，著名作家壶井荣、渡边淳一等，知名律师泽藤统一郎，等等。他们都是坚守和平的有识之士。

---

① 据新华社2014年3月5日电。

在民间，日本仍有一批坚持反战、主张和平民主、推动中日友好的团体和个人。如日中友好七团体，包括日中友好协会、日中文化交流协会、日本国际贸易促进会、日中经济协会、日中友好议员联盟、日中协会、日中友好会馆。这七个团体都派代表参加了中国驻日本大使馆主办的纪念"中日和平友好条约"缔结40周年、2018年中国大使馆·日中友好团体新年会。还有日中友好8·15之会、关东日中和平友好会、抚顺奇迹继承会、不战士兵市民之会等。这四个团体曾与中国驻日本使馆于2015年7月7日在东京联合举行了纪念"七七事变"集会，表示铭记战争教训，防止悲剧重演，反对修改"和平宪法"，珍视今天和平。时年90的原神风特工队队员冲松信夫在会上发表了《我的战争体验和卢沟桥事变》的专题演讲，检讨自己曾经深受军国主义毒害，侥幸没有成为军国主义的牺牲品，战后才成为反省侵略战争和中日友好的促进力量。

安倍晋三推动日本政府通过《特定秘密保护法》（2013年12月）后，2014年2月成立了反秘密保护法的青年学生组织"SASPL"，反对安倍政府以"保密"之名限制和剥夺民众知情权，使日本走向"秘密国家""军事国家"。2015年7月日本众议院强行通过安保法案后，8月30日，东京（12万人）、大阪、名古屋、冲绳、广岛等地共300多个地点的民众举行了反对安保法的抗议集会，高呼"法西斯不可容忍""撤回安保法案"等口号。12月6日，反战学生团体"学生捍卫自由民主紧急行动组织"（SEALDS）在东京日比谷公园举行了有4500多人参加的反战集会。2016年3月28日，该组织又在日本国会前举行集会，反对战争，守护"和平宪法"。此外，还有731部队罪行展示委员会、安保批判之会、保险医师联合会、高中生组织"T-nsSOWL"、ABC企划委员会等团体，都在开展反战、坚守和平的活动。

这里特别需要提及的是，一批在中国收押的日本战犯经审判释放回日本后成立了"中国归还者联络会"。该会1957年9月成立，以反省侵略罪行、反对侵略战争、维护和平和日中友好为宗旨。在日本各都道府县设立支部。该会成员撰写了一批回忆录、证言集，制作了电影、录像，举办了座谈会、展览会，举行了街头宣传集会，在民众集会上做证，组团访问中国，等等。该会顶着日本右翼的阻挠和压力，反省自身曾经不人道的行为，揭露日本的侵略罪行，使日本民众了解侵略真相，反对军国主义复活，对促进中日邦交正常化和增进中日友好活动等，都起了积极的作用。鉴于该会这批旧军人日益衰老和去世，虽然该会已于2002年解散，但其业务仍由日本"抚顺奇迹继承会"承接，继续开展反战和平活动。

还有一个日本旧军人反战组织——"日中友好8·15之会"（原称"日中友好旧军人会"），创办了会刊《8·15》。该会成立于1961年，以反省日军战争罪行、致力于中日友好为宗旨。而今，该会已不限于旧军人，而吸纳了许多年轻人，包括教师、学生、公司职员等参加活动。

除了日本旧军人团体外，还有旧军人个人也参加反战活动，如原日军上等兵东史郎（1912—2006）、原日军分队长曾根一夫（1914—？）等。东史郎在日本战败近半个世纪后公布了他的战时日记（即《东史郎日记》），不惧谩骂、威胁和围攻，以原始的战场日记真实地揭露日军当年南京大屠杀等残暴罪行，深刻反省侵略战争，向中国人民谢罪，表达了忏悔之心。曾根一夫撰写了一本《南京大屠杀亲历记》，记述了他侵华参战的经历，指证"'南京大屠杀'却是铁的事实"。他说："回想过去的战争，当时的执政者以'和平'的美名作掩护，把国民拖入战争的旋涡之中。"而今的执政者"现在又在一边倡导和平，一边开始准备战争"，"虽然美其名曰是为了自卫，但准备武力跟准备战争并没有两样。不管如何，执政者要反省过去，仔细观察，不要再把国民卷入战争中"。[①]

上面列举的这些团体和人士包括幡然悔悟的日本旧军人，能够勇于面对日本的侵略历史，不回避加害者的战争责任，坚持走反战和平道路，是值得称道的。他们是防止军国主义复活、制止东亚战火重燃、维护日本和平的重要力量，也是一支维护世界和平的力量。

---

① 〔日〕曾根一夫著：《南京大屠杀亲历记》，第183、187页。

防止军国主义复活，维护东亚乃至世界和平，固然是日本爱好和平人们的历史责任，但也是世界爱好和平人民的历史使命。经历了战争苦难的中国人民，更加懂得和平的珍贵，更加珍惜和平，更加勇担维护和平的重任。

但是，仍有极少数人竟然忘却了中国蒙受的耻辱、民族遭受的苦难，失去了维护民族尊严的底线。诸如：2001年9月某演员身着"日本军旗装"拍广告事件，广州某酒楼"保安扮汉奸"事件，安徽省某度假景区让游客扮演"鬼子进村"事件，佛山某公司在广告中竟称"9.18是一个开心的日子"事件，黑龙江方正县为"日本开拓团"侵略者亡灵群体刻名立碑墙事件（后该墙被拆除），穿日本旭日旗T恤爬泰山事件，个别人或"精日"分子身着仿制的"二战"时日本军服在上海四行仓库抗战纪念广场和南京紫金山拍照事件，等等。所有这些，有的是无知，有的是所谓"猎奇"，有的是有意为之。但不管怎样，这些行为都失去了底线，触犯众怒，损害国家尊严，伤害民族感情，造成恶劣的社会影响。

联想"二战"时当日军的铁蹄踏入中国后，就有人叛国投敌，充当汉奸。仅日本投降后，从1946年4月国民政府开始对被捕的汉奸审判，到10月底，各省市法院共审判处理汉奸案件达2.5万余件，判处死刑、无期徒刑、有期徒刑的共1.4万多人。据统计，日本投降时受日军指挥的伪军有逾200万人。这些败类，为虎作伥，助纣为虐，完全丧失了民族气节，已为人民所不齿，为历史所抛弃。而今，却有那么一些人装扮"日本鬼子""汉奸"之类，甚至还有"恶搞红色经典及英雄人物"的视频网络等，这实在是对历史的肆意亵渎和嘲弄。对此，必须给予严肃批评教育，认真加以整治，依法进行处理，以净化社会环境。

面对当今波谲云诡的国际形势，中国和世界各国人民都祈冀世界永久和平。为了和平，就必须坚决捍卫中国人民抗日战争和世界反法西斯战争的胜利成果，坚决维护战后的国际秩序，揭露日本右翼势力为侵略战争翻案的行径，决不允许否认和歪曲侵略历史，决不允许军国主义和法西斯主义复活，决不允许历史悲剧重演！为了和平，切不能忘记历史教训，必须以史为鉴，坚定维护和平的决心，落实到维护和平的实际行动中。中国古人云："天下虽兴，好战必亡；天下虽安，忘战必危。"前面这两句，已为日本军国主义的失败做了预断，为日本右翼势力做了警示。后面这两句，是对爱好和平人民的告诫，要居安思危，提高警觉，防止日本军国主义卷土重来，贻害社会，危害人类。

为了和平，必须不断增强中华民族的凝聚力和国家凝聚力，发展最广泛的爱国统一战线。全国各民族人民要更加紧密团结，并肩携手，坚持底线思维，增强忧患意识，提高防范各种风险的能力，坚决维护和平发展和改革开放的成果。要坚决反对民族分裂主义和暴力恐怖主义，坚决反对和遏制"台独"分裂势力，全国上下构筑起维护和平发展的钢铁长城。

为了和平，必须着力推进和加速发展中国的经济、政治、军事、科技、文化、教育、社会、生态等事业。要夯实经济基础，加快军事现代化、智能化、实战化建设，以"军民团结如一人，试看天下谁能敌"的气势，以强大的综合国力，构筑起一座雄踞世界东方的遏制战争的和平堡垒。

为了和平，要推动构建人类命运共同体。中国国家主席习近平提出构建人类命运共同体倡议后，得到了国际社会的广泛认同和支持，被写入联合国决议（2017年2月10日）、联合国安理会决议（2017年3月17日）和联合国人权理事会决议（2017年3月23日）。这一理念体现了一个不同社会制度、不同意识形态、不同历史文明、不同发展水平的国家求同存异、开放包容的全球发展观。构建人类命运共同体，就要坚决摒弃冷战思维和强权政治，反对霸权主义，反对单边主义，反对把自己的意志强加于人，反对干涉别国内政，反对以强凌弱。中国不仅提出构建人类命运共同体的理念，而且首先做出表率。中国始终高举和平、发展、合作、共赢的旗帜，恪守维护世界和平、促进共同发展的外交政策宗旨，坚定不移地在和平共处五项原则基础上发展同各国的友好合作，推动建设相互尊重、公平正义、合作共赢的新型国际关系。中国绝不会对任何国家构成威胁。中国再三向全世界庄严宣告：中国无论发展到什么程度，永远不称霸，永远不搞扩张！中国人民愿同各国人民一道，推动人类命运共同体建设，共同创造人类的美好未来！

站在21世纪新的历史时代，环顾全球，在东方日本军国主义回潮，在西方新纳粹沉渣泛起之时，应引起高度的警觉。然而，和平与发展仍然是时代的主题，也是中国和世界各国人民的真诚愿望和不懈追求。保和平、谋发展、促合作、求幸福已经成为不可阻挡的时代潮流。

让和平的闪电射向一切军国主义的怪影！

让和平的风雷荡涤为军国主义翻案的幽灵！

让和平的阳光驱散一切阴霾，永照寰球！

人民必胜！

和平万岁！

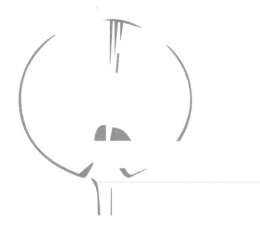

附 录

附录一

日皇裕仁： 宣战诏书[①]

（1941年12月8日）

享有天佑，践万世一系皇祚之大日本帝国天皇昭示忠诚勇武之众：

朕今向美国及英国宣战。朕希望陆海将兵奋其全力从事交战，朕希望百官有司励精奉职，朕希望众庶各尽其本分，以期举亿兆一心之全国总力，达到征战之目的，期无失算。

盖确保东亚之安定，以贡献于世界和平，实为丕显皇祖考、丕承皇考作述之远猷，朕所拳拳服膺；而与各国敦睦邦交，同享万邦共荣之乐，亦为帝国经常之外交要义。今不幸与美、英两国开启衅端，洵非得已，岂朕之本志耶。前以中华民国政府不解帝国之真意，妄自生事，扰乱东亚之和平，终使帝国操执干戈，于兹已四年有余。幸有国民政府之更新，帝国与其结善邻之谊，相互合作。而残存的重庆之政权，恃美、英之庇荫，兄弟阋墙而不悔。美、英两国支援残存之政权，助长东亚之祸乱，假和平之美名，逞制霸东洋之企望。并勾结与国，于帝国之周围增强武备，向我挑战，更对帝国之和平通商加以一切妨碍，终于竟然断绝经济关系，对帝国之生存予以重大的威胁。朕令政府一再隐忍，力求恢复和平，而彼方毫无让步之意，徒使时局之解决一再迁延；近来更日益加强经济上军事上之威胁，欲使我屈从彼意。长此以往，帝国多年安定东亚之努力悉归泡影，帝国之存在亦濒于危殆。

[①] 摘自复旦大学历史系中国近代史教研组编：《中国近代对外关系史资料选辑（1840—1949）》（下卷，第二分册），上海人民出版社1997年版，第158—159页。

事既至此，帝国现为自存自卫计，唯有毅然跃起，冲破一切障碍，岂有他哉！

皇祖皇宗之神灵在上，朕信倚尔等之忠诚勇武，恢复发扬祖宗之遗业，迅速铲除祸根，确立东亚永久之和平，以期保全帝国之光荣。

御名御玺

昭和十六年十二月八日

各国务大臣副署

附录二

中美英三国开罗宣言[①]
（1943年12月1日）

　　三国军事方面人员，关于今后对日作战计划，已获得一致意见，我三大盟国表示决心以不松弛之压力，从海、陆、空诸方面加诸残暴的敌人。此项压力已经在增长之中。

　　我三大盟国此次进行战争之目的，在于制止及惩罚日本之侵略。三国决不为自身图利，亦无拓展领土之意。三国之宗旨在剥夺日本自1914年第一次世界大战开始以后在太平洋所夺得的或占领之一切岛屿，在使日本所窃取于中国之领土，例如满洲、台湾、澎湖群岛等，归还中华民国。日本亦将被逐出于其以暴力或贪欲所攫取之所有土地，我三大盟国轸念朝鲜人民所受之奴役待遇，决定在相当期间，使朝鲜自由独立。

　　我三大盟国抱定上述之各项目标并与其他对日作战之联合国家目标一致，将坚持进行为获得日本无条件投降所必要之重大的长期作战，以获得日本之无条件投降。

---

　　① 摘自世界知识出版社编：《国际条约集（1934—1944）》，世界知识出版社1961年版，第407页。

附录三

中美英三国促令日本投降之波茨坦公告①

（1945年7月26日于波茨坦）

（一）余等：美国总统、中国国民政府主席及英国首相代表余等亿万国民，业经会商，并同意对日本应予以一机会，以结束此次战事。

（二）美国、英帝国及中国之庞大陆、海、空部队，业已增强多倍。其由西方调来之军队及空军，即将予日本以最后之打击，彼等之武力受所有联合国之决心之支持及鼓励，对日作战，直至其停止抵抗为止。

（三）德国无效果及无意识抵抗全世界激起之自由人之力量，所得之结果，彰彰在前，可为日本人民之殷鉴。此种力量当其对付抵抗之纳粹时，不得不将德国人民全体之土地、工业及其生活方式摧残殆尽。但现在集中对付日本之力量则较之更为庞大，不可衡量。吾等之军力，加以吾人之坚决意志为后盾，若予以全部实施，必将使日本军队完全毁灭，无可逃避，而日本之本土亦必终归全部摧毁。

（四）现时业已到来，日本必须决定一途，其将继续受其一意孤行计算错误，使日本帝国已陷于完全毁灭境地之军人之统制，抑或走向理智之路？

（五）以下为吾人之条件，吾人决不更改，亦无其他另一方式。犹豫迁延，更为吾人所不容许。

（六）欺骗及错误领导日本人民使其妄欲征服世界之威权及势力，必须永久剔除。盖吾人坚持非将负责之穷兵黩武主义驱出世界，则和平安全及正

---

① 摘自世界知识出版社编：《国际条约集（1945—1947）》，第77—78页。

义之新秩序势不可能。

（七）直至如此之新秩序成立时，及直至日本制造战争之力量业已毁灭，有确实可信之证据时，日本领土经盟国指定之地点，必须占领，俾吾人在此陈述之基本目的得以完成。

（八）开罗宣言之条件必将实施，而日本之主权必将限于本州、北海道、九州、四国及吾人所决定其他小岛之内。

（九）日本军队在完全解除武装以后，将被允许返其家乡，得有和平及生产生活之机会。

（十）吾人无意奴役日本民族或消灭其国家，但对于战争罪犯，包括虐待吾人俘虏者在内，将处以法律之严厉制裁。日本政府必须将阻止日本人民民主趋势之复兴及增强之所有障碍予以消除，言论、宗教及思想自由以及对于基本人权之重视必须建立。

（十一）日本将被许维持其经济所必需及可以偿付实物赔款之工业，但可以使其重新武装作战之工业不在其内。为此目的，可准其获得原料，以别于统制原料。日本最后参加国际贸易关系当被准许。

（十二）上述目的达到及依据日本人民自由表示之意志成立一倾向和平及负责之政府以后，同盟国占领军队当即撤退。

（十三）吾人通告日本政府立即宣布所有日本武装部队无条件投降，并对此种行动诚意实行予以适当及充分之保证。除此一途，日本即将迅速完全毁灭。

附录四

日本投降书①

（1945年9月2日签于东京湾）

（一）余等兹对合众国、中华民国及大英帝国各国政府首脑于1945年7月26日在波茨坦宣布及而后由苏维埃社会主义共和国联盟参加之公告条款，根据日本天皇、日本帝国政府及日本帝国大本营之命令，代表接受。上述四国以下简称为"同盟国"。

（二）余等兹宣布：日本帝国大本营与所有之日本国军队以及日本国支配下任何地带之一切军队，对同盟国无条件投降。

（三）余等兹命令：无论何地之一切日本帝国军队及日本臣民，即刻停止敌对行为，保存所有船舶、飞机及军用民用财产，且防止损毁，并服从同盟国最高司令官或在其指挥下之日本政府各机关所课之一切要求。

（四）余等兹命令：日本帝国大本营对于处于任何地区之一切日本军队及由日本支配下之一切军队之指挥官，立即发布使彼等自身及其支配下之一切军队无条件投降之命令。

（五）余等兹对所有官厅、陆军及海军之职员，命令其服从及施行同盟国最高司令官为实施投降条款，认为适当而由其自己发布或根据其权力委任发布之一切布告、命令及指示；并命令上述职员，除由同盟国最高司令官或根据其权力委任被解除任务者外，均应留于各自原有岗位，继续执行各自之非战斗任务。

---

① 摘自世界知识出版社编：《国际条约集（1945—1947）》，第112—114页。

（六）余等为天皇、日本国政府及其后继者承允忠实履行《波茨坦宣言》之条款，发布为实施该宣言之联合国最高司令官或其他同盟国指令代表所要求之一切命令及一切措置。

（七）余等兹命令：日本帝国政府及日本帝国大本营立即解放现在日本控制下之一切联合国战俘及被拘平民，并负责采取对彼等之保护、照顾、给养及即速运输至指定地点之措置。

（八）天皇及日本国政府统治国家之权力，应置于为实施投降条款而采取其所认为适当步骤之同盟国最高司令官之下。

1945年9月2日午前9时4分于东京湾签字。

重光葵——受命于并代表日本天皇及日本政府

梅津美治郎——受命于并代表日本大本营

麦克阿瑟——同盟国最高司令官，代表中、苏、美、英及所有对日作战国家接受。

美国代表　C.W.尼米兹

中国代表　徐永昌

英国代表　布鲁斯·福莱塞

苏联代表　德雷维扬库

澳大利亚代表　T.A.布拉梅

加拿大代表　穆尔·科斯格雷夫

法兰西共和国临时政府代表　勒克莱

荷兰代表　D.E.L.赫尔弗里克

新西兰代表　伦纳德·艾西特

附录五

远东国际军事法庭宪章①

第一章　法庭之组织

第一条　法庭之设立。为求远东主要战争罪犯之公正与迅速的审判及处罚，兹设立远东国际军事法庭。本法庭之固定地址定于东京。

第二条　成员。本法庭应有六人以上十一人以下之法官，由盟军最高统帅就日本投降书各签字国、印度及菲律宾共和国所提之人选名单中任命之。

第三条　职员与书记官。

（甲）庭长：盟军最高统帅应就法官中指派一人为本法庭庭长。

（乙）书记官室：

（一）本法庭之书记官室由盟军最高统帅所任命之书记官长及必要之助理书记官、事务员、翻译员及其他人员组成之。

（二）书记官长应组织及指挥书记官室工作。

（三）书记官长负责接受送至本法庭之一切文书，保管本法庭之记录，供给本法庭及各法官以一切事务工作上所必需之服务，并执行本法庭所指定之其他职务。

第四条　开庭与法定人数，表决与缺席。

---

① 摘自梅汝璈著：《远东国际军事法庭》（附录一），第278—283页。本宪章系1946年1月19日盟军最高统帅部公布，1946年4月26日修正。其英文名称为"Charter of the International Military Tribunal for the Far East." Charter一词在此处一般译为宪章，盖因其具有根本法规之意义，但亦有译为"组织法"或"规程"者。我们采取一般译法。

（甲）开庭与法定人数：法官有六人出席时，始得正式开庭。全体法官过半数之出席，始构成法定人数。

（乙）表决：本法庭一切之裁定与判决，包括定罪与科刑在内，应由出席法庭之法官以多数表决之。遇正反双方票数相等时，庭长之投票有决定效力。

（丙）缺席：法庭法官如在某一期间内缺席而以后又能出席时，只要他不在公开庭上声明他因为对于在其缺席期间所进行之诉讼工作缺乏充分了解而认为自己不合格，则他仍可参加以后之一切诉讼程序。

第二章　管辖权及一般规定

第五条　对于人与罪之管辖权。本法庭有权审判及惩罚被控以个人身份或团体成员身份犯有各种罪行，包括破坏和平罪之远东战争罪犯。

下列行为，或其中任何一项，均构成犯罪行为，本法庭有管辖之权，犯罪者个人并应单独负其责任：

（甲）破坏和平罪：指策划、准备、发动或执行一种经宣战或不经宣战之侵略战争，或违反国际法、条约、协定或保证之战争，或参与上述任何罪行之共同计划或阴谋。

（乙）普通战争犯罪：指违反战争法规或战争惯例之犯罪行为。

（丙）违反人道罪：指战争发生前或战争进行中对任何和平人口[①]之杀害、灭种、奴役、强迫迁徙，以及其他不人道行为，或基于政治上的或种族上的理由而进行旨在实现或有关于本法庭管辖范围内任何罪行之迫害行为，不论这种行为是否违反行为地国家的国内法。

凡参与上述任何罪行之共同计划或阴谋之领导者、组织者、教唆者与共

---

①　按"和平人口"英文为 civilian population，系指集体的、成群的平民而言，例如一村、一镇、一种族、一部落、一政党或一宗教之全体平民成员，而非指个别的、单独的平民而言。一般仅以"平民"二字译之，殊欠妥当。

谋者，对于任何人为实现此种计划而做出之一切行为，均应负责。

第六条 被告之责任。被告在任何时期所曾任之官职，以及被告系遵从其政府或上级长官之命令而行动之事实，均不足以免除其被控所犯任何罪行之责任。但如法庭认为符合公正审判之需要时，此种情况于刑罚之减轻上得加以考虑。

第七条 程序规则。本法庭有权制定及修改符合本宪章基本规定之诉讼程序规则。

第八条 检察官。

（甲）检察长：盟军最高统帅指派之检察长对属于本法庭管辖权内之战争罪犯的控告负调查及起诉之责，并对最高统帅予以适当的法律协助。

（乙）陪席检察官：任何曾与日本处于战争状态之联合国家得指派陪席检察官一人，以协助检察长。

第三章 对被告之公正审判

第九条 公正审判之程序。为保证给予被告以公正审判起见，下列诉讼程序应予遵守：

（甲）起诉书：起诉书对于每一被控诉之罪行应有清晰、精确及充分之说明。应送达每一被告以起诉书（包括任何修改）及本法庭宪章之副本各一份，副本所用文字应为被告所了解者，并应尽早送达，俾被告有充分时间做辩护之准备。

（乙）语言文字：审讯及有关的各种诉讼程序应以英语及被告本国语言为之。遇有需要时及被请求时，各种文件应备译本。

（丙）被告之辩护人：每一被告皆有权自行选任其辩护人，但本法庭得随时拒绝此等辩护人。被告应将其辩护人之姓名呈报本法庭书记官长登记。如被告无人代其辩护并在本法庭开庭时申请代为指定时，则本法庭可为其指定辩护人。遇无此项申请时，倘本法庭认为在实现公平审判上有指定辩护人之必要，仍得为被告指定其辩护人。

（丁）辩护证据：被告有权由其本人或由其辩护人（但不得同时由两者）进行辩护，包括诘问任何证人之权，但应受法庭所决定之合理限制。

（戊）辩护证据之提出：被告得以书面申请本法庭传唤证人及调阅文件。该项申请书应载明其所设想该证人或文件之所在地址，并应说明需由该证人或文件予以证明之事实，以及此等事项与辩护之关系。如本法庭准许此项申请，则应依情况之需要予以协助，俾获得此项证据之提出。

第十条 审讯前之申请与动议。在审讯开始以前向法庭提出之一切动议、申请及其他要求均应以书面为之，交由书记官长登记，送呈法庭处理。

第四章　法庭之权力与审讯之进行

第十一条 法庭之权力。本法庭有权：

（甲）传唤证人，召其到庭提供证言，并讯问之；

（乙）审讯每一被告，并于其拒绝答复任何问题时，准许对其拒绝行为做出评判；

（丙）命令提供可资利用作为证据之文件及其他材料；

（丁）命令每一证人进行宣誓、保证或做出依其本国习惯证人应做之声明，并执行宣誓；

（戊）任命官员执行法庭所指定之任何任务，包括代表法庭在庭外采录证据之任务。

第十二条 审讯之进行。本法庭应：

（甲）将审讯工作严格地限制于迅速审理控诉中所提出的各项问题；

（乙）采取严厉措施以防止任何足以引起不合理拖延审讯之行为，并排除一切与本案无关之问题及陈述；

（丙）规定办法以维持审讯时之秩序，对于藐法行为采取断然处分，科以适当的刑罚，包括禁止任何被告或其辩护律师一部分或全部参与审讯程序之权利，但不应因此而影响对被控罪状之判决；

（丁）就任何个别被告之精神状态及体力情形，决定其应否到庭受审。

第十三条 证据。

（甲）证据之采纳：本法庭不受技术性采证规则之拘束。本法庭将尽最大可能采取并适用便捷而不拘泥于技术性的程序，并得采用本法庭认为有做证价值之任何证据。被告之一切自供或陈述，均得采用。

（乙）证据之关联性：本法庭得命令在提出任何证据之前，将该项证据之性质先行陈明，以便决定其是否（与本案）有所关联。

（丙）各种可采纳之特定证据：下列各种特定证据得予采纳，但上述一般原则之应用范围并不因此而受任何限制。

（1）任何文件，凡经本法庭认为系由任何政府所属之任何官吏、公署、机关或军事人员签字或发布者，不问其保密等级如何，对其出处或签署亦不必有所证明。

（2）报告书，凡经本法庭认为系由国际红十字会或其会员所签发者，或系由任一医师、医务人员、调查员、情报员或法庭认为对报告内容熟悉之人所签发者。

（3）证人经宣誓提出之书面供词，各种证词，或任何经签字之陈述书。

（4）日记、信札或其他文件，包括经宣誓或未经宣誓之陈述，经本庭认为含有与所控罪行有关之资料者。

（5）如文件之原本不能立即提出，得采纳其副本或其他足以证明该文件内容之间接证据。

（丁）司法上的认定：本法庭对于众所周知之事实，以及任何国家之政府公文与报告和任何联合国家之军事法庭或其他机关之诉讼程序、笔录或判决，皆无须证明。

（戊）笔录、证件与文书：审讯之速记记录以及提交本法庭采用之各种证件与文件，均应送交本法庭书记官长登记归档，从而构成法庭卷宗之一部分。

第十四条 审讯地址。第一次审讯将于日本东京举行，而以后之任何审讯将于本法庭决定之地址举行之。

第十五条 审讯程序之进行。审讯将循如下程序进行：

（甲）起诉书应于开庭时予以宣读，除非全体被告皆主张放弃听取此项宣读。

（乙）法庭将讯问每一被告是否承认本人"有罪"抑或"无罪"。

（丙）检察官与每一被告（如有辩护人者仅由其辩护人代表）均得对本案做一简括之开始陈述。①

（丁）检察及被告辩护双方均可各自提出证据；但证据之是否被采纳应由法庭决定之。

（戊）检察及每一被告（如有辩护人者仅由其辩护人代表）均可诘问任何证人及任何提供证据之被告。

（己）被告（如有辩护人者仅由其辩护人代表）可向法庭陈述意见。

（庚）检察官可向法庭陈述意见。

（辛）法庭将做出判决及科刑，并宣布之。

第五章　判决与刑罚

第十六条 刑罚。本法庭对被告为有罪之判决者，有权处以死刑或处以本法庭认为适当之其他刑罚。

第十七条 判决与复核。判决应于法庭内公开宣布，并应说明其所根据之理由。审判记录应径送盟军最高统帅核办。判处刑罚将依照盟军最高统帅之命令执行之。盟军最高统帅对判处刑罚得随时减轻或予以某种变更，但不得加重之。

---

① "开始陈述"英文为opening statement，日本人译为"劈头陈述"。

附录六

日本国宪法（节录）①
1946年（昭和二十一年）11月3日公布
1947年（昭和二十二年）5月3日施行

第二章　放弃战争

第九条　日本国民衷心谋求基于正义与秩序的国际和平，永远放弃作为国家主权发动的战争、武力威胁或使用武力作为解决国际争端的手段。为达到前项目的，不保持陆、海、空军及其他战争力量，不承认国家的交战权。

第三章　国民的权利与义务

第二十条　对任何人都保障其信教自由。任何宗教团体都不得从国家接受特权或行使政治上的权利。对任何人都不得强制其参加宗教上的行为、庆祝典礼、仪式或活动。国家及其机关都不得进行宗教教育以及其他任何宗教活动。

---

①　《日本政府机构》编写组编：《日本政府机构》，上海人民出版社1977年版。

附录七

中华人民共和国政府和日本国政府联合声明

1972年9月29日

日本国内阁总理大臣田中角荣应中华人民共和国国务院总理周恩来的邀请，于一九七二年九月二十五日至九月三十日访问了中华人民共和国。陪同田中角荣总理大臣的有大平正芳外务大臣、二阶堂进内阁官房长官以及其他政府官员。

毛泽东主席于九月二十七日会见了田中角荣总理大臣。双方进行了认真、友好的谈话。

周恩来总理、姬鹏飞外交部长和田中角荣总理大臣、大平正芳外务大臣，始终在友好的气氛中，以中日两国邦交正常化问题为中心，就两国间的各项问题，以及双方关心的其他问题，认真、坦率地交换了意见，同意发表两国政府的下述联合声明：

中日两国是一衣带水的邻邦，有着悠久的传统友好的历史。两国人民切望结束迄今存在于两国间的不正常状态。战争状态的结束，中日邦交的正常化，两国人民这种愿望的实现，将揭开两国关系史上新的一页。

日本方面痛感日本国过去由于战争给中国人民造成的重大损害的责任，表示深刻的反省。日本方面重申站在充分理解中华人民共和国政府提出的"复交三原则"的立场上，谋求实现日中邦交正常化这一见解。中国方面对此表示欢迎。

中日两国尽管社会制度不同，应该而且可以建立和平友好关系。两国邦交正常化，发展两国的睦邻友好关系，是符合两国人民利益的，也是对缓和亚洲紧张局势和维护世界和平的贡献。

（一）自本声明公布之日起，中华人民共和国和日本国之间迄今为止的不正常状态宣告结束。

（二）日本国政府承认中华人民共和国政府是中国的唯一合法政府。

（三）中华人民共和国政府重申：台湾是中华人民共和国领土不可分割的一部分。日本国政府充分理解和尊重中国政府的这一立场，并坚持遵循《波茨坦公告》第八条的立场。

（四）中华人民共和国政府和日本国政府决定自一九七二年九月二十九日起建立外交关系。两国政府决定，按照国际法和国际惯例，在各自的首都为对方大使馆的建立和履行职务采取一切必要的措施，并尽快互换大使。

（五）中华人民共和国政府宣布：为了中日两国人民的友好，放弃对日本国的战争赔偿要求。

（六）中华人民共和国政府和日本国政府同意在互相尊重主权和领土完整、互不侵犯、互不干涉内政、平等互利、和平共处各项原则的基础上，建立两国间持久的和平友好关系。

根据上述原则和联合国宪章的原则，两国政府确认，在相互关系中，用和平手段解决一切争端，而不诉诸武力和武力威胁。

（七）中日邦交正常化，不是针对第三国的。两国任何一方都不应在亚洲和太平洋地区谋求霸权，每一方都反对任何其他国家或国家集团建立这种霸权的努力。

（八）中华人民共和国政府和日本国政府为了巩固和发展两国间的和平友好关系，同意进行以缔结和平友好关系为目的的谈判。

（九）中华人民共和国政府和日本国政府为进一步发展两国间的关系和扩大人员往来，根据需要并考虑到已有的民间协定，同意进行以缔结贸易、航海、航空、渔业等协定为目的的谈判。

中华人民共和国国务院总理　　　　日本国内阁总理大臣
周恩来（签字）　　　　　　　　　田中角荣（签字）
中华人民共和国外交部长　　　　　日本国外务大臣
姬鹏飞（签字）　　　　　　　　　大平正芳（签字）

一九七二年九月二十九日于北京

附录八

中华人民共和国和日本国和平友好条约

中华人民共和国和日本国满意地回顾了自一九七二年九月二十九日中华人民共和国政府和日本国政府在北京发表联合声明以来，两国政府和两国人民之间的友好关系在新的基础上获得很大的发展；确认上述联合声明是两国间和平友好关系的基础。联合声明所表明的各项原则应予严格遵守；确认联合国宪章的原则应予充分尊重；希望对亚洲和世界的和平与安定做出贡献；为了巩固和发展两国间的和平友好关系，决定缔结和平友好条约，为此各自委派全权代表如下：

中华人民共和国委派外交部长黄华

日本国委派外务大臣园田直

双方全权代表互相校阅全权证书，认为妥善后，达成协议如下：

第一条

一、缔约双方应在互相尊重主权和领土完整、互不侵犯、互不干涉内政、平等互利、和平共处各项原则的基础上，发展两国间持久的和平友好关系。

二、根据上述各项原则和联合国宪章的原则，缔约双方确认，在相互关系中，用和平手段解决一切争端，而不诉诸武力和武力威胁。

第二条　缔约双方表明，任何一方都不应在亚洲和太平洋地区或其他任何地区谋求霸权，并反对任何其他国家或国家集团建立这种霸权的努力。

第三条　缔约双方将本着睦邻友好的精神，按照平等互利和互不干涉内政的原则，为进一步发展两国之间的经济关系和文化关系，促进两国人民的往来而努力。

第四条 本条约不影响缔约各方同第三国关系的立场。

第五条

一、本条约须经批准，自在东京交换批准书之日起生效。本条约有效期为十年。十年以后，在根据本条第二款的规定宣布终止以前，将继续有效。

二、缔约任何一方在最初十年期满时或在其后的任何时候，可以在一年以前，以书面预先通知缔约另一方，终止本条约。

双方全权代表在本条约上签字盖章，以昭信守。

本条约于一九七八年八月十二日在北京签订，共两份，每份都用中文和日文写成，两种文本具有同等效力。

中华人民共和国全权代表　　　　　　　　　本国全权代表

黄华（签字）　　　　　　　　　　　　　　园田直（签字）

主要参考文献资料

1. 中华学艺社编译：《日本研究资料》（全5册），（上海）大成出版公司1947年版。

2. 世界知识出版社编：《日本问题文件汇编》，世界知识出版社，1955年（第一集），1958年（第二集），1961年（第三集），1963年（第四集），1965年（第五集）。

3. 世界知识出版社编：《国际条约集（1934—1944）》，世界知识出版社1961年版。

4. 世界知识出版社编：《国际条约集（1945—1947）》，世界知识出版社1959年版。

5. 复旦大学历史系编译：《日本帝国主义对外侵略史料选编（1931—1945）》，上海人民出版社1983年版。

6. 方连庆、杨淮生、王玖芳编：《现代国际关系史资料选辑》（上、下册），北京大学出版社1987年版。

7. 〔日〕日本防卫厅战史室编纂，天津市政协编译委员会译校，《日本军国主义侵华资料长编：〈大本营陆军部〉摘译》（上、中、下册），四川人民出版社1987年版。

8. 〔日〕安万侣著，周作人译：《古事记》，上海人民出版社2015年版。

9. 〔日〕坂本太郎著，汪向荣、武寅、韩铁英译：《日本史概说》，商务印书馆1992年版。

10．吕万和著：《简明日本近代史》，天津人民出版社1984年版。

11．浙江大学日本文化研究所编著：《日本历史》，高等教育出版社2003年版。

12．〔日〕小山弘健、浅田光辉著，许国伫、丛山、王敦旭译：《日本帝国主义史》（全三卷），生活·读书·新知三联书店（内部发行）1961年版。

13．〔日〕信夫清三郎著，周启乾译：《日本政治史》（第四卷），上海译文出版社1988年版。

14．中国社会科学院近代史研究所著：《日本侵华七十年史》，中国社会科学出版社1992年版。

15．〔日〕堀场一雄著，王培岚等译：《日本对华战争指导史》，军事科学出版社1988年版（内部发行）。

16．〔日〕服部卓四郎著，张玉祥等九人译，林鼎钦等三人校：《大东亚战争全史》（全四册），商务印书馆1984年版，内部发行。

17．〔美〕约翰耕塞著，民尉译：《日本内幕》，上海译社发行1945年版。

18．〔美〕鲁思·本尼迪克特著，吕万和、熊达云、王智新译：《菊与刀》（增订版），商务印书馆2016年版。

19．孟宪章著：《战后美帝扶日罪行全史》，（北京）十月出版社1951年版。

20．张效林译：《远东国际军事法庭判决书》，（北京）五十年代出版社1953年版。

21．〔苏〕Л·Н·斯米尔诺夫、Е·Б·扎伊采夫著，李执中等译：《东京审判》，军事译文出版社1987年版。

22．〔日〕《朝日新闻》东京审判记者团著，吉佳译：《东京审判》，河北人民出版社1988年版。

23．梅汝璈著：《远东国际军事法庭》，法律出版社2005年版。

24．余先予、何勤华著：《东京审判始末》，浙江人民出版社1986年版。

25．〔苏〕莫斯科国立政治书籍出版局原版：《前日本陆军军人因准备和使用细菌武器被控案审判材料》，（莫斯科）外国文书籍出版局印行1950年版。

26．汤宗舜、江左译：《国际军事法庭审判德国首要战犯判决书》（纽伦堡，1946年版9月30日至10月1日），世界知识出版社1955年版。

27．中央档案馆、中国第二历史档案馆、吉林省社会科学院合编：《九·一八事变》（日本帝国主义侵华档案资料选编），中华书局1988年版。

28．庄严主编：《铁证如山：吉林省新发掘日本侵华档案研究》，吉林出版集团有限责任公司2014年版。

29．中央档案馆编：《伪满洲国的统治与内幕——伪满官员供述》，中华书局2000年版。

30．〔日〕河本大作等著，陈鹏仁译：《我杀死了张作霖》，吉林文史出版社1986年版。

31．〔日〕关宽治、岛田俊彦著，王振锁、王家骅译：《满洲事变》，上海译文出版社1983年版。

32．〔日〕铃木隆史著，周启乾监译：《日本帝国主义与满洲》，（台北）金禾出版社1998年版。

33．国民政府军事委员会政治部第三厅编：《日寇暴行实录》（照片），国民政府军事委员会政治部第三厅出版发行，1938年版。

34．近代中国社编：《铁证如山——日本军阀侵华罪恶实录》（照片），（台北）近代中国社1982年版。

35．〔英〕田伯烈编著，杨明译：《外人目睹之日军暴行》，（汉口）国民出版社1938年版。

36．中国第二历史档案馆、南京市档案馆、《南京大屠杀》史料编辑委员会编：《侵华日军南京大屠杀档案》，江苏古籍出版社1987年版。

37．《侵华日军南京大屠杀史料》编委会、南京图书馆编：《侵华日军南京大屠杀史料》，江苏古籍出版社1998年版。

38．章开沅编译：《天理难容——美国传教士眼中的南京大屠杀（1937—1938）》，南京大学出版社1999年版。

39．〔日〕松冈环编著，新内如、全美英、李建云译：《南京战·寻找被封闭的记忆——侵华日军原士兵102人的证言》，上海辞书出版社2002年版。

40．〔日〕曾根一夫著，陈惠堃译：《南京大屠杀亲历记》，（台北）黎明文化事业公司1986年版。

41．朱成山主编：《侵华日军南京大屠杀幸存者证言集》，南京大学出版社1994年版。

42．〔德〕约翰·拉贝著，本书翻译组译：《拉贝日记》，江苏人民出版社、江苏教育出版社1997年版。

43．〔日〕东史郎著，本书翻译组译：《东史郎日记》，江苏教育出版社1999年版。

44．〔美〕张纯如著，孙英春、徐蓝等译：《南京暴行——被遗忘的大屠杀》，东方出版社1998年版。

45．上海市档案馆编：《日本帝国主义侵略上海罪行史料汇编》（上、下编），上海人民出版社1997年版。

46．北京市档案馆编：《日本侵华罪行实证——河北、天津地区敌人罪行调查档案选辑》（上、下册），人民出版社1995年版。

47．张中华主编：《日本侵略广东档案史料选编》，中国档案出版社2005年版。

48．中共中央党史研究室科研管理部编：《日军侵华罪行纪实（1931—1945）》，中共党史出版社1995年版。

49．公安部档案馆编：《史证——日本战犯侵华罪行忏悔录》，中国人民公安大学出版社2005年版。

50．谢永光著：《战时日军在香港暴行》，（香港）明报出版社1991年版。

51．何天义主编：《日本侵华集中营——中国受害者口述》，大象出版社2008年版。

52．袁秋白、杨瑰珍编译：《罪恶的自供状》，解放军出版社2001年版。

53．〔日〕富永正三编：《我杀了中国人》（原书名《三光》，后在大陆出版的书名为《三光——日本战犯侵华罪行自述》），（台北）金版出版社1984年版。

54．〔日〕中国归还者联络会编，张惠才等译：《侵华日军战犯手记》，中共党史出版社1991年版。

55．〔日〕青木富贵子著，凌凌译：《731——石井四郎及细菌战部队揭秘》，上海译文出版社2010年版。

56．〔日〕森村诚一著，骆为龙、陈耐轩译：《恶魔的饱食——日本细菌战部队揭秘》（修改版），学苑出版社2003年版。

57．郭成周、廖应昌著：《侵华日军细菌战纪实》，北京燕山出版社1997年版。

58．纪道庄、李录主编：《侵华日军的毒气战》，北京出版社1995年版。

59．步平、高晓燕著：《阳光下的罪恶——侵华日军毒气战实录》，黑龙江人民出版社1999年版。

60．〔美〕谢尔顿·H·哈里斯著，王选等译：《死亡工厂——美国掩盖的日本细菌战犯罪》，上海人民出版社2000年版。

61．陈建辉主编：《人间地狱"无人区"》，中央编译出版社2005年版。

62．〔日〕家永三郎著，石晓军、刘燕、田原译：《家永三郎自传》，新星出版社2005年版。

63．〔日〕不破哲三著，中国社会科学院日本研究所译：《历史教科书与日本的战争》，世界知识出版社2003年版。

64．张海鹏、步平等主编：《日本教科书问题评析》，社会科学文献出版社2002年版。

65．苏智良著：《日本历史教科书风波的真相》，人民出版社2001年版。

66．苏智良著：《慰安妇研究》，上海书店出版社1999年版。

67．韩国挺身队问题对策协议会、韩国挺身队研究会编，金镇烈、黄一兵译：《被掠往侵略战场的慰安妇》，中国文史出版社2001年版。

68．〔澳〕乔治·希克斯著，滕建群译：《慰安妇》，新华出版社2002年版。

69．苏智良、荣维木、陈丽菲主编：《滔天罪孽：二战时期的日军"慰安妇"制度》，学林出版社2000年版。

70．郑彭年著：《靖国神社——日本军国主义的招魂幡》，新华出版社2000年版。

71．〔美〕道格拉斯·麦克阿瑟著，文国书局编译部译：《麦克阿瑟回忆录》，（台南）文国书局1985年版。

72．〔日〕稻叶正夫编，天津市政协编译委员会译：《冈村宁次回忆录》，中华书局1981年版。

73．〔日〕天津市政协编译委员会译：《重光葵外交回忆录》，知识出版社1982年版。

74．〔美〕鲍威尔著，邢建榕等译：《鲍威尔对华回忆录》，知识出版社1994年版。

75．〔日〕井上清著，辽宁大学哲学研究所译：《天皇制》，商务印书馆1975年版。

76. 〔美〕Helen Hardacre著，李明峻译：《神道与国家（1868—1988）——日本政府与神道的关系》，（台北）金禾出版社1995年版。

77. 王俊彦著：《日本天皇与皇室内幕》，群众出版社1992年版。

78. 黄尊严、冯瑞云著：《日本皇宫100年内幕》，山东人民出版社2000年版。

79. 〔美〕戴维·贝尔加米尼著，张震久、周郑、何高济、杨品泉、郝镇华、王绍坊译：《日本天皇的阴谋》（上、中、下册），商务印书馆1984年版。

80. 〔英〕Meirion Harries、Susie Harries合著，叶延燊译：《日本皇军兴亡记》，（台北）金禾出版社1994年版。

81. 〔日〕木村英夫著，罗萃萃译：《战败前夕》，江苏古籍出版社2001年版。

82. 许倬云、丘宏达主编：《抗战胜利的代价：抗战胜利四十周年学术论文集》，（台北）联经出版事业公司1986年版。

83. 〔日〕本泽二郎著，雷慧英等译：《天皇的官僚：日本右派真相》，中国社会科学出版社1999年版。

84. 〔日〕长谷川庆太郎著，鲍刚、张虹等译：《别了，亚洲》，国际文化出版公司出版1989年版。

85. 〔日〕户川猪佐武著，刘春兰译：《战后日本纪实》，天津人民出版社1984年版。

86. 〔日〕野田正彰著，朱春立译：《战争与罪责》，昆仑出版社2004年版。

87. 〔日〕田中伸尚、田中宏、波田永实著，陈俊英、张锁柱等译：《战后日本遗族透析》，学苑出版社2000年版。

88. 〔日〕若槻泰雄著，赵自瑞等译：《日本的战争责任》，社会科学文献出版社1999年版。

89．王振锁著：《日本战后五十年（1945—1995）》，世界知识出版社1996年版。

90．〔日〕吉田裕著，刘建平译：《日本人的战争观：历史与现实的纠葛》，新华出版社2000年版。

91．〔日〕浅井基文著，刘建平译：《日本新保守主义》，新华出版社1999年版。

92．〔日〕镰田慧著，赵平、阿部治平译：《当代日本社会百面观》，商务印书馆1995年版。

93．〔美〕劳化斯·奥尔森著，伍成山译：《日本在战后亚洲》，上海人民出版社1974年版。

94．〔美〕R．J．史麦赫司脱著，郭俊鉌译：《日本军国主义的社会基础》，（台北）金禾出版社1994年版。

95．王勇著：《中日关系史考》，中央编译出版社1995年版。

96．〔日〕法眼晋作著，天津编译中心译：《二战期间日本外交内幕》，中国文史出版社1993年版。

97．〔美〕约瑟夫·C.格鲁著，蒋相泽译：《使日十年》，商务印书馆1983年版。

98．〔美〕约翰·亨特·博伊尔著，陈体芳、乐刻等译：《中日战争时期的通敌内幕（1937—1945）》（上册），商务印书馆1978年版。

99．关南、赫赤、姜孝若著：《战后日本政治》，航空工业出版社1988年版。

100．〔日〕伊藤昌哉著，谢森展译：《日本政治家评论：田中角荣主宰下的日本政坛》，（台北）创意力文化事业有限公司1991年版。

101．刘庭华编著：《中国抗日战争与第二次世界大战系年要录·统计荟萃》，海军出版社1988年版。

102．〔日〕小泽一郎著，冯正虎、王少普译：《日本改造计划》，上海远东出版社1995年版。

103. 〔日〕田中正明著，军事科学院外国军事研究部译：《"南京大屠杀"之虚构》，世界知识出版社1985年版。

104. 〔日〕松村俊夫著，赵博源等译：《南京大屠杀大疑问》，新华出版社2001年版。

105. 〔日〕东中野修道著，严欣群译：《南京大屠杀的彻底检证》，新华出版社2000年版。

106. 〔日〕历史研究委员会编，东英译：《大东亚战争的总结》，新华出版社1997年版。

日 文

107. 藤井松一、大江志乃夫著：《戰後日本の歴史》（1945—1970）上，（東京都）青木書店，1970年。

108. 老川慶喜著：《もういちど読む山川日本戰後史》，（東京都）山川出版社，2016年。

109. 村川堅太郎、江上波夫、山本達郎、林健太郎著：《詳說世界史》（改訂版），（東京都）山川出版社，1985年。

110. 豊田四郎著：《日本军国主义の復活》，（東京都）青木書店，1954年。

111. 俵義文著：《教科書攻擊の深層——"慰安婦"問題と"自由主義史觀"の詐術》，（東京都）學習の友社，1997年。

112. 教科書檢定訴訟を支援する全國連絡會編集、家永三郎監修：《教科書かち消せない戰爭の真實——歷史を歪める藤岡信勝氏ちへの批判》，（東京都）青木書店，1996年。

113. 吉見義明、林博史編著：《共同研究日本慰安婦》，（東京都）大月書店，1995年。

114. 藤岡信勝著：《"自虐史觀"の病理》，（東京都）文藝春秋，1977年。

115. 堀幸雄著：《戰後の右翼勢力》，（東京都）勁草書房，1983年。

116. 南支派遣軍報導部編：《南支派遣軍》（非賣品），國際報導工藝株式會社製作，1940年。

117. 齊藤幸治著，香港佔領地總督部報導部監修：《軍政下の香港》，香港東洋經濟社，1944年。

118. 飯尾禎著：《大東亞共榮圈交通綜觀》，東洋堂發行，1942年。

（其他有关报刊参考资料从略）

后　记

20世纪90年代，即中国人民抗日战争和世界反法西斯战争胜利50周年之际，本人在阅读新闻报刊和查阅有关资料的过程中，发现两个数字：一个是在1937年12月日本侵略军占领南京实行大屠杀时，竟有约50万东京市民提着灯笼狂热庆祝日军的胜利；另一个是在时任日本首相村山富市发表战后50周年讲话和向国会提交一项旨在反省侵略战争的"不战决议"后，日本竟然有450多万人在"反对反省决议的请愿书"上签名，反对"不战决议"后，拒绝反省日本对外侵略的罪行，反对向中国等亚洲各受害国家谢罪。这两个数字，一前一后，深深地刺痛了我的神经，引发我陷入严肃认真的思考。

如果说，50多年前东京50万市民为日军占领南京提灯庆祝是受军国主义煽动的话，那么，日本战败50年后的450多万人签名完全是日本右翼势力蓄谋策划的结果，也是军国阴魂在作祟。

本来，日本的对外侵略罪行早已大白于天下，为什么时隔半个多世纪后，日本的右翼政客和右翼势力仍拒不认罪、不反省乃至蓄谋翻案？为了弄清来龙去脉，本人便从20世纪90年代起，利用业余时间或出差公干的机会到图书馆、档案馆等查阅有关资料，并先后去南京"侵华日军南京大屠杀遇难同胞纪念馆"、哈尔滨"侵华日军第七三一部队罪证遗址"和"侵华日军第七三一部队罪证陈列馆"、沈阳"'九一八'历史博物馆"、北京"中国人民抗日战争纪念馆"等单位参观和收集资料。其间，由于身体和工作变动等原因，陆陆续续默默耕耘，直至脱稿，长达20余载，真可谓"好事多磨"。

在撰写过程中，我深深感到，当年日本军国主义已经犯下了滔天的历史罪行，而时至今日，日本的右翼势力仍故意掩盖日本的罪行并公然为侵略战争翻案，更增添了新的罪行，真是令人发指！虽然说时间是冲淡一切的良方，但时间是冲刷不掉历史事实的。虽然日本右翼政客信奉纳粹党徒保罗·约瑟夫·戈培尔"谎言重复一千遍就会变成真理"的信条，但谎言怎能隐瞒得了日本曾经犯下的深重罪行？

诚然，历史的发展并非为了延续仇恨，但是，时光的流逝却不应轻言忘却。忘却了日本等帝国主义对中华民族造成的苦难历史，就意味着对历史的背叛。本人正是深受民族道义的驱使和正义秉性的鞭策，才决意书写这本拙作。但由于日本右翼翻案所涉及的范围甚广，资料繁多，而本书又因受篇幅所限，致使许多重要资料不得已而摈弃了。这多少会影响到一些问题的进一步阐发。

在成书过程中，得到了广东中华民族凝聚力研究会、广东省中山图书馆、广东省社会科学院图书馆和有关高等院校专家教授等的大力支持和鼓励。关于日文资料的翻译，得到了广东省社会科学院易雪颜副研究员的热心帮助。广东省社科院旅日访问学者陈忠烈研究员热心提供日文资料。广东省社会科学院老专家工作室林芳静女士在书稿打印等编务工作中给予大力协助。在此致以诚挚的感谢！

由于水平和精力有限，拙作的疏漏和不足之处在所难免，尚祈读者不吝指正。

黄振位

2021年2月于广州天河北寒舍

历史不会忘记，我们从未忘记！

本书专属线上服务，升级您的阅读体验

🔍 了解作者

作者简介 | 了解作者生平及著作，阅读效果更佳

🔍 铭记历史

珍贵史实 | 了解必要的历史知识，助您深度阅读本书

精选音频 | 听"日本侵华内幕"，揭开旷世骗局的真相

🔍 阅读感悟

读书笔记 | 记录阅读心得，分享好友邀请共读

书友交流 | 入群交流读书所感，志趣相投交好友

微信扫码

添加【智能阅读向导】
揭开这场旷世骗局的真相！